智能交通研究与开发丛书
INTELLIGENT TRANSPORTATION

贵州交通职业大学高层次人才科研启动金　资助出版

传统村落
交通物流管理

赵光辉　吴贞瑶　张玉杰　游　丽　著

TRADITIONAL VILLAGE
TRANSPORTATION AND LOGISTICS MANAGEMENT

机械工业出版社
CHINA MACHINE PRESS

一般来说，传统村落交通相对不便，在国家乡村振兴战略的推动下，传统村落的交通物流有了很大的改变。不过，要想让传统村落的发展更具特色，要想让传统村落的非物质文化遗产得到更好传播，优化配置交通物流资源刻不容缓。特别是电商、互联网的发展，可以帮助传统村落的特产、文化走出村落，走向世界。传统村落现有的交通物流基础设施如果能优化配置、提升使用效率，将会给村落带来更大的改变。

本书从我国传统村落交通物流发展的意义、发展的历史与现状、发展的困难、发展的路径、发展的实施策略等方面，全面论述传统村落交通物流如何健康、良性、高效发展，并对国内外的传统村落交通物流发展做了对比，可供读者发现差异，借鉴更好的经验。本书还对传统村落交通物流的未来发展做了展望，希冀有更多的人一起建设美丽乡村，共同推动传统村落交通物流的发展。

图书在版编目（CIP）数据

传统村落交通物流管理 / 赵光辉等著. -- 北京：机械工业出版社，2025.7. --（智能交通研究与开发丛书）. -- ISBN 978-7-111-79067-9

Ⅰ. F512.3；F259.221

中国国家版本馆CIP数据核字第2025T7S325号

机械工业出版社（北京市百万庄大街22号　邮政编码100037）
策划编辑：李　军　　　　　　　　　责任编辑：李　军　章承林
责任校对：张勤思　张慧敏　景　飞　　责任印制：刘　媛
北京建宏印刷有限公司印刷
2025年9月第1版第1次印刷
169mm×239mm · 18.75印张 · 2插页 · 274千字
标准书号：ISBN 978-7-111-79067-9
定价：149.00元

电话服务　　　　　　　　　　　网络服务
客服电话：010-88361066　　　　机 工 官 网：www.cmpbook.com
　　　　　010-88379833　　　　机 工 官 博：weibo.com/cmp1952
　　　　　010-68326294　　　　金 书 网：www.golden-book.com
封底无防伪标均为盗版　　　机工教育服务网：www.cmpedu.com

在我国古老的土地上，分布着无数的传统村落。这些传统村落能够融于自然山水，展现民俗民风，彰显建筑美学，沿袭道德文化，堪称时代标签、文化记忆。然而，随着社会现代化进程的加速，许多传统村落的交通物流体系却未能跟随时代脚步，甚至部分偏远区域的传统村落正在与外部世界逐渐脱轨。这影响了传统村落自身的经济发展和文化传承。因此，对传统村落交通物流展开深入研究，明确有效的建设发展策略，无疑是解决这一问题的关键。

1. 本书选题背景

近年来，随着我国乡村振兴战略的深入实施，对传统村落的保护和开发已经引起了广泛关注。但是，相较于传统村落的文化和建筑保护，对其交通物流体系的研究还相对滞后。事实上，一个村落的交通物流状况，在很大程度上决定了该村落的经济状况和对外交往的畅通性。在现代社会中，交通物流不仅是连接乡村与城市的桥梁，更是农产品上行、工业品下行、特色产业开发的关键路径。只有让传统村落的交通物流体系与时俱进，才能让这些村落真正焕发新的生命力，实现与外部世界的深度融合。

在过去的几十年中，我国经历了前所未有的快速城市化进程。大量的农村劳动力流入城市，寻求更好的就业和生活机会，这使得大部分人的注意力都被城市吸引。与此同时，许多传统村落由于地理位置偏远、交通不便等原因，逐渐沦为"被遗忘的角落"。但这些村落承载着丰富的历史文化和社区记忆，其在国家的文化版图中具有不可替代的价值。

这些村落的交通物流体系长时间得不到有效的规划和投入，造成了与外部世界的交流障碍，也制约了当地经济的持续发展。农产品由于无法及时运输到城市而腐烂，而城市的商品和信息也无法流入这些村落，导致村民的生活品质和收入水平相对落后。

与此同时，社会全球化与电商产业的兴起，使得交通物流的重要性得到前所未有的提升。无论是跨国贸易还是日常生活，交通物流都在其中发挥着关键作用。越来越多的农产品开始走向全球，农民也可以通过网络直接与消费者交流和向消费者销售。但这一切的前提都是要有一个现代化、高效的交通物流体系作为支撑。

在这样的大背景下，如何对传统村落的交通物流体系进行现代化改造，使其既能够满足现代社会的需求，又能够保护和传承当地的传统文化，成为一个亟待解决的问题。而对此进行深入研究，无疑可以为相关政策的制定和实施提供有力的理论支持和实践经验。

2．本书选题意义

本书不仅为传统村落的开发保护、交通物流系统升级提供了明确指引，更在多层面产生了深远意义。

（1）经济发展的层面　传统村落作为我国农业经济的基础，始终承载着我国传统文化传承、生态保护和农民增收的重要职责。在全球经济一体化的背景下，提高农村区域流通效率、减少物流成本、深度开发区域特色产业都显得尤为重要。对传统村落交通物流进行研究，可以为农村经济可持续发展、特色产业开发和农民收入增长提供有效的策略。

（2）社会进步的层面　交通物流不仅关乎物质的流通，更与信息、技术、文化等多种要素的交流互动密切相关。加强传统村落的交通物流建设，可以缩短城乡差距，加快农村信息化、现代化的步伐，同时也有利于城市与农村之间的人才、技术和文化的双向流动。

（3）文化传承的层面　传统村落是中华民族传统文化的重要载体，其中蕴藏着丰富的历史、文化和社区记忆。通过完善交通物流，可以促进外部与传统村落的交流，进而推动传统文化的传承和发展。同时，随着与外界的接触，村落本身也可以从中汲取到新的思想和观念，形成与时俱进的发展模式。

（4）生态保护的层面　传统村落通常位于生态敏感区域，如山区、水源地等。现代化的交通物流系统可以为农产品提供绿色、低碳的运输方式，从而减少对环境的负面影响。此外，绿色物流还可以推动农村实施循环农业，减少资源浪费，提高资源利用率。

（5）政策制定的层面　对传统村落交通物流的研究不仅可以为政府提供科学、合理的决策依据，更可以为政策制定者提供前沿的理论支持和实践经验。特别是在当前我国乡村振兴战略的大背景下，该研究对于农村交通、物流、供应链管理等政策的制定具有重要的指导意义。

总体而言，传统村落交通物流的研究不仅关乎经济、社会、文化、生态保护等多个方面的发展和进步，更是当前国家乡村振兴、农业现代化、交通物流优化等重大战略的关键环节，具有深远的理论和实践意义。

3. 本书主要内容

本书以传统村落的价值与意义为起点，揭示了传统村落在文化、历史和社会经济中的独特地位。同时，本书还分析了传统村落在现代社会中所面临的生存挑战，尤其是在快速城市化和现代化的进程中，传统村落出现的变化及问题。为了应对这些挑战，本书从乡村振兴的策略角度出发，探索如何利用这些传统村落的价值和潜力。

为了深入理解传统村落中的交通和物流系统，本书对"传统村落交通物流学"进行了详细的描述和探讨。其中包括对这一学科的定义、研究对象的明确，以及其在实际应用中的主要特征和研究价值，特别是交通物流学在区域物流、旅游、国家协作及文化传承等方面具有深远的影响。

在探索交通物流学的应用中，本书详细梳理了传统村落交通物流的发展史，并深入研究了其在不同时期的变迁。这种发展不仅涉及道路、铁路和水运交通的进步，还涉及如何更好地利用智能交通系统以及与现代电商相结合的物流策略，例如"淘宝进村"等新型商业模式。

然而，传统村落在交通物流发展中仍然面临诸多挑战。本书从多个维度对这些挑战进行了深入的剖析，包括但不限于交通物流意识的缺乏、基础设施的落后、生产组织水平的低下、物流运营技术条件的欠缺以及相关政策的不足。面对这些挑战，本书提出了一套综合性的解决方案，涵盖了从交通物流基础设施建设、意识培养，到供应链体系构建、信息化建设、人才培养以及政策支持等多个方面。

实施这些策略需要多方参与和合作。因此，本书还深入探讨了如何更好地发挥村民的主体作用，以及如何通过规划设计、区域物流融合和多方合作来有效地实施这些策略，从而实现传统村落的高效发展。

最后，本书展望了传统村落交通物流的未来。在未来几十年中，随着技术的进步和社会的变迁，传统村落的交通物流系统将经历重大的变革。根据预测，本书描绘了一个前景广阔的蓝图，其中涉及的领域包括绿色智能交通、农业的定制化，以及与乡村振兴战略相结合的新型发展模式。

总而言之，本书提供了一个全面而深入的视角，让读者易于理解和探索传统村落交通物流的价值、挑战和未来机遇，为相关政策制定者、研究者和实践者提供宝贵的参考，为乡村振兴提供有力的物流支撑，为传统村落的开发保护带来切实可行的改变路径。

4. 本书研究方法

本书为了深入挖掘和解析传统村落交通物流发展的各个维度，采用了以下研究方法。

（1）文献综述法　通过对国内外关于乡村交通物流、传统村落经济发展和乡村振兴的文献进行详尽的回顾与总结，为本书提供理论基础与框架。此外，对比分析不同地区、不同文化背景下的乡村交通物流模式，为本书的进一步深化提供参照。

（2）实地调查法　本书选择了几个典型的传统村落进行实地考察，通过深入了解当地的交通物流状况、农产品供应链、村民对交通物流的认知等，为本书提供第一手的实证材料。

（3）深度访谈法　与村民、村干部、物流公司代表以及政策制定者进行深度访谈，了解他们对于传统村落交通物流发展的看法、期望与挑战，从而为本书提供多维度的视角。

（4）数据分析法　收集相关的统计数据，如物流成本、交通流量、农产品销售量等，并使用统计学方法进行分析，以揭示交通物流与传统村落经济发展之间的关系。

（5）案例研究法　选择几个在交通物流方面有显著成果的村落进行案例研究，分析其成功的经验与教训，为其他村落提供参考。

通过上述研究方法，本书对传统村落交通物流发展进行了全面、系统、深入的介绍，为推动中国乡村的持续繁荣与发展提出有效建议。

5. 本书学术及应用价值

传统村落交通物流是一个综合性、跨学科的研究领域，它涉及地理、经济、文化、技术和社会学等多个领域的知识和方法。在本书中，通过深入剖析和研究传统村落的交通物流问题，揭示了这些问题背后的深层次原因和内在逻辑，为相关领域的学术研究和实践应用提供了宝贵的理论和实践指导。

（1）策略建议的实际应用　本书为基础设施建设提出了一系列针对性的建议，如优化道路布局、建设现代化的交通枢纽，以及提高交通便利性。这些都为村落带来了实实在在的经济效益和社会效益。同时，基于对村落产业结构的深入了解，本书还提出了完善供应链、促进上下游企业合作、减少中间环节、提高物流效率等策略，为村落的经济发展创造了有利条件。在信息技术快速发展的背景下，利用大数据、云计算、物联网等现代信息技术，为优化村落的交通物流管理、提高物流效率和降低物流成本提供了策略。

（2）学术研究的拓展　本书为乡村研究、交通物流、区域经济学等领域提供了新的研究视角和方法，结合定量分析和定性分析，构建了一套完整的研究方法体系，为相关领域的研究提供了有力的方法论支持。此外，本书突破了传统的研究范式，强调了文化保护、社会参与和技术创新的重要性，为相关领域的研究提供了新的思路和方向。

（3）领域的融合发展　本书深入挖掘了交通物流与乡村发展之间的内在联系，探讨了如何通过优化交通物流，推动乡村的经济发展和社会进步。同时，本书在追求经济效益的同时，也强调了文化遗产保护的重要性，探索了如何在保护文化遗产的基础上，促进村落的经济发展和社会进步。而结合现代信息技术，如大数据、云计算、物联网等，为村落的交通物流管理提供了新的技术支持和方法。

（4）促进交通物流领域的创新合作　本书提出了一系列创新性的政策建议，如设立特色村落交通物流体系内的新节点、新机构，鼓励私营企业参与村落交通物流建设等，这些建议为政府决策提供了有力的支持。同时，本书也鼓励相关行业的大小企业之间、上下游企业之间的合作，共同推动村落的交通物流发展，实现共赢。为此，鼓励学术界与产业界之间深度合作，共同研发新技术、新方法，进一步推动村落交通物流的快速发展。

（5）文化保护与传承　在追求经济和技术进步的同时，本书强调了对传统文化和历史遗产的保护和传承的重要性。这不仅是对传统村落的尊重，还是对整个民族文化的传承。

时代发展、科技进步在不断提高大众的生活质量，但在我国社会不断趋好的过程中，也容易忽略那些深藏在历史与文化之中的瑰宝。传统村落承载着世代相传的经验与智慧，随着时间推移与技术革新，如何确保其得到充分开发与保护，使其在当今社会中发挥最大价值，是每一个交通物流相关人士都需要思考的问题。

本书正是从这一点出发，寻找和探讨传统村落交通物流发展的创新之路。期望通过这一深入而细致的研究，不仅为相关领域的学者和实践者提供有价值的参考和指导，还充分展现振兴传统村落交通物流大有可为！

传统与现代之间自始至终都不是一种选择，而是一种和谐的交融。本书通过对传统村落交通物流的探索，为相关人士提供了新的视角、新的理解和新的方法。作者期望每一个阅读此书的人，都能从中有所启发，为传统村落发展、乡村振兴与社会进步做出自己的贡献，为我国的强国之路增添一份动力。

目录
CONTENTS

第1章
我国传统村落交通物流发展的意义

1.1 引言

在我国安徽省的黄山脚下，有两个享誉世界的村落——西递村与宏村。它们不仅是中国古代村落文化的典范，更是世界文化遗产的璀璨明珠。走进这些村落，犹如踏入了一座座承载中国历史发展的时光机器，古老的徽派建筑、狭窄的青石小巷，和村民们日复一日的农耕生活交织成了一幅宁静的田园画卷。然而，这片静谧、祥和，且充斥着浓厚历史文化气息的古村落在很长一段时间内几乎面临与世隔绝的境遇，中国传统文化的瑰宝险些被埋没。

西递村（见图1-1）始建于北宋，距今已有千年历史。村落布局精妙，青石小道曲折蜿蜒，建筑群鳞次栉比，木雕、砖雕和石雕技艺精湛，每一座古宅都散发出历史的沉淀。村内保存完好的200多栋明清古宅，至今依旧作为村舍使用，村民们依赖代代相传的农耕技艺维持生计。不过由于村落地处偏远，村民们的生活曾一度陷入困境，交通的闭塞使得这片拥有丰厚文化底蕴的土地难以与外界接触，传统农产品和手工艺品无法走出村庄，村民生活艰苦。

图 1-1　西递村

宏村（见图 1-2）则有着"牛形村落"的美誉，其村落设计以风水学为基础，整座村落仿佛是一头卧牛，村内的水系如同牛的内脏，滋养着这一方土地的生命。宏村的古建筑精美绝伦，尤其是村内的南湖与月沼，常常在清晨薄雾笼罩下，呈现出宛如仙境的美景。在交通未改善之前，这样的美景鲜为人知，村民们虽生活在令人惊叹的文化遗产之中，却只能依靠传统农耕勉强维持生计，村落逐渐走向凋零。

图 1-2　宏村

这两个传统村落的转机出现在近几十年，随着我国乡村振兴战略的推进，西递村与宏村迎来了全新的发展契机。当地政府通过修建现代化的交通道路，打通了它们通往外界的通道，不仅村落的生活物资运输得以改善，村民的农副产品还通过现代物流体系走向了全国乃至世界。同时，便捷的交通为村落带来了大批游客，这里的徽派建筑与独特的文化氛围成为吸引游客的核心亮点。西递村与宏村的村民开始通过发展民宿、开设手工艺品店、销售当地农特产品，走上了致富之路。

如今，西递村与宏村的名字不仅代表着古老的徽州文化，更成为中国传统村落复兴的标杆。每年数以百万计的游客涌入，给当地带来了巨大的经济效益。村落中的年轻一代不再外出打工，而是选择留在家乡，继承先辈们的技艺和传统，同时借助现代物流和电商平台，将本地特色产品销往世界各地。这一切都得益于交通物流系统的升级与完善，使得这些承载着丰富文化历史的村落重新焕发光彩。

值得我们注意的是，西递村与宏村的成功并非个例，在交通发达的今天，交通物流对于传统村落的振兴与保护具有不可忽视的作用。正是因为交通的畅通，文化得以传承，村民的生活得以改善，古老的村落得以续写新的篇章。

我国是一个农耕文明历史悠久的国家，在960多万平方千米的广袤土地上遍布着无数形态各异、风情独特、历史悠久的传统村落。这些古村落在形成发展过程中传承了大量农耕文明，凝结着重要的历史记忆，是我国文明进步发展的重要见证。除此之外，传统村落还具有推进农业文化进步、推进生态文明发展的重要价值。

2017年，党的十九大上提出了实施乡村振兴战略，从这项国家重要部署中可以看出乡村建设一直是我国发展的重点。多年来，我国各地政府在落实国家战略部署过程中，一直将交通物流发展视为建设基础，在交通物流支撑下充分挖掘乡村文化价值与经济价值，进一步提高了农村发展水平。传统村落作为蕴藏丰富历史信息与独特风貌的文化遗产，正是我国"乡村振兴"发展的重点。

1.1.1 传统村落为什么这么重要

相比普通乡村而言，传统村落具有不可再生、潜在文化资源及旅游资源突出等特点。同时，传统村落还体现着地方传统文化、建筑风格、空间格局，反映着村落与自然、村落与人文的和谐关系。所以，传统村落又被称为有生命的文化遗产，被视为人与自然和谐相处、文化生生不息、文明健康延续的空间记忆。结合我国传统村落保护、开发、发展现状，可以总结得出传统村落的重要性主要体现在以下几点。

1. 传统村落是我国重要的文化遗产

由于传统村落保留了千百年前的原貌与生活习俗，所以历史文化在传统村落传承更为完整。目前，我国大多数传统村落都承载了当地特色文化，并被评为重要的文化遗产。

被联合国旅游组织选入"最佳旅游乡村"的云南红河阿者科村，就是一个典型的例子（见图1-3）。阿者科村以其独特的哈尼族文化、梯田景观和

图1-3　云南红河阿者科村

传统建筑吸引了世界各地的游客。村落中保存完好的蘑菇房、水车、石板路等，不仅为游客提供了丰富的视觉体验，还成为研究哈尼族历史和文化的重要窗口。此外，阿者科村的村民通过参与旅游开发，实现了收入的增加，也促进了当地文化的传承和保护。

被联合国旅游组织选入"最佳旅游乡村"的浙江丽水溪头村，同样是典型代表（见图1-4）。溪头村以其独特的江南水乡特色、古朴的建筑风格和丰富的非物质文化遗产吸引了众多国内外游客。村中保存完好的古桥、古井、古道以及传统的手工艺制作，不仅为游客提供了独特的文化体验，还成为研究江南文化的重要窗口。此外，溪头村通过发展乡村旅游，不仅促进了当地经济的发展，还有效地保护和传承了传统文化。

图1-4　浙江丽水溪头村

2. 传统村落是诸多经济循环模式的起点

除传承历史文明之外，传统村落还是维持我国传统农业循环的关键。我国的农耕文明历史在全球知名，传统农业循环体现为一切来源于土地，最终又回归到土地。传统农业循环过程中，农业借助土地供养人类生存生活，对土地及大自然的干扰较小。对比当前的经济循环，很多观点都借助了传统农耕文明的理念，这正是从原始生态文明汲取智慧与经验促进社会发展的表率。

传统村落中，当地农民就近进行土地耕作，顺应当地气候，把当地土壤、地势、农耕技术进行有机结合，进而培育出具有地方特点的传统农产品。现代市场经济便效仿了这种循环模式，根据当代居民生活特点，将生产工艺与人文特点、生活习惯进行有机结合，进而制造出具有区域特点的特色产品。这便是现代经济循环从传统村落得到借鉴的例证。

如今，这种借鉴传统村落经验的经济循环方式依然常见[1]，且在全球范围盛行[2]。从这一角度出发，传统村落是现代文明的起点，是现代诸多经济循环模式的发源地。

3. 传统村落具有极大旅游开发价值

相比普通乡村，传统村落最大的经济价值是旅游价值。从全球各地传统村落开发保护的模式中可以看出，发展传统村落，充分挖掘传统村落价值都离不开旅游开发。尤其在发达国家中，传统村落一直是旅游行业的重要内容，发展传统村落旅游可以充分激活当地经济，加强传统村落自我保护的经济实力[3]。

从全球各地传统村落旅游产业开发的成功案例中可以看出，传统村落旅游资源的开发有三个重点。

一是建设完善的交通物流系统。任何国家传统村落开发保护的首要目标都是交通物流系统建设。传统村落具有悠久的发展历史，自身交通虽然具有一定文化意义，但与其他区域连接情况必然存在不足之处。进行交通物流环境改善是建立传统村落价值展现渠道的有效方法，也是传统村落经济发展流通的基础保障。改善传统村落交通物流环境意味着拉近传统村落与城市的距离，拉近传统村落与大众的距离，缩短传统村落与社会发达区域的经济差距。

二是激活传统村落致富产业。目前，全球大多数传统村落开发方式均以打造特色旅游产业为主，这也是传统村落价值突出的特有资源。不过我国激活传统村落致富产业的方式更加丰富，在电商系统深入农村的过程中，传统村落致富产业激活程度更加突出。

三是建设重点发展项目。传统村落保护开发要遵循持续性以及不断升级强化的规律，通过传统村落特色资源挖掘，努力打造市级、省级乃至国家级发展项目。遵循这一规律，传统村落的发展效果能够得到不断强化。

对比国外传统村落发展现状，我国传统村落缺乏类似级别项目建设，为提升我国传统村落开发保护效果，努力建设国家级发展项目能够成为传统村落高质量发展的重要方式。

例如被联合国旅游组织选入"最佳旅游乡村"的安徽滁州小岗村（见图 1-5），不仅展示了其独特的乡村风貌，还通过旅游开发带动了当地经济

图 1-5　安徽滁州小岗村

的快速发展。小岗村的旅游项目包括对历史事件的再现、乡村体验活动以及特色农产品的销售，吸引了众多国内外游客前来参观学习。此外，小岗村还注重保护和传承当地的非物质文化遗产，如传统的农耕文化、民间艺术等，使得旅游开发与文化保护相得益彰。通过旅游开发，小岗村不仅提高了村民的生活水平，还促进了村落的可持续发展，成为传统村落旅游开发的典范。

从目前我国传统村落旅游经济开发成果来看，绝大多数保护了传统村落原貌，利用原始村落文化提升旅游价值的区域都取得了良好发展成果，且发展效果远胜于带动当地农民发展制造业。这主要是因为旅游行业可以带动诸多相关边缘产业，比如农家乐、手工饰品、农副产品等，都可以伴随旅游行业发展得到有效促进。但旅游经济发展必须建立在充分保护传统村落原貌、充分展现传统村落文化价值的基础上 [4]。

4. 传统村落是国家领土证明

我国国土面积位于世界前列，在漫长的国境线上传统村落同样发挥了重要价值，这主要表现为传统村落是重要的国土归属证明。国际领土争端解决实践中存在这样一条重要原则：对于争议领土，如果某国国民有长期居住证明，则可以作为领土归属的重要判定。正是这条原则让我国漫长国境线上存在的争议问题得到了解决。

近年来，我国边境省份在经济发展中出现了重视发展效果、忽视传统村落保护的状况，这导致某些处于国界边境的传统村落片面追求经济发展水平，经济落后的传统村落投入与保护不足，甚至出现传统村落居民大量搬迁的情况 [5]。

从传统村落的四个重要性中可以看出，有效保护、合理发展传统村落是我国乡村振兴战略的正确推进方式。传统村落在现代城市发展模式前表现得十分脆弱，一旦村落面貌受到破坏则很难修复，如果对传统村落重视不足，很容易导致传统村落劳动力大量外流，最终传统村落变为落后村、无人村，珍贵的传承文化、历史文明将由此消失。

1.1.2　传统村落的生存现状

我国传统村落的发展经历了跌宕起伏的过程，作为我国文明的鲜活载体，传统村落本应受到重点保护，因为这些具有特殊意义的文化传承地维系着历史记忆，也寄托着无数人的乡愁。但在我国近现代历史发展中，部分地区为追求经济发展效果，忽视了传统村落的保护，以新农村为整体目标在乡镇地区开展大拆大建工程，导致部分传统村落原始面貌被毁，或由于生产力大量外流导致传统村落文化日渐消亡。

尤其 20 世纪初期，我国社会发展开启了以工业化、城市化为目标的发展进程，传统村落开始与现代文化产生激烈碰撞，社会环境与经济发展模式几经变革，传统村落的重要性一再被忽视，最终导致传统村落虽衍生了诸多现代文化，自身却落后于社会发展进程。

可以说在我国工业化、城市化发展进程中，传统村落经历了数千年间未曾经历过的变革。这意味着这段时期传统村落受到了工业文化与城市文化全方位的冲击与改造，最终导致无数传统文化被现代文化消融，传统村落数量大幅减少[6]。

1.　传统村落发展情况不容乐观

传统村落是我国乡村历史的精华代表，每一个传统村落都可以视为我国农村发展历史中的时空坐标，承载大量不同时期、不同民族的特色文化。我国传统村落的大量消亡反映出传统村落现代生存环境堪忧，我国对传统村落的保护不够全面。

从我国农村现代发展历程与发展模式中可以看出，对村落采取征地拆迁、撤村并点的发展方式是引起传统村落消失的一大重要因素。加之社会工业化、城市化发展趋势，导致传统村落生存环境不断恶化，这主要表现为传统村落生产力为追求更高经济效益选择背井离乡，大批量向城市迁移，生产力单向流失导致传统村落缺乏后续发展力量，不少传统村落最终沦为无人村，从而退出历史舞台。

自 2010 年之后，我国政府开始重视传统村落生存发展问题，以中国村落文化研究中心为代表的专家学者开始呼吁对传统村落的保护，并积极探究传统村落的保护措施与途径。自此开始，各地政府相继推出传统村落保护措施，不少传统村落村民也意识到传统村落不仅是自己的生活空间，更是历史文明的传承载体，是家族、民族、国家的重要文化财产。

相比诸多发达国家，我国过去一段时间对传统村落的保护程度明显不足。

首先，我国传统村落保护工作起步较晚。20 世纪 80 年代，国务院发布全国第二批历史文化名城时才首次涉及历史文化村落的保护问题，直至 2002 年，我国才将传统村落保护工作纳入《中华人民共和国文物保护法》。

其次，我国对传统村落的详细情况调查展开较晚。截至 2010 年，我国仍未展开过全国范围的传统村落生存情况与发展情况调查，大多调查研究仅针对局部地区。

最后，我国传统村落的保护工作缺乏系统性统筹。虽然一直倡导保护传统村落，但没有明确传统村落格局、风貌、空间尺度的具体保护措施，导致传统村落消亡速度虽然减缓，但非物质文化流失依然较快。

2. 传统村落获得全面保护

我国传统村落获得国家层面的全面保护是从 2012 年开始的[7]。自 2012 年之后，我国传统村落生存环境开始好转，据我国村落文化研究中心调查数据显示，2010 年之前，我国传统村落每年递减 7.3%，2010 年之后这一数据开始显著下降，截至 2017 年，我国传统村落年递减比例已经下降到 1.4%。这主要因为我国传统村落生存环境得到了以下几方面的改善。

（1）我国传统村落承载的多元文化得到重视 2012 年之后，我国传统村落蕴含的特色文化开始被更多人重视，其中不但包含汉族传统村落蕴藏的民俗文化，而且少数民族传统村落的风土人情、精神信仰也被视为宝贵的非物质文化遗产。尤其苗族、瑶族、土家族等知名少数民族，通过传统村落彰显了独特的文化形式，令更多人感受到少数民族文化的独特魅力，所以传统村落的受保护程度、被保护意识不断提升。

（2）我国传统村落的独有建筑得到了充分重视　在我国社会城市化、现代化发展过程中，传统村落独有的建筑风格逐渐成为建筑行业的一大亮点，随着各地政府加强传统村落的保护工作与宣传工作，越来越多的传统村落独有建筑展现到世人面前。这些建筑风格独特、建筑理念超前的特色建筑让更多人感受到我国建筑文化的博大精深，比如苗族传统村落的吊脚楼、福建客家土楼、青藏高原的藏式建筑等，这些形态多样的独特建筑既是当地居民的栖身之所，又是我国建筑文化的精神家园。随着这些独特建筑受重视程度升高，我国传统村落被保护意识不断加强。

例如被联合国旅游组织选入"最佳旅游乡村"的湖南湘西十八洞村（见图 1-6），其吊脚楼建筑群不仅展示了苗族传统建筑的精湛技艺，还体现了与自然和谐共生的生态智慧。十八洞村的保护与开发，不仅吸引了国内外游客，还带动了当地经济的发展，成为传统村落保护与利用的典范。类似的成功案例还包括福建土楼、丽江古城等，这些地方的建筑不仅成为世界文化遗产，还成为当地居民生活的一部分，同时为游客提供了深入了解和体验中国传统文化的机会。

图 1-6　湖南湘西十八洞村

（3）我国传统村落独有的生态文明传承得到了重视　传统村落不仅是我国传统文化的主要载体，更是中华民族"乡愁"的寄托之地。在我国乡村进行现代化发展过程中，我国政府与人民逐渐意识到，千篇一律的建设风格正在大幅消除大众对家乡的思念，"乡愁"的削减直接导致年轻生产力建设家乡、回报家乡的观念弱化，这将导致我国乡村后续发展基础实力匮乏。意识到这一问题，我国政府开始加强传统村落独有的生态文明传承保护，将传统村落独有基因与特色进行宣传强化，进而确保传统村落生态文明完整性，提升传统村落基础发展实力。

例如被联合国旅游组织选入"最佳旅游乡村"的四川阿坝桃坪村（见图1-7），其独特的羌族建筑和文化吸引了世界各地的游客。桃坪村的建筑以石头和木头为主，具有极高的艺术价值和历史价值，同时，它还保留了羌族人民的生活方式和传统习俗。通过旅游开发，桃坪村不仅保护了传统文化，还促进了当地经济的发展，提高了村民的生活水平。此外，桃坪村的生态文明传承还体现在对自然环境的保护上，村民在发展旅游业的同时，注重生态平衡，确保了村落的可持续发展。

图1-7　四川阿坝桃坪村

截至 2023 年，我国传统村落生存环境已经整体趋好，不少传统村落被充分开发，文化延续与整体发展效果良好。不过我国传统村落与社会现代化发展的协调性依然未能全面统一，部分区域未能将传统村落的保护工作与发展工作协调平衡，导致传统村落保护情况出现以下三种不健康状态：一是村落建筑得到保护，非物质文化却在流失；二是单纯重视保护，忽视传统和村落自身发展，导致传统村落自身造血能力不足，当地政府需要花费大量资金维持保护效果；三是过度开发，将传统村落作为当代经济发展工具，导致传统村落只留其貌、没有其神[8]。

目前，我国政府正在不断加强、细化传统村落的保护政策[9]。在各项政策保护下，传统村落的保护机制逐渐健全，传统村落开发效果逐渐得到改善。

自我国确定"乡村振兴"发展战略后，乡村交通物流发展便成为各地政府推进的重点工程。从近几年的发展成果中可以看出，交通物流发展效果决定了传统村落的开发成果与经济增长[10]。

改善我国传统村落生存环境，不能仅注重传统村落自身文化与风貌的保护，还应利用交通物流系统充分发挥传统村落的文化价值与旅游价值，这是强化传统村落自我保护能力与发展实力的重要举措。

1.1.3 传统村落与乡村振兴

我国"乡村振兴"战略充分注重传统村落保护，发展策略以结合传统村落自身特点与价值为主[11]。

随着我国"乡村振兴"战略推进，传统村落被保护程度与开发程度得到显著增强。这主要因为针对传统村落的振兴策略主要以活化、利用传统村落特有资源，改善传统村落生活条件与交通运输条件为主，进而让传统村落重新焕发生机，被保护意识与自我保护能力得到全面加强[12]。

通过总结我国"乡村振兴"战略近年来取得的成果，梳理传统村落保护、开发策略，可以总结得出以下三种方式是促进传统村落保护效果，同时提升"乡村振兴"发展速度的有效方法。

1. 活化利用传统村落核心资源

我国传统村落承载着大量历史文化，及时挖掘、保护、开发、利用传统村落的这些核心资源是提升乡村振兴效果的关键。传统村落文化价值的体现主要遵循两个原则，一是最大程度地传承、再现传统村落独特文化，二是最低程度地改变传统村落建筑结构与村落原貌。因为传统村落作为文化遗产需要重点保护，保护的同时又不能限制其文化价值展现，所以活化开发、利用传统村落核心资源才能达到最佳的乡村振兴效果。

例如被联合国旅游组织选入"最佳旅游乡村"的福建漳州官洋村（见图 1-8），通过挖掘和保护其丰富的文化遗产，如古建筑、传统手工艺和民俗活动，成功地吸引了国内外游客。同时，官洋村还注重保护自然环境，维护了村落的原生态风貌，使得游客在体验传统村落文化的同时，也能享受到优美的自然风光。此外，官洋村还通过发展特色农业和乡村旅游，提高了村民的收入，促进了当地经济的发展。这些措施不仅增强了村民对传统文化的保护意识，还提升了他们对乡村振兴战略的认同感和参与度。官洋村的实践证明，活化利用传统村落核心资源是实现乡村振兴的有效途径之一。

图 1-8　福建漳州官洋村

　　传统村落的核心资源活化利用不能局限于表面，尤其传统村落原始建筑、传统民俗、民俗习惯、交通方式要以鲜活形式展现，在确保传统村落原生态生活氛围与生活气息的前提下，将该地风土人情、独特文化进行发扬推广。比如，我国云南、川藏地区多个传统村落依然保持着最传统的民俗习惯与交通方式，这些羌族、藏族传统村落日常以民族服装为主，出行方式主要为骑马，在村落交通物流系统建设完善、旅游资源得到开发后，这里的民族服饰、交通方式逐渐成了旅游产业的核心资源，吸引了大量游客前来体验，更带动了村落经济发展。

　　利用传统文化让村落焕发生机与活力，同时通过交通运输系统建设将传统村落价值与外界连通，是让传统村落核心资源转化为实际发展成果的有效途径。

2. 采取文旅融合方式进行开发

　　目前，我国传统村落在"乡村振兴"战略中已展现出巨大发展潜力，是我国农村产业发展、地方经济致富的重要途径，尤其与旅游产业结合后传统村落发展效果十分显著。结合我国乡村旅游产业发展现状，可以看出传统村落凭借自身独特历史、文化、环境特点已成为热点旅游项目，传统村落旅游发展切实推进了偏远地区经济发展，为偏远地区村民就业带来了诸多便利。

　　不过真正展现出长远发展价值的传统村落，大多采取文旅融合方式进行开发。随着我国经济发展，传统观光旅游已经无法满足现代年轻游客的个性化需求与精神体验，文旅融合的旅游方式已经成为旅游行业的主要发展趋势。从传统村落文旅融合开发效果来看，这一模式能够充分体现传统村落的核心资源，彰显传统村落的差异特点，产生的旅游吸引力与竞争力更加突出，对传统村落保护与传承也有提升效果。

　　例如被联合国旅游组织选入"最佳旅游乡村"的山东威海烟墩角村（见图1-9），通过挖掘和保护其独特的海草房建筑和渔村文化，结合现代旅游需求，打造了一系列特色旅游项目。这些项目不仅吸引了国内外游客，还带动了当地经济的发展，提高了村民的生活水平。此外，烟墩角村还注重生态环境的保护，通过合理规划旅游活动，确保了旅游开发与环境保护的和谐共生。

图1-9　山东威海烟墩角村

　　传统村落文化与旅游产业的有机融合主要以现代乡村旅游产业为载体，将传统村落文化资源作为旅游亮点，实现文化资源向市场资源的转变，从而提升传统村落旅游价值与经济发展空间。不过，传统村落文旅融合发展需要高度重视村落非文化遗产的保护，在传统村落旅游资源开发中合理创新。这种文旅融合发展的方式才能够切实保护好、利用好传统村落的文化遗产，强化"乡村振兴"战略的发展效果。

3. 带动更多社会资源参与

　　传统村落的开发保护需要积极引导更多社会资源参与，在政府引导或主导下，以保护传统村落为原则，建立一套完善有效的传统村落开发机制。这一过程中，人力资源堪称重中之重，因为人力资源是传统村落传承文化的主要载体，也是传统村落特色文化传播的主要力量。政府部门应当发挥监管与调控作用，向传统村落村民征集村落保护意见与开发建议，为传统村落配备更丰富的人力资源，在确保传统村落开发安全性的前提下，通过丰富资源激活传统村落文旅产业，让区域经济发展因传统村落受益，让传统村落村民获得更多就业机会，传统村落发展效果才能无限趋好。

总体而言，传统村落与乡村振兴的关系可谓相辅相成、相互促进。传统村落借助乡村振兴战略强化自身特点，实现物质文明与非物质文明的传承与发扬，进而增强自身保护效果与发展内生动力，之后带动乡村经济发展，为乡村振兴树立良好模板，加速乡村振兴战略的推进。

1.2 传统村落交通物流学概述

传统村落是我国传承文化的重要载体，自身具有较高的文化价值与开发潜力。在我国乡村振兴战略推进过程中，建立传统村落交通物流系统是有效开发传统村落、提升其发展能力与发展效果，以及发扬传统文化的重要方式。

相比我国传统村落交通物流发展，欧美地区传统村落交通物流发展表现为参差不齐的状态，这主要因为欧美地区历史存在较大差异[13]。虽然我国传统村落受重视、被保护、被开发起点相对较晚，但近年来取得的突出效果已经超越了很多发达国家，这有赖于我国政府根据现存传统村落特点采取的因地制宜性策略，当然也借鉴了一些发达国家传统村落交通物流发展的经验。

1.2.1 传统村落交通物流学的定义、特点、发展现状及未来举措

1. 传统村落交通物流学的定义

传统村落交通物流学是一个区别于城市物流、普通乡村物流的细化概念。它是充分激发传统村落发展活力，保护、传承、弘扬我国传统文化及民

族文化的重要交通渠道。传统村落交通物流学不仅包括传统村落经济发展的交通、运输、配送等活动，更包括传统文化的保护、挖掘与传递。

2. 传统村落交通物流学的特点

传统村落交通物流与城市物流、普通乡村物流相比具有文化性、多样性、差异性、季节性、分散性、复杂性等特点。

结合我国乡村振兴战略发展要求，传统村落交通物流学可以视为一门复杂、系统的学问。首先，它表现为一项政府建设的系统工程，需要扎扎实实落实多方面工作，其工作重点以促使传统村落展现真实面貌、获得更多关注为目标，引导更多社会资源共同开发。其次，它表现为当代特色农村、农业、农民的发展问题，属于政府主导的重要项目，直接关系到地方城乡统筹协调、经济发展、农村建设等问题，所以传统村落交通物流学往往具有更多的政策指引与支撑。

3. 传统村落交通物流学的发展现状

截至 2023 年，我国传统村落交通物流发展依然处于不乐观形势。虽然各地政府已经将保护传统村落、发展建设传统村落视为重要工作，也打造了传统村落保护开发的成功案例，但依然有大量传统村落面临生存困境，甚至正在消亡。

导致这一现状的主要原因依然是传统村落交通物流发展问题，这主要表现在以下三方面：一是大多数传统村落位于偏远地区，不仅传统村落自身信息闭塞，且交通物流建设条件受限，随着附近城乡发展形势变好，越来越多的传统村落居民选择搬离，最终这些传统村落沦为"无人村"，并逐渐荒废；二是交通不便导致传统村落缺少现代产业支撑，年轻生产力在家"无所事事"，纷纷选择进城务工，最终导致传统村落维护发展后继无人；三是部分生活条件优越的传统村落因缺少外界关注，导致承载的传统文化无法延续，村落传统建筑与环境被现代风格破坏，重要的历史遗迹不断消失，最终导致传统村落不再"传统"，逐渐被现代村落替代。

截至 2023 年，住房和城乡建设部会同相关部门已先后公布了六批中国传统村落名录，8155 个国家级传统村落得到认证。虽然这些传统村落的历史文化与地域特色得到了大幅重视，但整体交通物流发展情况依然存在诸多不足，基于这一现状，可以得出对传统村落交通物流学展开深度研究十分必要。

虽然我国传统村落发展现状存在诸多不足，但在"乡村振兴"战略推动下，传统村落交通物流发展已初步表现出良好趋势，这主要因为传统村落交通物流发展具有以下几方面优势。

1）我国综合立体交通网络已基本建设完成，传统村落融合现代化经济体系更为顺畅。经过交通运输部门几十年的努力，我国农村交通运输及物流水平已经实现质的飞跃，广大农村顺利融入交通网络与经济网络，这是时间、政策及数代人努力的成果，也是我国交通高质量发展的重要表率[14]。

这代表乡村振兴战略下传统村落交通运输发展已拥有良好物质基础，传统村落与现代交通运输网络对接更为顺畅，凭借其独特的文化优势与旅游资源，能够在现代交通运输网与经济圈中展现更大价值。

2）我国物流技术能够充分激活传统村落发展实力。2020 年，新冠疫情防控期间，我国物流行业整体发展受挫，但 2021 年物流行业迅速走向复苏态势，对经济持续稳定发展起到重要拉动作用。随着我国物流服务体系不断完善，物流行业对农村特色产品的刺激效果将继续加大，传统村落的文化特色产品可以被物流行业充分带动[15]。

3）我国传统村落交通物流发展已经积累了一定的成功经验。多年来，我国一直开展着"新农村"等各类乡村建设项目，"四好农村路""农村淘宝"等乡村交通物流项目也在同步开展，这代表在乡村振兴战略开始后，我国已经积累了一定乡村交通物流发展经验。对于传统村落而言，这些宝贵经验能够有效提升交通物流发展速度与效果，充分激发传统村落发展潜力。

4. 传统村落交通物流学研究的未来举措

结合我国传统村落交通物流发展现状，本书作者认为想要充分凸显我国传统村落的发展优势，需要做好以下几点（见图 1-10）。

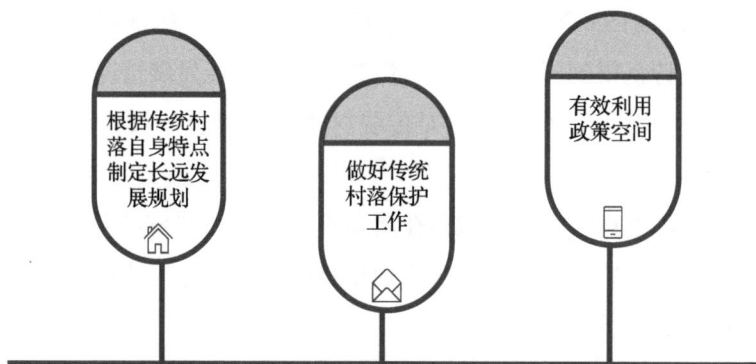

图 1-10　凸显传统村落的发展优势需要做好的举措

1）根据传统村落自身特点制定长远发展规划。这主要表现为将交通物流建设与传统村落特点连接，将交通物流建设打造为传统村落文化价值与旅游价值的长期、持续输出渠道，并积极制定长期稳定的发展规划，确保传统村落交通物流格局的前瞻性与稳定性。

2）做好传统村落保护工作。传统村落交通物流发展与普通乡村交通物流发展不同，传统村落交通格局、历史建筑是重要文化资源，进行交通物流格局规划时要充分考虑传统村落保护及资源利用，将交通物流的作用在传统村落中最大化体现。

3）有效利用政策空间。目前，我国各地政府已经发布多项传统村落保护、开发政策，在政策支持下传统村落交通物流发展效果更为显著，传统村落开发速度能够显著提升。顺应政策指引，积极利用政策空间，是我国传统村落交通物流发展的重要策略。

传统村落交通物流学是我国乡村振兴战略及传统村落保护工作中的重要学问，明确传统村落交通物流学的定义与发展现状，能够梳理出其研究方向及策略。这也是我国传统村落交通物流发展研究的重要基础。

1.2.2　传统村落交通物流学的研究对象

传统村落交通物流学的发展研究与普通村落交通物流发展及常规交通物流发展存在一个最大区别，那便是传统村落的独特属性，即传统村落交通物流研究不能遵循普通村落交通物流发展的原则，而需要以传统村落为主要研究对象，定制化、个性化进行交通物流发展规划。这也代表传统村落交通物流学的研究对象需要不断细化，并针对每个研究对象思考交通物流发展策略。通过对当代传统村落生存发展现状研究，笔者总结梳理出传统村落交通物流学研究对象主要包含以下几个。

1. 传统村落的传统建筑风貌

传统村落的传统建筑风貌是传统文化的重要载体，现存传统村落中都拥有一定规模和数量的传统建筑。这些传统建筑自身的文化价值与旅游价值极高，是激发传统村落发展力量的基础保障，所以在传统村落交通物流发展过程中，首先需要注重对传统建筑风貌的保护。尤其在传统村落内部交通规划中，既要保障交通设计不侵害原有传统建筑，又要确保交通通道与传统建筑的紧密连接，如此才能够达到传统村落交通物流发展的最佳效果。

2. 传统村落的格局及选址

部分传统村落设计格局也是传统文化的体现，很多传统村落格局的演变与发展长期突出着文化特征，体现着当地居民与自然的和谐关系，也蕴含着我国劳动人民的生活智慧，从建筑学角度还反映着我国传统建筑理念及伦理道德规范。所以这些传统村落的建筑布局、路网设计、空间结构与整体形态，也是传统村落交通物流学研究的重要对象。

另外，某些传统村落自身格局设计并没有特色，但选址独特，与周围环境完美融为一体，这类传统村落对地形、地势、地址的运用十分巧妙，这是古代劳动人民生存智慧的体现[16]。

3. 传统村落非物质文化遗产的活性

传统村落最宝贵的资源是其传承的非物质文化遗产，随着时代发展这些传承文化活性有所降低，在传统村落交通物流发展过程中需要充分考虑传统村落非物质文化遗产活性的稳定，不能因交通物流的发展而影响、破坏传统村落特色的生产、生活方式及原有起居形态。这就需要传统村落交通物流设计人员细致结合传统村落特色。传统村落非物质文化遗产可以表现为各种形式，比如声音、形象、技艺等，非物质文化遗产的传承以口口相传为主，文化存在形式以口头文化、体型文化、造型文化等方式为主，一旦交通物流发展带来的现代文化对传统文化带来冲击，那传统村落的文化活性与发展效果必然受到影响。

目前某些传统村落在旅游开发过程中，不少社会力量为追求较高利润空间，倡导当地村民带领游客体验一些传统技艺的制作，但体验过程中并不是以发扬传统文化为目的，而是将传统技艺制作大幅简化，以增强游客旅游乐趣。这导致游客对传统文化认知产生偏差，当地正统文化被当地人忽视，甚至被改造遗失。

4. 传统村落的交通物流发展条件

传统村落交通物流发展不是一个外来的附加建设项目，而是一个由内到外的建设发展过程。所以传统村落的交通物流发展需要充分考虑内部发展条件，也需要传统村落居民积极参与。

目前，我国大部分传统村落的人力资源不足。从传统村落人力资源类别出发，能够促进传统村落交通物流发展的主要人力资源为农业人力资源、技术人力资源和文化人力资源。其中，农业人力资源是传统村落人力资源结构中的主要组成部分，这一部分人力资源决定着传统村落村民的生计与生产，也是当地农业产业的主要劳动力；技术人力资源是指拥有乡村开发技术的人力组成部分，这一部分人力资源决定着传统村落的产业开发，也是当代传统村落最稀缺的人力资源；文化人力资源是指传承了传统村落独特文化的人力资源，这一部分人力资源决定了传统村落的特色文化的鲜活程度，关乎传统村落旅游资源的开发利用，所以它是传统村落中宝贵的发展资源。

传统村落的人力资源决定了自身的交通方式。目前，我国传统村落的交通方式存在巨大差异，成功开发的传统村落已经具备汽车、旅游观光车、缆车、空中索道等现代化交通方式；而偏远山区的传统村落由于交通条件有限，出行依然以自行车、步行为主，运输方式则以畜力板车为主。

结合我国成功建设传统村落交通物流系统以及传统村落文化资源开发的案例，可以得出结论：传统村落的保护效果、交通物流系统建设效果与当地人力资源是否充足存在密切关系，缺乏当地人力资源的有效支撑，仅依靠外部资源，传统村落交通物流系统的建设发展将与传统村落保护延续出现诸多矛盾。从长远角度思考，传统村落交通物流发展不能仅以经济发展为目标，切实了解各个传统村落的实际交通物流发展条件，才是其正确发展方式。

5. 传统村落人居环境与生活习惯

目前，我国传统村落开发中有一个常见错误，即传统村落保护工作仅针对文化与事物，而对人的保护工作明显不足。对于传统村落民居格局与周围环境，这些当地居民生活基本元素虽不能完全视为私有财产，但开发、改造、利用要充分考虑当地居民的影响与反应，对这些外部环境的利用与处分需咨询当地居民意见，思考对传统村落人居环境与生活习惯的影响，否则很有可能造成传统村落原始面貌的破坏[17]。

总体而言，传统村落的发展必须对居民生活空间形成保护，这也是传统村落交通旅游发展的研究对象。如何体现传统村落原始面貌，如何体现传统村落原真性，是传统村落交通物流研究的关键。

6. 传统村落的生态条件

现代交通物流发展注重绿色属性，这是因为交通运输系统建设很容易对生态环境造成破坏。在传统村落交通物流发展研究中，这也是一个重点研究对象。很多传统村落的文化属性不仅体现在村落建筑与人文习惯当中，还体现在传统村落周边生态这一重要载体上，因此在确保传统村落生态环境不被破坏的前提下进行交通物流发展是开发传统村落的重要前提。

在具体研究对象上，首先，要思考传统村落附近生活环境的保护措施。因为大多数传统村落经历了数百年的风霜洗礼，自身基础设施与周边生态都已表现出一定脆弱性，交通物流系统建设应尽量避免对整体环境的破坏。其次，要注重周边特殊生态的保护，如千年古树、稀有林木等，这些生态资源同样可以成为传统村落资源开发对象，提高传统村落开发效果。

7. 传统村落交通物流系统建设程度

虽然交通物流系统是传统村落开发的重要渠道，但交通物流系统建设也要充分思考传统村落的承载能力。我国乡村旅游项目发展中频频出现因开发旅游过度导致村落原貌受损的情况，这都是未能充分考虑乡村承载能力的后果。所以在传统村落交通物流系统建设过程中，需要重点研究传统村落自身价值以及相应的交通物流系统建设强度，确保传统村落交通物流系统建设合理有效。

目前，最有效的传统村落交通物流系统建设方式为长期规划、阶段性建设，即针对传统村落现有资源进行初步建设，根据后续开发效果进行持续强化完善。这种方式既保护了传统村落的原始面貌不被破坏，又能够充分、持续挖掘传统村落的价值。

1.2.3 传统村落交通物流学的特征及研究价值

从世界知名传统村落成功开发的方式中可以看出 [18]，传统村落交通物流学是当代各国经济发展的重要学科，其关乎着世界文化传承发展，及传统村落的开发延续。这一学科具有鲜明特征及深远研究价值。

1. 传统村落交通物流学的特征

传统村落交通物流学是一门具有人本理念的研究学科，其研究焦点为传统村落本身与居民文化。传统村落交通物流学的研究重点是如何利用交通物流发展确保传统村落灵魂所在，如何将人居与村落环境联系为一个整体，所以其相比普通村落发展研究及普通交通物流研究更具鲜明特征。结合我国传统村落研究发展现状，可以看出传统村落交通物流学具有以下几点特征。

（1）季节性强、服务对象规模小 传统村落交通物流学受村落特征影响，季节性特点十分明显。这主要因为传统村落开发的主体产业为农业与旅游业，这两个行业都具有季节特点。尤其传统村落农业发展，相关物流活动具有时间不均衡、季节性强等特点，主要表现：为春夏季节农产品种植资源需求旺盛，传统村落物流在这段时间以流入传统村落为主；而夏秋季节农产品成熟，这段时间物流主要表现为流出状态；除部分南方传统村落外，冬季属于传统村落农产品淡季，这段时间传统村落物流需求量相对较小。

除季节特点外，受传统村落生产力与生产规模限制，大部分现存传统村落的物流服务对象规模较小。这表现为传统村落农产品与手工艺制品产量较低，主要针对个人销售，除部分已开发成产业链的传统村落，大部分传统村落物流服务对象都针对个人。不过随着我国传统村落旅游资源开发，传统村落交通服务对象正在不断扩大，尤其成功改造成旅游景点的传统村落，旅游旺季中每天需要服务大量旅游群体。

（2）研究成本较高　与普通村落交通物流学研究不同，传统村落基础设施、传承文化具有一定脆弱性，且交通物流系统建设需要建立在充分的保护措施之上，所以传统村落交通物流学具备研究成本高的特征。

从具体研究层面分析，传统村落交通物流发展需要对传统村落进行方方面面的细致研究，且需要充分结合传统村落自身格局特点，征求传统村落居民意见，这部分成本是普通村落交通物流研究不需要投入的，所以从基础层面上传统村落交通物流学研究成本投入范围更大。

另外，从交通物流学角度思考，传统村落发展是将传统村落文化产品与农产品发往城市或其他区域，与城市交通网络相比，传统村落原有交通建设更为薄弱，甚至部分传统村落交通处于落后阶段，这极大影响传统村落交通物流效率，无疑再次增加了传统村落交通物流研究成本。

（3）组织开展难度大　不同于普通村落交通物流学研究，传统村落的交通物流发展需要经历大量的理论层面研究，这包括传统村落特色研究、周围环境研究、交通物流资源研究以及交通物流系统因地制宜规划。

当完成理论层面研究之后，传统村落交通物流研究理念的落地也需要经过复杂的过程，且落地难度较大。这主要表现为传统村落自身具有分散化、个性化特点，交通物流发展开展阶段可借鉴案例较少；传统村落自身人口密度较低，村落产业协调同意难度大，将传统村落的特色文化形成规模经济难度较高，且质量难以把控，所以传统村落交通物流学的组织开展难度极其突出。

（4）领域人才相对匮乏　虽然我国乡村交通物流发展近年来取得了显著成果，且交通物流人才丰富，但真正适用于传统村落交通物流研究的成果及人才并不突出。这主要因为传统村落交通物流研究相比普通村落交通物流研究受限因素多、研究难度大。例如，传统村落交通物流研究之前需要对传统村落自身特点展开详细研究，大多数交通物流行业人员对传统文化理解不足，对传承保护方式了解不足，仅在这一层面就限制了传统村落交通物流研究的速度与成果[19]。

2. 传统村落交通物流学的研究价值

传统乡村交通物流学不仅有鲜明的研究特征，还对我国乡村发展、交通物流发展、文化传承有深远影响。从我国社会进步角度分析，传统村落交通物流学具有以下几点研究价值。

（1）具有较高农业生产促进价值　传统村落交通物流发展首先带动的正是当地农业经济。有效的交通物流运作能够直接提升传统村落农业生产水平与销售水平，增强当地农业生产组织的市场竞争力。尤其是传统村落的特色农产品，在交通物流系统支撑下很容易形成文化优势与品牌优势。传统村落农业发展也容易受到现代科技带动，农业发展效果及价值获得持续增长。

（2）具有提高就业效果的社会价值　当传统村落完成交通物流系统建设后，传统村落文化价值、产业价值、旅游价值能够被深度激发，各产业发展可以有效提升当地居民就业效果与生活收入。同时，传统村落完成交通物流系统建设还能够支持当地居民自主创业，有力保障传统村落的健康发展局面[20]。

（3）具有较高的文化传承价值　传统村落延续的各种文化是千百年来当地居民生活文化与习俗的演变，传统村落是我国传统文化的重要支撑。发展传统村落交通物流能够激发当地经济活性，增强当地自我保护能力，还能够充分发扬当地文化，让我国传统文化被更多人认识和了解[21]。

（4）具有较高的文旅价值　目前传统村落交通物流系统建设的主要目的是开发当地旅游资源，通过交通物流系统建设，充分展现传统村落的自然环境、民风习俗、特色文化，为大众提供一个独特的文旅场所。截至2023

年，我国已有数千个传统村落开发打造了旅游产业，这些旅游产业的形成全部依靠交通物流系统支撑。由此可见，传统村落交通物流学具有较高的文旅价值。

传统村落交通物流学是一门复杂学科，随着我国不断加强对传统村落的重视、保护、开发，传统村落交通物流学将涵盖更多研究内容，具备更高研究价值，对我国农业、交通、旅游等行业的发展带来更大促进作用。

1.3　传统村落交通物流发展的意义

传统村落交通物流发展能够为乡村振兴与民族振兴做出突出贡献，这主要表现为传统村落交通物流发展既有文化价值又有经济价值。比如，传统村落可以打造为区域名片与文化标识，以及重要旅游资源，满足现代人对异文化的观赏需求。从这一角度出发，传统村落能够成为乡村振兴与民族振兴战略中的重要推动力，其发展成果影响着乡村振兴与民族振兴战略的速度与效果，并对我国社会发展产生深远影响。

1.3.1　改变交通落后面貌，促进百姓增收

对乡村发展而言"要想富，先修路"不只是一句口号，而是实实在在的科学道理。传统村落作为发展潜力更大的乡村，其交通物流系统建设研究具有更显著的乡村改善意义。

首先，传统村落交通物流发展能够彻底改变落后的交通面貌，方便传统村落居民通行，提升当地居民宜居性与安全性。其次，传统村落交通物流发展能够从根本上解决百姓经济收入问题，改善当地居民艰苦的生活条件，带动传统村落及周边区域良好发展。

传统村落交通物流发展能够具有如此重要的意义，主要因为交通物流是限制大多数传统村落延续、保护、发展的根本问题。近年来，我国对传统村落保护开发研究不断深入，所有研究结果第一时间指明，保护、开发传统村

落必须从交通建设入手，只有传统村落交通问题得到改善，传统村落才能够与外界连接，保护与发展力量才能够引入与交互。

比如，我国未开发的传统村落交通道路主要为土路与山路，这类交通道路受环境影响较大，雨季时期表现为湿滑、泥泞等特点，这使当地居民出行极为不便，直接影响着传统村落经济发展。

结合我国成功开发传统村落的经验，可以得出结论：改变传统村落落后的交通面貌，完善传统村落物流系统，能够带来促进当地居民经济收入的直接影响，这是强化传统村落自身保护能力与发展能力的重要基础 [22]。

交通物流发展是传统村落的基本延续能力和基础发展能力的改善。随着时代发展、社会进步，交通物流系统对传统村落的改善效果也会不断增强。在全面保护传统村落特色文化、原始面貌的基础上进行交通物流系统合理建设，不仅传统村落交通面貌、居民精神面貌可以得到改善，传统村落特色产业发展与居民经济效益还会显著提升，传统村落开发保护效果也能随之达到更高水平。

1.3.2 改变城乡面貌，促进乡风文明

2017年10月，党的十九大正式提出了"乡村振兴"战略 [23]，在明确政策指引下，我国城乡面貌、乡风文明成了近年来乡村发展的重点。在传统村落保护、开发过程中，这一重点同样没有改变，并且受到交通物流发展影响，取得了显著效果。

传统村落的特色文化不仅是历史文明，还是我国乡村思想道德建设的基础，是优秀乡村文化传承的关键。虽然传统村落文化存在独特性与差异性，但整体发展方向与我国乡村传统文化不能出现偏离。

近年来，我国传统村落移风易俗、文明乡风建设活动取得突出成果，这离不开交通物流发展的促进 [24]。传统村落虽然是宝贵的文化遗产，但并非所有传统习俗、特色文化都值得发扬。传统村落陋习对乡风文明发展、乡镇精神面貌可带来负面影响。单纯依靠教育工作很难根除传承千百年的乡村陋习，只有借助交通物流系统，让传统村落居民见识到其他村落的移风易俗效

果及产业开发效果，当地村民才能从认知上产生改观。由此可见，研究传统村落交通物流学，对改变城乡面貌、促进乡风文明有显著的改善意义。

1.3.3 提高生活质量，促进社会和谐

交通物流系统一直是影响我国乡村居民生活质量及社会和谐程度的重要因素。尤其在近年来"乡村振兴"战略推进过程中，通过交通运输系统建设，我国乡村经济得到有效带动，乡村居民生活质量、精神面貌显著提升。同时，交通物流系统的建设消除了乡村出行不便、邻里干扰频繁等问题，乡村和谐程度同步上涨。可见，交通物流发展对提高乡村居民生活质量、促进乡镇生活和谐有显著效果。

对于传统村落交通物流发展而言，这一效果更为显著。这主要因为传统村落自身特点与交通物流系统关系更为密切，交通物流发展对传统村落居民生活质量、村落和谐氛围带来的改善更为明显。

首先，我国大部分传统村落在发展过程中因交通环境封闭，当地产业无法得到发展，导致大量年轻生产力外流，不仅当地居民生活质量持续下降，传统村落还越发冷清。这种情况下，进行传统村落交通物流发展能够有效开发传统村落的特色文化产业及农产品产业，有效缓解传统村落生产力外流问题，确保人口结构更为合理，生活环境更健康，村落氛围更和谐。

其次，交通物流系统是传统村落经济发展、居民致富的重要保障。随着传统村落交通物流系统建设，传统村落文化价值、旅游价值能够被深度挖掘，当地产业能够逐渐形成规模，传统村落就业率、人口流动率随之上升，村落活性全面提升，甚至带动周边区域经济发展，当地居民收入与精神面貌可以得到有效改善，生活幸福感显著提升。

最后，交通物流系统建设能够为传统村落带来更多外来文化及教育资源，提升传统村落社会文明建设效果，强化传统村落人才培养，让更多传统村落发展效果得到改善[25]。

传统村落交通物流发展是我国传统村落保护、开发、发展的重要举措，

交通物流系统的发展能够直接提高传统村落居民收入水平与生活质量，解决传统村落困扰千百年的历史存留问题。最重要的是，交通物流发展能够让传统村落与外界全面连接，让传统文化展现在大众面前，让现代文明进入传统村落，改善传统村落居民生活水平，营造更加和谐幸福的生活氛围。

1.3.4 推动区域及国家物流大发展

截至 2023 年，我国乡村物流系统发展形势依然不容乐观，这主要表现为乡村物流系统未能展现出应有的业态，乡村物流系统与乡村产业融合不够深入。从这两个方面出发，传统乡村交通物流发展对我国物流整体发展有较强推动作用。

1. 能够强化我国物流体系完整性与有效性

我国传统村落大多处于偏远区域，是我国乡村物流"最后一公里"的主要代表，正是因为这部分物流系统末梢的建设不完整及建设难度，抑制了全国物流系统的发展效果，导致乡村物流系统未能展现出应有业态。通过传统村落物流系统发展，我国农村物流系统将更加完整，物流效率与运营效果也将提升一个层次，所以传统村落交通物流系统发展能切实推进我国物流体系建设成果[26]。

2. 能够建设我国物流系统与农村产业融合

相比普通村落，传统村落拥有更多物流系统融合优势，这主要表现为传统村落具有独特的文化价值，其旅游、文化、农业开发潜力大，与交通物流系统融合成规模性产业。目前，我国成功开发的传统村落案例都离不开交通物流系统建设，这主要表现在以下两个方面。

（1）物流系统支撑传统村落电子商务发展　完整的物流系统是电子商务发展的先决条件，随着我国电子商务高速发展，传统村落开发广度与深度不断提升。尤其直播电商模式兴起后，传统村落文旅产业、特色农业得到了有效发展[27]。

（2）物流系统增强传统村落消费，加速区域发展　农村消费市场一直是我国市场经济的重要组成部分，传统村落交通物流发展必然带动当地居民经济发展，刺激当地居民消费程度。从我国成功开发的传统村落案例中可以看出，交通物流系统建设完成后，大多数传统村落居民都学会了网购，享受现代物流服务，当地经济发展动力随之提升，这也是物流系统与传统村落产业深度融合的表现。

无论从我国物流系统发展角度出发，还是从传统村落保护开发角度出发，交通物流系统都是改善传统村落发展效果、强化我国物流整体发展的有效措施。随着传统村落交通物流系统的不断升级，我国物流整体发展也将体现出全面激活乡村经济、助力乡村振兴的效果。

1.3.5　推动区域及国家旅游大发展

近年来，我国社会经济快速发展促进了大众对精神文明生活的追求，旅游行业得到显著发展。虽然经历了各种外部考验，但大众旅游热情不减，旅游行业发展潜力依然巨大。

在当代主流旅游模式中，乡村旅游是一大发展重点，而传统村落文化旅游又是乡村旅游的重中之重。截至2023年，我国传统村落旅游景点已达数千个，传统村落旅游已成为我国旅游大发展的重要力量，其不仅带动传统村落重新展现生命力和区域经济发展，更提升了现代大众文旅体验，发扬民族传统文化。

事实上，开发传统村落旅游资源从而推动区域乃至全国的旅游产业发展在全球范围内已经屡见不鲜，这也是传统村落开发、保护的主要方式。并且部分西方国家已经细化出现代交通物流系统建设与传统村落保护协调发展的开发模式[28]。

目前，在我国交通物流系统发展促进下，传统村落旅游发展也处于稳步上升趋势，并创新打造了以下几种特色旅游模式。

（1）特色美食旅游　传统村落传承的特色文化中不乏美食文化，且传统村落美食文化的差异性、独特性十分鲜明，到传统村落品尝特色美食已成为现代文化旅游的一大亮点。目前，我国大部分拥有特色美食文化的传统村落已开发出特色美食产业，并借助物流系统以电商形式充分带动着区域经济发展。

（2）特色生态旅游　生态旅游一直是我国健康旅游的主要模式，随着传统村落交通物流系统发展，如今更创新出了文化与生态融合的特色生态旅游[29]。

（3）特色文创旅游　传统村落开发的文创旅游与普通文创旅游不同，普通文创旅游注重游客对传统文化的了解与认知，而大部分传统村落特色文化均源于生活，所以传统村落文创旅游更注重体验与参与。

目前，我国传统村落的文创旅游已经形成规模，且根据区域不同表现出不同特色。其中，南方传统村落文创旅游以小桥流水的细腻文化为主，北方传统村落文创旅游以粗犷原野的原始风格为主；东部传统村落文创旅游主要展示传承千百年的沿海文化，西部传统村落文创旅游则充分彰显西海民族风情。这些文创旅游为大众带来的民族、民俗体验已经产生巨大经济效果，为我国旅游大发展注入了巨大能量。

传统村落旅游发展离不开交通物流系统支撑，交通物流系统发展效果更决定着传统村落旅游产业开发、发展成果。未来发展中，传统村落交通物流发展还将深度影响我国旅游产业整体发展，促进我国市场经济进步，为乡村振兴、民族振兴带来更多助益。

1.3.6　推动区域及国家协作大发展

目前，我国乡村协同发展、乡镇协同发展是乡村振兴的主要策略。在我国乡村振兴战略推进过程中，大部分地区通过乡村协作实现了区域经济整体发展，乡村建设、发展效果十分突出。

传统村落交通物流发展同样具有推动区域及国家协作发展的效果。截至2023年，我国多个地区传统村落开发改善工作都采用区域协同方法，以集中连片保护开发形式进行整体发展，具体措施正是通过交通物流系统建设，将区域形成紧密连接的整体板块，通过相同政策指导扶持，进行互补互进发展[30]。

另外，传统村落是区域经济发展的重要力量。交通物流系统得到发展，区域经济发展效果才能够增强，随着各地经济活性提升，连点成片的协同发展方式才能够实现。由此可见，我国传统村落交通物流发展具有良好的区域协调发展促进作用。

从国家发展角度出发，我国的传统村落传承的悠久历史文化同样是世界文化遗产，具有较高研究价值。所以我国传统村落具有一定国际吸引力，而交通物流系统建设能够带动国际资源对传统村落的文化开发[31]。

总体而言，传统村落交通物流发展对我国区域协调发展、国家协作发展都有促进意义，传统村落交通物流系统的完善将提升我国地方经济发展效果，创造更多协作发展可能，增多我国在国际领域进行协作发展的选择。

1.3.7 推动村落文化的传承与发展

村落文化是文明系统的重要组成部分，传统村落文化堪称我国村落文化的精华，如何保护发展传统村落的宝贵文化，让我国村落文化与现代城市文明相伴相生，是近年来"乡村振兴"战略推进中的重要课题。

结合我国近年来乡村发展经验，可以得出村落文化的消失与落寞主要分为两个原因：一是乡村发展落后，大量年轻生产力外流，导致村落文化无法延续传承；二是村落交通闭塞，经典、特色村落文化长期处于封闭状态，无法在外界传播发扬。这两种情况在我国传统村落中普遍存在。

解决传统村落文化传承与发展的关键依然是交通物流发展。通过交通发展，传统村落文化才能够被外界了解、认知、发扬，通过物流系统建设，承载村落文化的特色手工艺品、农产品才能够传播到全国各地。所以交通物流建设也是我国进行传统村落文化保护、传承、发展的主要举措。

不过，传统村落借助交通物流系统传承发展文化的主要方式，并不是单纯地进行文化传播，而是借助自身文化优势开展旅游产业，吸引更多人了解传统村落文化，并将代表传统村落文化的载体通过物流系统销售到全国各地。

目前，我国传统村落文化借助旅游产业延续发展需要注意三个重点，这三个重点也是确保传统村落文化传承的重要保障。

一是传统村落文化要整体化开发并与旅游产业结合，即旅游产业不能仅开发传统村落的部分文化，而是要保护传统村落文化完整性。因为传统村落文化是一个综合的非物质文化遗产，其形成与历史环境、地理环境、自然环境有紧密关系，一旦导致文化内部失衡很容易影响文化活性及文化内涵，甚至出现文化扭曲等情况，所以传统村落文化与旅游资源的结合要在完整基础上进行，各种文化产业园、生态文化保护区、文化博物馆都需要正确、完整阐述传统村落文化。

二是旅游产业对传统村落文化的开发要确保动态保护，而不是单纯的价值挖掘与利用。传统村落文化代表着我国村落文化的多样性，单纯的文化开发利用很容易造成文化消磨与文化主张偏移，最终导致传统村落与商业文化融合，正统村落文化消失[32]。

三是明确传统村落村民是传统村落文化与旅游产业结合的桥梁。传统村落村民是传统村落文化延续的关键传承链，其对传承文化的理解、展示更为到位。在传统村落文化与旅游产业结合过程中，以村民为主要桥梁，引导村民积极参与，能够确保传统村落发扬的正确性及传承的完整性，当地村民也能够成为传统村落文化传播的受益者。

传统村落交通物流发展是带动传统村落重现生命力的重要途径，有了交通物流系统的支撑，传统村落才能够顺利开发旅游资源，当地特色农业、手工业才能够通过电商平台在全国各地展现，珍贵而多样的村落文化才能被世界发现、发扬。这是我国推动村落文化传承与发展的正确方式，也是村落文化反哺社会进步的有效方法。

传统村落是我国宝贵的文化遗产，也是我国"乡村振兴"战略发展的重要资源。传统村落交通物流学对传统村落保护、开发、延续有重要意义，对我国"乡村振兴"战略推进有巨大推动作用。所以，及时开展研究传统村落交通物流学十分必要，其研究成果能够成为我国社会高质量发展的重要参考。

1.4 小结

传统村落作为我国历史与文化的见证者，拥有深厚的价值和意义。在现代社会中，这些村落面临着许多挑战，尤其是在交通和物流方面。通过对传统村落交通物流学的深入研究，可以深刻认识到优化和发展这些区域的交通物流系统不仅仅是经济需求，更是文化和社会的需求。

通过改进交通物流，传统村落可以在经济上得到振兴，从而帮助当地居民增加收入。同时，它也对整体城乡面貌的改善以及乡风文明的培养有着积极的影响。此外，高效的交通物流系统将显著提高居民的生活质量，为社会和谐注入新的活力。

从更广泛的角度看，传统村落交通物流的发展还对整个区域乃至国家的物流、旅游和协作产生深远的影响。最为关键的是，这种发展将有助于保护和传承传统村落的独特文化。

总的来说，为传统村落打造现代、高效的交通物流系统不仅是对当下的回应，更是对未来的投资。它将确保这些传统村落在经济、文化和社会上持续繁荣和发展。

第2章
我国传统村落交通物流发展的历史与现状

2.1 引言

    我国江西南昌文港镇周坊村（见图 2-1）是第三批入选"中国传统村落名录"的村落，这一村落被称为中国毛笔文化第一村。村中存有明清时期古建筑 30 多栋，其中包含家族公祠、达官府邸，还有商贾店铺，但最具吸引

图 2-1　周坊村

力的还是周坊村的毛笔制造作坊。随着时间的推移，周坊村毛笔制作的手艺人越来越少，这主要因为时代发展导致毛笔的用量越来越少，这种手艺开始面临失传的风险，越来越多的手艺人开始选择以务农为主。

周坊村以种植稻米和茶叶为主，但由于交通不便，村民们的生活依赖于有限的农业生产，村里的手工艺品和特色农产品很难销往外地。即使外地游客慕名前来，受限于交通条件，他们只能带走少量的土特产，村里的经济发展受到极大制约，与外界几乎隔绝。

2015年，周坊村成为阿里巴巴"农村淘宝"项目的试点之一。为了打破村落的交通瓶颈，政府斥资修建了通村公路，打通了周坊村与镇中心的物流通道。同时，村里建成了电商服务站点，并与物流公司合作，确保农副产品能够通过快捷的物流渠道送达全国各地。电商服务站成为村民们与外界沟通的桥梁，村里的年轻人开始利用网络技术帮助父母在网上开店，销售手工艺品和绿色食品。曾经无人问津的土蜂蜜、竹制工艺品和生态大米，如今通过电商平台不仅进入了全国各地的市场，甚至还远销海外。

周坊村被保护开发之后，不仅成功吸引了大量旅游企业入驻，还将周坊村毛笔文化发扬到全国各地（见图2-2）。借助农村淘宝等电商平台，周坊村开始逐步打造自己的毛笔产业，这里的村民全员动员，白天接待游客传播毛笔文化，晚上直播带货。例如，村中80多岁的毛笔制作匠人雷永水，自身拥有50多年的毛笔制作经验，通过电商平台迅速积累数十万粉丝，曾一场直播卖货达到几十万元。

如今的周坊村已经不再是以前的空巢村，曾经外出打工的年轻人大多都回村发展电商产业。近年来，在政府支持下周坊村还建设了自己的电商基地，配有物流服务中心、网络服务中心、产品展示平台等全套电商板块，曾经的贫困落后村落迅速发展成带动文港镇经济高速发展的核心区域。2021年，在周坊村毛笔电商产业带动下，文港镇全年毛笔产量达到9亿支，产值超过32.5亿元。金属笔产量更是超过11.5亿支，产值高达51.9亿元。

在"农村淘宝"项目的帮助下，周坊村不仅实现了经济转型，村民的生活水平还得到了显著提高。村里的年轻人不再需要外出打工，而是选择留在家乡发展自己的事业。这一转变，离不开电商平台和交通物流体系的无缝衔接。通过物流网点和完善的公路运输，曾经在山间默默无闻的村落如今成为电商与旅游的双重典范。

图 2-2　周坊村的特色——毛笔

从周坊村蜕变的过程中我们能看到，我国传统村落发展与交通物流建设有密不可分的关系。周坊村不过是我国传统村落电商产业发展的一个缩影，随着我国农村电商高速发展，越来越多的传统村落正在扩大电商产业规模，发展态势一再提升。

近年来，我国传统村落交通物流发展开始加速，尤其在交通物流基础建设上的投入力度越来越大，这带来的直接效果是传统村落的发展速度与发展效果极其突出。截至 2023 年，我国传统村落交通物流发展已经取得多项成果，对我国传统村落保护、开发起到积极带动作用。

2.1.1　传统村落交通物流发展史概述

目前，我国传统村落交通物流系统发展取得了显著成效，这主要是近十

年来的建设成果 [33]。相比欧美等经济发达国家，我国传统乡村交通物流系统虽然拥有几十年的发展历程，但对其重视时间较晚，这导致很长一段时间处于落后状况。不过欧美等经济发达国家传统村落交通物流发展的历史也为我国带来了可借鉴的经验，我国交通运输部门充分结合我国国情与传统村落实际情况，从发达国家传统村落交通物流系统建设的成功案例中，总结出了适合我国传统村落开发保护的建设策略，让我国传统村落的交通物流发展、传统村落开发保护效果一再提升。

早在 20 世纪 50 年代，欧美发达国家就深刻认识到，交通运输系统对经济发展有重要推动作用，于是纷纷开始大力兴建高速公路。1960 年，世界各国的高速公路只有 3 万千米，到 1970 年的短短十年间就翻了一番，达到了 7 万千米。十年后的 1980 年，这个数字达到了 11 万千米。到 21 世纪，世界各国的高速公路达 20 万千米。根据 2024 年世界各国高速公路里程排名表，世界各国的高速公路都有增长。

2.1.2 我国传统村落交通物流发展史

传统村落相比普通村落拥有更久远的历史，但我国传统村落交通物流发展与普通村落基本相似，快速发展都起始于我国改革开放初期，且传统村落物流发展比交通发展更滞后。

1. 传统村落交通发展史

传统村落交通发展的起步建设是乡村公路建设，公路作为交通路网的重要组成部分，决定了我国经济社会发展水平。截至今日乡村公路依然是乡村交通的主要方式，也是乡村交通建设的重点。

改革开放之后，我国首次将车辆购置税、国债等用作贫困乡村通县路、出口路、县市与农村连接路的工程资金，开展各种乡村公路改造工程。传统村落交通的快速发展从这个时期开始。

不过当时的农村公路建设的主要目的是完善农村基础交通设施，确保农村交通能够与县城、乡镇保持畅通，促进乡村发展及脱贫致富，所以当时农村公路建设水平与建设效果并不突出，仅以村镇、村乡、村县之间有公路为目标。

事实上，改革开放之前我国农村公路也存在，不过数量稀少，无法确保交通畅通性，所以农村发展水平较低。正是基于这一发展现状，我国政府才决定加强农村公路建设，提升农村发展水平。由此可见，我国农村公路发展可以分为三个阶段。

第一阶段（1978 年之前）：这一阶段是我国农村路网初步建设时期，主要建设力量为农村个体。这段时间我国经济实力有限，政府能够给予农村路网建设的资金扶持较少，所以大多数农村路网建设依靠当地农民群众的自发组织。

这段时期内，农村公路并不是现代意义的柏油路，大多数是宽度、平整度达标的土路、砖路或石路。由于当时农村发展水平不高，对公路质量要求不高，所以这些最原始的公路足以满足农村发展需要。

第二阶段（1978—2000 年）：改革开放之后我国进入社会主义市场经济发展阶段，农村经济发展开始被城市带动，农村生产结构得到优化，农民经济活动大幅增加，农村对公路的数量与质量要求自然随之提高。在这一变化过程中，我国交通部门对农村公路发展也进行了战略调整及政策资金扶持，通过"以工代赈""交通扶贫""西部大开发"等政策提升农村公路发展水平，加快农村经济发展。

其中具有代表性的战略发展活动有三个：一是 1984 年中央提出采用"以工代赈"形式建设农村公路，政策推出后各地方政府纷纷响应，地方财政和专项资金随之入驻，我国农村公路发展水平首次得到显著提升；二是 1994 年中央提出的"八七"扶贫攻坚计划，这一计划持续了 7 年时间，中央每年拿出 7 亿元左右的建设资金，用于国家级贫困县的农村公路建设，这一计划全面改善了我国贫困地区的农村交通环境；三是 2000 年中央提出的"西部大开发"战略，我国西部农村公路正是在这一段时间得到大力发展，西部群众出行难等问题随之得到解决。

第三阶段（2000 年之后）：进入 21 世纪之后我国开始进入小康社会建

设阶段，为满足小康社会基本需求，我国农村交通发展随之被提升到一个新高度。从 2000 年开始中央及各级政府显著加大农村公路建设的扶持力度，尤其在"十五"时期，我国农村公路发展进入全面加速时期[34]。在我国农村公路发展的前两个阶段中，大部分传统村落交通并没有得到有效改善，这主要因为大量传统村落位于偏远地区，未能成为前两个阶段的建设重点；2000年之后，传统村落被关注、被重视程度增加，交通发展才得到惠及。

在几十年的发展中，我国农村交通经历了重要变革，也取得了巨大成就。正是由于农村公路的有效发展，传统村落才逐渐得到政府重视，社会各界对传统村落的关注度不断提高。我国农村公路发展历程为传统村落发展奠定了重要基础。

可以说 2000 年之前是我国农村交通发展的基础阶段，2000 年之后是我国农村交通高质量发展阶段。但对于传统村落而言，2000 年之后才是交通发展的起步阶段。

通过分析我国传统村落发展历程，可以得出我国传统村落交通发展也可以分为三个阶段。

第一阶段（2000—2014 年）：这一阶段是我国传统村落交通发展的起步阶段，在中央及交通运输部开展的各种农村公路发展活动中，传统村落交通基础现状得到初步改善，处于偏远区域的传统村落开始与乡镇、县市大幅连接，传统村落自身特点开始展现价值。

第二阶段（2014—2017 年）：这一时期是我国传统村落交通情况全面改善的重要转折阶段[35]。2014 年之前，我国农村公路建设主要为保障农民生活生产，提升农民基本生活质量[36]。自党的十八大之后，习近平总书记就多次针对农村交通发展作出重要指示，在肯定我国农村交通建设效果的同时，提出了"农村公路建设要因地制宜、以人为本"的要求。传统村落发展恰需要交通因地制宜，如此才能够达到扩大经济发展效果的目的。

可以说传统村落在"四好农村路"发展阶段成为主要建设亮点，在我国全面建成小康社会的关键时期充分展现自身价值，所以传统村落的交通发展在这个阶段得到了质的飞跃[37]。

在"四好农村路"建设期间，中央对农村交通资金扶持力度大幅增长，2014—2015 年用于农村扶贫攻坚的资金就高达 1060 亿元，这两年时间内我国农村公路建设超额完成"20 万千米"的建设目标。截至 2015 年年底，我国农村公路总里程达到了 398 万千米，近 900 个乡镇和 8 万个建制村通了硬化路，新增 5000 多个建制村通公路，全国乡镇和建制村通公路率分别达到 99.99% 和 99.87%，通硬化路率分别达到 98.62% 和 94.45%，列养率达到 97.3%，优良路比例达到 61%。我国传统村落交通水平正是在这一时期获得了大幅提高。

第三阶段（2017 年之后）：这一阶段我国传统村落保护、开发力度从国家层面得到了大幅加强[38]。这主要表现为在国家战略指引下我国各地政府不断加大农村交通工具建设投入，力求最大化提升农村交通建设、发展的效果[39]。

总体而言，传统村落交通高速、高质量、高成果发展关键时期，正是我国农村交通发展成果显著的阶段。据我国交通部门统计，自 2011 年年底至今，我国累计用于贫困地区的投资高达 5068 亿元，累计新建改建农村公路约 253 万千米，解决了 1040 个乡镇、10.5 万个建制村通硬化路的难题，农村公路的总里程净增 90 多万千米。这段时期内，我国传统村落发展成果十分亮眼，在交通系统支撑下，传统村落已展现出极大文化价值与旅游价值，成为我国经济发展的重要产业，为乡村振兴注入强大动力。

2. 传统村落物流发展史

自电子商务兴起之后，我国物流系统进入高速发展阶段，尤其近年来物流系统的发展成果已经表现出高速、高质量、高品质等特点，极大提升了我国经济运作效率与大众生活品质。不过我国传统村落物流发展效果并没有城市物流系统那样突出，其发展历程也没有城市物流系统那样顺利，这主要因为农村物流发展受限较多，所以发展相对缓慢。

总体而言，我国传统村落物流发展可以分为三个阶段。

第一阶段（2006—2012 年）：我国传统村落物流系统最早起步于 2006

年，从 2006 年开始电子商务平台开始出现一些特色农产品与文化手工艺品，这些产品正是来自经济水平发达的传统村落。可以说 2006—2012 年是我国传统村落物流系统的初始阶段。这一阶段只有少部分传统村落得到了物流系统建设，大部分传统村落没有被物流系统连接。

因为物流系统的基础还是完善的交通运输体系，而当时传统村落交通建设也处于较低水平，所以这一阶段传统乡村物流系统基本没有得到有效发展。

第二阶段（2012—2017 年）：2012 年之后，我国农村交通发展水平得到显著提升，农村物流系统逐步完成基础建设[40]。2014 年是我国农村物流系统发展转折的关键一年，这一年"农村电商"正式被写入中央一号文件，成为推动农村经济发展、农村脱贫致富的重要手段。从这一年开始，我国政府开始加大农村区域物流系统建设。

2016 年，国家发展改革委与阿里巴巴集团在北京签署了结合返乡创业试点发展农村电商战略合作协议，随后三年时间里，阿里巴巴与各地政府共同在 300 余个县（市、区）开展农村电商创业试点。这段时间里，在国家发展统筹下，我国农村物流发展环境得到大幅优化，优化方向主要为连接农村特色产业，提供创业机遇。传统村落在这一阶段充分展现价值，特色产业被充分开发，传统村落文化得到发扬。同时，在物流系统支撑下传统村落就业概率大幅增加，传统村落保护效果及基础发展实力得到提升。

2012—2017 年是我国传统村落物流系统高速建设的阶段，随着传统村落物流系统不断完善，各种电商平台开始入驻传统村落，为传统村落经济发展打下坚实基础。不过这段时间传统村落经济发展效果并没有达到最佳水平，因为传统村落居民对电商了解得不够深入，自身文化水平较低，从而限制了电商产业发展。尤其在支付运营层面，传统村落电商产业表现出缺乏人才的特点。

第三阶段（2017 年之后）：自我国确定"乡村振兴"战略之后，传统村落物流系统发展又一次得到强化。传统村落具有独特的文化资源与产业资源，物流系统能够在传统村落展现更大价值。尤其直播电商模式出现后，传统村落电商产业、旅游产业进入高速发展状态，传统村落居民的物流需求开始增强，经济高速发展，传统村落物流体系得到完善，其发展效果有效推进了乡村振兴进程。

结合我国近十年来物流系统发展成果，可以看出传统村落物流发展效果十分突出，这得益于传统村落自身特点能够与物流系统完美结合，并成为物流发展、乡村振兴的有效表率。

截至 2023 年，我国传统村落交通物流发展已经表现出成熟、完善等特点，但发展空间依然巨大。因为我国传统村落受保护、被开发较晚，其各种特色文化、特色资源有待深度开发。相信在未来发展中，交通物流可以加深与传统村落的融合，各种发展案例将成为乡村振兴的标杆，成为我国经济发展的重要模式。

2.1.3　传统村落交通物流变迁

传统村落的发展、变迁与交通物流有着密切关系，可以说传统村落交通物流的变迁史完整体现着传统村落生活质量、经济水平的变化。从传统村落变化特点角度出发，对传统村落影响最大的交通物流元素有交通工具、村落道路、出行方式及物流模式四点。

1. 交通工具

传统村落交通工具的变迁与我国大多数乡村相似，改革开放之前我国传统村落交通工具并没有普及，家庭条件有限的居民通常采用步行方式出行，家庭条件尚可的居民家中则购置有自行车，家庭条件优越的居民家中除自行车外还购置有牲畜和牲畜拉动的板车，这一大型交通工具是传统村落在改革开放之前的主要运输工具。

随着时代发展，传统村落经济水平提升，改革开放之后自行车开始在传统村落普及，永久、凤凰等大品牌自行车（见图 2-3）成为传统村落主要交通工具，村民出行便捷度得到初步提升。

图 2-3　凤凰牌自行车

　　20 世纪 90 年代，摩托车（见图 2-4）开始风靡全国，并成为家庭出行的主要交通工具，这是我国首次大面积普及机动车辆，这一车型在传统村落随之出现。不过除摩托车之外，传统村落还出现了一部分农用车辆，主要以拖拉机、三轮农用车为主，这些农用车辆也是传统村落的主要交通运输工具。

图 2-4　摩托车

　　2000 年之后，电动自行车（见图 2-5）行业高速发展，这一省时省力、出行成本低的交通工具在传统村落备受欢迎，从这时开始传统村落乃至全国乡村开始从自行车时代升级到电动自行车时代。同样在这个时期，部分交通环境优越、经济发达的传统村落开始出现家用小轿车，虽然为数不多，但也代表我国农村经济发展水平已经显著上升。

图2-5 电动自行车

2010年之后，全国经济整体发展不断趋好，除部分区位偏远、交通不便的传统村落外，大部分传统村落的交通工具都达到电动自行车、摩托车、农用车、家用汽车混有水平，且随着经济不断发展，交通条件提升，家用汽车数量稳步上升。

2. 村落道路

我国传统村落道路变迁过程与普通村落相似，但也有独特之处，这主要表现为部分传统村落位于偏远区域，道路修建升级难度大、成本高，所以传统村落道路变化整体稍滞后于普通村落道路变化。

改革开放之前，我国传统村落与其他村落道路水平相似，均以土路为主，部分区域或出现砖路、石路等。这主要因为受农村经济水平限制，同时国家难以给予充足资金支持，传统村落只能利用自然条件进行道路完善。

20世纪80—90年代，是我国传统村落道路变化最为明显的阶段，这一时期在中央"以工代赈""交通扶贫""西部大开发"等政策指引及支持下，全国农村开始大规模修建公路，传统村落自然是惠及对象。不过这一阶段过后依然有小部分偏远地区传统村落因修建难度大、成本高等问题未能实现公路畅通。

2000—2010年期间，我国公路路网大幅延伸[41]，传统村落基本被公路路网连接，且公路质量明显提升，传统村落基本实现路路畅通。

2010年之后，随着"三农"工作、"乡村振兴"战略的推进，我国传统村落交通水平再次上涨，为满足旅游产业、特色农业等经济发展所需，传统村落道路升级相对频繁，传统村落发展效果极其显著。

3. 出行方式

虽然我国传统村落交通工具与交通状况发展是一段不断趋好的过程，但交通出行方式变化却呈现起伏趋势[42]。在过去几十年里，我国农村交通出行方式经历了数次变革。最初，在改革开放之前，我国农村交通处于水平低下、交通工具落后的阶段，我国农村居民出行方式主要以步行或自行车为主，而长途出行则需要依靠步行、自行车、畜力板车，经过长时间跋涉才能与城镇公共交通进行连接。

20世纪80—90年代，我国公共交通网络得到有效发展，虽依然未能全面连接农村，但与农村紧密度显著上升，农村居民通过自行车、摩托车便可以轻松与城镇公共交通连接。所以这段时间农村居民交通出行方式以自行车和公交车为主。

2000—2010年，我国公共交通高速发展，全国大部分农村都开通了小巴、中巴公交车，这段时间农村出行便捷度迅速提高，农村短途出行采用电动车、摩托车为主，长途出行主要依靠公交车与私家车。也正是从这段时间开始，我国农村交通发展开始出现负面影响。

这段时间是我国农村公共交通发展最繁荣的时间，也是行业竞争最激烈的时间。这段时间里，农村公交系统没有被政府系统规划，所以各类公交车抢客源、恶性竞争等情况频繁出现，农村内经常会出现因某辆公交车允许免费带行李而迅速客满、另外一辆公交车因行李收费而无人乘坐的情况。虽然这段时间是农村客运最混乱的时期，但实实在在地促进了农村经济发展。

不过这段时间的交通质量高速发展、出行方式不断便捷也为我国农村后续发展带来了一定负面影响，这便是农村交通的便捷高效导致农村年轻生产力大量外流[43]。

事实上，自农村公共交通发展取得显著成效后，这种情况便不断加重。2021 年，我国公布了第七次人口普查数据。数据显示截至 2020 年，我国人口老龄化程度为 18.7%，但农村人口老龄化程度为 23.81%，这代表农村老龄化人口居多，大部分年轻人都进入了城市。这种情况直接影响了我国农村交通发展的效果与意义。因为农村老年人和儿童的交通需求不高，政府花费大量资金完善农村交通却难以带动农村经济发展，这直接成为摆在我国地方政府与交通部门面前的难题。

2010 年之后，这种情况再次出现变化。由于大量年轻劳动力外出，农村本地经济虽然处于相对落后阶段，但部分农村家庭收入却得到显著提升。从 2010 年开始，我国农村家用汽车保有量开始持续增长，且 2014—2019年连续五年增长水平超过了城镇水平。据国家统计局公布的数据显示，截至 2020 年年底，我国农村机动车保有量达 1.66 亿辆，占全国机动车总量的44.62%，农村地区千人机动车保有量已经达到 327 辆，远高于城市地区千人保有量的 228 辆。但这些数字的背后，农村经济发展并没有达到同步增长水平[44]。

在农村交通发展导致年轻劳动力流失的过程中，偏远落后的传统村落年轻劳动力流失情况更为明显，但随着我国政府对传统村落的重视、保护与开发，传统村落劳动力回流情况也十分显著，传统村落交通发展效果更为突出，甚至远超普通村落。比如，我国大部分传统村落交通出行方式在旅游产业带动下，已经与全国交通实现紧密连接。尤其知名旅游景点，已经实现公转铁、公转空、公转水等多模式紧密结合，传统村落出行便捷度已经达到国内一流水平。

4. 物流模式

我国传统村落物流系统的发展变迁主要体现在近十年的时间，因为物流系统充分发挥功效需要庞大及强大的交通体系支撑，所以我国传统村落物流模式更替是在乡村交通发展飞速的近十年里实现的[45]。

近年来，农村"赶集""过会"等传统习俗正在逐渐消失，这并非传统文化的没落，而是物流系统发展的效果。我国传统村落物流模式变化与普通乡村物流模式变化基本相同，均在电商产业带动下完成重大变革，所以我国传统村落物流模式变更可以按照农村物流发展历程来规划。

中国乡村物流发展的最初模式是普通信件与包裹，主要由中国邮政系统负责派送运输[46]。2014年，阿里巴巴的"农村淘宝"项目开始带动我国农村物流行业发展，农村淘宝网点开始在全国范围试点铺设，农民逐渐开始学习网购，使用物流系统，菜鸟乡村物流逐渐覆盖各地乡村，乡村物流基础设施逐步完善，这为我国乡村物流高速发展奠定了重要基础。其中传统村落自然是重点发展对象。

2014年之后，我国农村物流发展进入一种国家统筹主导，社会力量共同辅助的高速、高质量发展阶段。这段时期内，我国农村电商网点已达数万个，但物流系统运行并不畅通，在各地政府主导下，阿里巴巴的菜鸟物流（见图2-6）率先针对农村电商开展了物流系统建设项目。当时菜鸟物流以县城为中转点，逐步建设县城到农村的物流系统，主要方式为在县城内招募合作伙伴，建立县级仓储点，之后招募本地化车队，按不同路线配送到村点。这是我国农村物流准确送达的最初模式，截至2023年，这种模式依然在多个县乡应用[47]。

2019年是我国农村物流系统全面升级的一年。随着农村交通发展，农村电商开始与农村经济深入融合，我国农村物流量大幅增长。据交通运输部门统计，仅2019年1月—4月，我国农村物流快递业务量便增长了30%，这一增长速度比城市物流快递业务增长还高7个百分点。这四个月的时间里，我国农村物流系统服务农产品销售超过1200亿元，支撑农村电商完成交易额近5000亿元。

图 2-6 菜鸟物流

为满足农村物流快递业务量如此惊人的发展，交通运输部门和快递企业共同承担起乡村物流系统的升级建设任务。交通运输部门的主要任务是升级完善交通路网，增强物流配送效果；快递公司的主要任务是升级物流业务模式，通过总部补贴、基层扩建等方式确保庞大业务量的配送准确率。在这段时间里，物流企业成为农村物流发展的重要力量，因为农村居民具有地处偏远、相对分散、配送成本高等特点，这让物流企业盈利空间极其有限。针对这种情况，物流企业采用联合设点方式，降低单个企业经营成本，以此确保农村物流和企业同步健康发展。

这种发展形势下，导致农村物流模式与城市物流模式出现巨大差异。城市物流系统中，各物流企业属于竞争关系，相互之间以价格战、服务品质争夺市场；而在农村物流系统中，各物流企业又属于合作关系，大家共同抱团求生，彼此促进发展。这也是我国传统村落物流系统的现阶段特点。

从我国传统村落交通系统与物流系统的变迁中可以看出，传统村落交通物流发展与普通村落交通物流发展存在诸多相通之处，但基于传统村落自身特色又存在部分不同，这主要表现为传统村落交通物流发展能够取得更大价值，能够充分体现"乡村振兴"战略发展特点，所以传统村落交通物流发展在现阶段更重要、更有意义。

2.2 传统村落的交通发展现状

据交通运输部统计，自党的十八大以来，中央已经累计投入 34628 亿元用于农村公路建设，在多年努力下，完成新改建农村公路超 250 万千米，其中贫困地区超 140 万千米。这些数字代表着我国农村交通发展的成效，也代表着传统村落的交通水平现状。

截至 2024 年年底，我国农村公路总里程已经增长到 464 万千米，农村公路总里程在全国公路总里程中占比近 85%，且绝大部分乡村实现通硬化路、通客车、通邮路，交通整体质量良好。这也是我国大部分传统村落交通发展的现状。

2.2.1 传统村落交通整体发展现状

传统村落作为我国"乡村振兴"战略的重点，近年来已经成为交通运输部门的重要建设目标。传统村落交通建设是我国"乡村振兴"战略的重要助推剂。因为传统村落自身具有更丰富、更具特色的开发资源，其交通发展对区域经济发展有促进作用。同时传统村落交通建设有助于推动农业现代化整体进程，有效缩小城乡经济差距，实现社会同步和谐发展。

在传统村落交通整体发展的进程中，我国政府展开了诸多探索，并从西方国家的传统村落交通建设发展中总结了经验，明确了符合自身特点的发展方式[48]。

明确了这一观点后，我国交通部门不断加强传统乡村交通物流发展模式，深入分析了解传统村落交通现状，并采取各种策略处置传统村落交通发展与村落保护、开发之间的矛盾点，从而达到传统村落交通物流系统良好建设。

事实上，自党的十九大提出"乡村振兴"战略以来，我国传统村落的保护开发便进入一个全新阶段。在中央推进"乡村振兴"战略过程中，我国政府参考国外传统村落交通物流发展经验，优化了自身发展模式，在传统村落保护开发过程中取得了重要成果[49]。

在近十年的社会发展中，我国交通物流水平已经达到了世界先进水平，取得的成果也十分突出。目前，我国传统村落交通整体发展已经表现出三个突出特点。一是能够准确根据区域整体发展规划确定传统村落交通物流建设策略。这主要表现为我国传统村落的交通发展主要通过自下而上编制，结合区域整体发展特点与传统村落交通发展进行串联，之后提升传统村落经济开发效果。二是传统村落交通物流系统建设效果能够得到全方位监督。我国传统村落交通发展规划大多由区域政府制定，以村镇为主导单位，在政府监督下开展传统村落交通物流系统建设，在保证交通物流系统建设质量的前提下，确保交通物流系统与生态环境、农田改良、村落特色的有效结合。三是与"乡村振兴"战略紧密融合。传统村落保护开发大多立足当地经济实际发展情况，着力解决乡村贫困落后问题。交通物流系统建设的最终目标不是改善传统村落自身发展情况，而是注重农村地区整体经济发展，注重发挥传统村落多功能性及经济带动性，提升传统村落发展的附加价值，最终达成"乡村振兴"的目标。

截至 2023 年，我国传统村落交通整体发展已经初见成效，被全面连接的传统村落已经实现经济增长，居民生活质量稳步提升。不过对比城市交通建设发展，传统村落交通系统表现出内在问题偏多的特点，这是传统村落当前交通建设、发展需要面临的重要问题。通过分析我国传统村落交通建设发展现状，将其与城市交通、其他村落交通进行对比，可以总结得出传统村落交通当前存在两个方面问题。

1. 传统村落交通安全性存在不足

由于我国传统村落拥有独特的文化资源与旅游资源，在传统村落保护工作与交通建设结合过程中，建设部门很难采取常规建设策略进行传统村落路网设计，这导致传统村落交通建设存在以下几点潜在问题。

（1）路网格局设计存在局限　相比城市交通格局、其他村落格局，传统村落交通格局无法嵌入复杂性设计。这主要是由于为了保护传统村落原有村落格局，传统村落交通建设完成后，村落中依然存在诸多急弯、连续急弯等危险路段。另外受地势影响，传统村落内部交通陡坡、连续下坡路段较多。这种视距不良、驾驶难度大等情况导致传统村落交通安全性降低。

（2）路侧安全影响因素较多　虽然在传统村落交通建设过程中确保了道路宽度与平整度，但传统村落公路大多与居民住所距离较近，这代表在传统村落行驶过程中，路两侧随时可能出现意外情况，交通隐患增加。另外，由于传统村落道路管理措施、管理力度不足，道路被侵占情况时有发生，这也增加了传统村落的交通隐患。

（3）传统村落交通安全设施不足　与城市交通、其他村落交通相比，为确保传统村落文化特点及原始面貌，传统村落交通标识、安全标线、护栏等设施明显不足，这也是传统村落交通现有特点。由于交通安全辅助设施不足，在传统村落交通行驶过程中安全保障、信息提示难免存在部分缺失，对不熟悉当地环境的驾驶人员难免增加了驾驶难度与安全隐患。

（4）传统村落交通环境更为混乱　我国农村交通本身具有混行特点，农村交通通畅主要靠行人车辆自觉礼让。随着交通系统对传统村落旅游资源开发，传统村落交通环境复杂性再次提升。尤其传统村落的知名景点路段，时常出现人流、车流过多的情况，加之这些路段同样是商业设施汇聚区，交通安全性再次降低。

目前，这一问题是我国交通运输系统建设的一大难题。受传统村落受保护属性影响，传统村落大部分景点需要保持原貌，交通设计难度较高，在不改变原有格局前提下，交通安全情况很难从根本上得到改善。

（5）传统村落交通事故形态多样　据交通运输部门对传统村落 2017—2019 年交通事故统计数据显示，我国传统村落交通事故存在多样性，车辆与行人、车辆与固定物、行人与行人、行人与固定物之间发生碰撞的情况时常发生，其中正面碰撞比例高达 37.07%。这代表我国传统村落交通事故严重性较高。

2. 传统村落交通经济带动性存在不足

交通系统是激发传统村落经济活性的重要措施，但结合我国传统村落交通整体发展现状，可以看出传统村落交通的经济带动还存在两处不足。

（1）交通建设对传统村落消费结构改善不足　虽然我国交通物流系统促进了传统村落消费增长，开发了旅游产业与电商产业，但各种资源开发力度还有待提升。截至2023年，我国传统村落交通建设仅起到将旅游产业与传统村落整体对接的效果，只有少量传统村落基于旅游资源进行了交通定制化建设，深度开发传统村落旅游资源潜力。由此可见，这一方向将成为我国传统村落未来交通发展的一大重点。

（2）交通建设对传统村落投资环境改善不足　传统村落的开发不能仅依靠政府力量，社会投资能够有效强化传统村落交通建设效果与开发效果。但从我国传统村落交通建设现状中可以看出，传统村落交通建设更多针对吸引社会投资触达，对传统村落内部投资环境优化还不够明显。比如，通过交通系统建设，旅游企业能够将游客顺利带到传统村落游览，但提升游览效果、增加旅游项目，便需要旅游企业自行与传统村落沟通，完成内部交通建设升级。这种情况导致部分社会力量放弃投资，或传统村落旅游资源开发受限。

针对以上情况，交通运输部门也采取了一定策略。目前，在传统村落交通建设过程中，建设部门会充分考虑传统村落车道过窄的建设情况，合理设置错车位，这种方式可以有效减少传统村落侧面碰撞交通事故的发生。对于开发效果良好、经济水平较高的传统村落，建设部门在坚持传统村落保护原则之上进行了车道加宽的设计思考，目前这一策略已经在北京、河北、山东等地经济发达的传统村落中实施，效果十分显著。

对于传统村落视距不足、急转弯路口较多的情况，交通设计部门在不影响传统村落整体风格的前提下，进行了一些路口转向镜的安装，并在传统村落边缘位置、村口位置设置了"减速""慢行""谨慎驾驶"等道路安全标志，同时将传统村落交通示意图在传统村落各入口位置张贴。这一策略有效减少了传统村落内部交通事故的发生。

总体而言，我国传统村落交通整体建设水平较高，虽然存在一些安全影响因素及经济带动不足影响，但其整体开发已经取得了显著效果，且针对传统村落现有问题，交通运输部也出台了各类政策来确保传统村落交通发展效果[50]。

2.2.2　传统村落交通道路建设现状

在最近五年的时间里，我国农村道路建设情况得到极大改观[51]，这得力于"三农""交通强国""乡村振兴"等国家战略的发展指引，也有赖于交通运输部及各地政府的努力。在这段时间内，我国传统村落交通道路建设情况及经济发展情况显著提升，并有多个传统村落发展成"乡村振兴"战略中的代表成果[52]。

（1）稳定产品思维、合力促村落发展模式　在传统村落交通路网建设完善过程中，充分利用传统村落资源优势，采用产品思维精细做事，用稳定团队持续运营，村落环境、人气加速提升，传统产业、新业态、新媒体融合发展，可以从三个方面发力：一是增强传统村落教育基础实力及教育水平[53]；二是开发传统村落体验项目线路[54]；三是开展民族传统文化调研保护活动[55]。这三项发展策略均以高质量交通路网为基础支撑，可见我国传统村落交通道路建设水平决定着传统村落发展模式与发展潜力。

（2）吸引更多社会公益组织、文化保护志愿者合力保护传统村落　传统村落还可以借助媒体力量打响文化品牌，通过多渠道品牌文化传播，增强自身开发保护效果[56]。

（3）立足本地特色资源，带动村民脱贫增收　在交通路网高质量建设完成后，传统村落还可以充分发挥自身资源优势，开展多项经济发展策略，带动村民增加收入。具体发展中主要采取两种策略：一是依托内生资源禀赋，发展有机食品、民族特色手工艺品等产业[57]；二是引进社会资本，推进特色产业发展[58]。

（4）开发精品文旅线路　在传统村落文化遗产保护和经济可持续发展方面，可以采纳一系列全面而又具有前瞻性的策略提升效果。其中，开发深度体验旅游是一个关键措施。相较于简单的观光旅游，打造精品文旅线路可以让传统村落的旅游资源得到更深度的开发，还能够让游客更加深入地理解和体验乡村的传统文化和生活方式，从而培养出更加深厚的文化认同感和尊重[59]。

（5）多渠道宣传提升整体影响力　良好的道路建设不仅提升了传统村落的整体形象，还为游客提供了更好的便捷体验，这种基础设施投资对于传统村落的可持续发展至关重要。在基础设施完善的基础上，传统村落还可以结合自身旅游资源整合自媒体平台和互联网资源，与知名媒体合作，拍摄纪录片和专题片，通过这些媒体渠道宣传传统文化和乡村魅力，提高村落的知名度。这种整合宣传可以吸引更多游客和资源，为传统村落的可持续发展提供支持[60]。

2.2.3　传统村落铁路交通、水运交通现状

1. 传统村落铁路交通

近年来，在"三农""乡村振兴""交通强国"等战略目标指引下，我国农村铁路发展已经取得显著成效，作为可开发资源丰富的传统村落也与铁路路网结合得更加紧密[61]。就我国传统村落铁路交通发展现状而言，主要表现出以下特点。

（1）利用铁路资源密织传统村落交通网　近年来，在我国持续推进农村一、二、三产业融合发展战略过程中，传统乡村发展展现出多元化价值特点，依托我国铁路资源优势，不断做出发展表率。比如，我国传统村落旅游产业与高铁连接后，传统村落旅游产业随之出现源源不断的经济流，不但传统村落自身经济发展得到提升，而且与传统村落交通网密切相关的农村、乡镇，乃至城市都得到经济促进，可以说与传统村落连接的高铁开通了区域农村致富路，以传统村落为中心的区域经济带来了新发展[62]。

（2）利用铁路资源提高县域经济发展动力　"要想富，先修路"是我国农村经济发展的基本理念，而在传统村落中，该理念能够从村落经济升级到县域经济，这主要因为传统村落开发资源更丰富，对县域经济影响更深远[63]。

（3）利用铁路资源巩固传统村落经济发展基础　无论是传统村落的旅游

产业，还是特色农产业，长期健康、稳定发展都需要铁路交通资源支撑。虽然我国铁路网络还无法直达传统村落，但已与传统村落区域交通网紧密相连，这种铁路发展状态有效促进了我国传统村落消费扩容提质升级，推动传统村落各项产业健康发展。

如今，在交通科技、交通模式不断发展的时代背景下，我国铁路交通网已经能够对经济落后区域、产业资源丰富区域产生发展协调、区域平衡的作用。这主要通过两个方面实现：一是铁路资源与经济落后区域、产业资源丰富区域紧密贴合能够更加高效地展现区域资源价值，为这些区域带来发展机遇；二是铁路路网高速发展能够带动这些区域的电商发展效果，增加创业机遇。

从这两个角度分析，传统村落是铁路路网发展的重要惠及对象，传统村落经济发展基础受铁路系统发展效果影响。

总体而言，我国传统村落铁路交通发展已经从区域交通网层面取得良好成果，铁路交通发展也在优化传统村落交通格局与产业格局，未来发展中随着铁路路网建设，"乡村振兴"效果将在传统村落全面凸显。

2. 传统村落水运交通

近年来，除铁路交通在我国传统村落取得良好发展成果外，水运交通也对传统村落发展产生了一定影响。相比铁路交通，水运交通资源丰富的区域发展依赖水运交通，传统村落在水运交通融合、促进下取得的发展成果十分亮眼。

我国水运交通发展拥有悠久的历史，水运交通发展水平一直处于世界前列。截至2023年，我国水运交通从发展规模、科技水平、发展速度等各个层面都属于世界一流水平，相比铁路交通，水运交通与我国传统村落的连接也更密切[64]。

虽然我国传统村落水运交通发展效果良好，对传统村落经济带动突出，但通过分析我国水运交通相关传统村落发展现状，仍然可以发现当前水运交通存在部分不足之处，这主要包括以下几点。

（1）水运交通建设细节不合理　截至 2023 年，我国已经相继出台多项水运交通建设政策，对水运系统整体规划、水路航道建设、港口分布、水运安全措施等建设重点提出了明确要求。近年来，虽然我国各地水运交通系统建设成果显著，但建设细节依然存在不合理的特点，这也制约了我国水运交通发展。水运交通建设细节不合理特点表现为以下两点。

1）水运交通建设力量不合理。截至 2023 年，我国水运交通建设主要依靠政府，社会力量参与较少，这影响了我国水运交通末端与各地产业的连接性。例如，江苏省大部分传统村落虽然有水运交通，但交通运输方式基本相似，无法针对传统村落特点进行定制化设计，传统乡村文化也无法凸显。如果传统乡村旅游产业力量能够参与其中，进行水运交通针对性改善，传统村落水运文化则可以展现更大的旅游价值。

2）水运交通基础设施建设效果有待提升。水运交通系统建设涉及多个水路元素，比如航道深度、航道宽度、航道曲线路段等，这些因素直接影响着水运交通运输量的大小。目前，我国水运交通系统末端依然存在部分航道未结合水路特点进行规划的问题，这直接影响着水运交通系统的安全性与使用寿命。

另外，我国水运交通系统港口建设有待升级。以江苏省为例，截至 2023 年，江苏省水运系统中依然存在大量老旧港口，虽然港口设施得到完善升级，但港口长度、纵深及占地情况未能根据水运系统发展全面完善，这导致部分村落港口运输能力不佳，交通便捷度低下。

除水运系统建设要素外，我国传统村落水运交通安全管理也存在诸多隐患，这主要因为村落港口作为水运系统中的微小港口，其受重视程度不高，治理水平欠缺，所以救生防护水平无法随传统村落发展全面升级。

（2）传统村落水运系统发展实力欠缺　近年来，随着我国政府对传统村落重视程度提升，传统村落交通建设逐渐增强，相比公路与铁路系统建设，传统村落水运交通建设实力明显不足。不足之处主要表现在以下几点。

1）水运交通建设规划能力不足。由于传统村落水运交通建设大多以村落或乡镇为单位，所以水运交通建设规划目标大多为与现有水运交通完成紧密对接。水运交通建设效果表现为有效利用现有水路资源，能够与传统村落产业对接、能够提升传统村落产业开发力度，并不是首要考虑因素。

2）水运交通建设技术水平不足。以农村、乡镇为单位的水运建设项目大多采用传统建设技术，虽然现代水运建设装备有所升级，但由于缺乏技术创新，所以水运交通系统建设效果并不能达到较高水平。

3）水运交通建设人才欠缺。截至2023年，我国水运交通建设人才整体都表现出欠缺状态，而传统村落水运交通建设项目又缺乏足够吸引力，所以难以吸引、留住人才，导致建设效果受限。

4）水运交通管理体制待升级。目前，我国乡村水运交通系统仍然存在大量粗放型运输管理体制，直接导致水运运输能力与效率低下，这直接限制了我国传统村落的经济发展。

针对以上不足之处，近年来我国交通运输管理部门采取了一系列改善措施，传统村落水运交通发展质量也在逐步提升。

首先，在我国传统村落保护开发过程中，保护开发单位开始注重水运交通系统与其他交通系统的连接性，注重传统村落综合立体交通网的打造。例如，江苏省农村水运系统近年来开始重点解决水运与陆运、空运衔接不紧密等问题，以及交通运输模式更换时导致的货物频繁搬运装卸等问题。通过利用现代高端技术手段，这些问题得到了有效解决，农村水运成本整体得到降低。

其次，我国各地政府已经开始倡导更多社会力量参与到传统村落水运交通建设当中，通过政策鼓励、扶持，增强传统村落水运交通系统建设活力，增强水运交通系统建设效果。这有效增强了传统村落水运交通发展能力，为传统村落健康发展打下良好基础。

再次，我国交通管理部门开始出台各种细致化水运交通建设指引政策，加快部署农村水运交通的建设任务，着力解决农村水运交通航道及港口等设施落后、布局不合理等问题[65]。

最后，我国传统村落及各地乡镇开始加强水运交通系统治安管理工作。尤其对已经开发旅游产业的传统村落区域，着重完善水运交通安全防护设施，强化日常安全运输管理。这主要因为已经开发旅游产业的传统村落具有水运人流量、货流量大等特点，且旅游产业发展决定着区域经济发展效果，加强传统村落运输系统防护，等于增强区域经济发展保护措施。

总体而言，我国传统村落铁路交通发展成效十分显著，铁路网已经完成与大多数传统村落区域网络的紧密连接，对传统村落保护发展起到了重要支撑作用。而传统村落水运交通发展虽然处于世界领先水平，但细节处依然存在部分不足，交通运输管理部门及社会力量正在努力改善这一情况。随着水运交通系统发展的完善与升级，我国传统村落整体发展效果也会更加突出。

2.3 传统村落道路联运及交通工具发展现状

自 2016 年开始，交通运输部便将多联式交通运输作为我国经济发展的重要支撑，通过交通多联式建设发展加快了我国综合立体交通网络建设，全面促进我国物流运输系统降本增效[66]。在促进交通联运发展过程中，交通运输部在 2019 年对 50 余个多式联运服务功能齐全的物流产业园区给予了资金支持，并强化铁路路网建设，增强了公转铁联动效果。

在农村交通联运路网建设方面，交通运输部在 2019 年努力打通农村交通"最后一公里"，加强集疏运体系建设，加快沿海、内河与铁路、公路联运效果，全面增强农村交通联运路网连接与运作效果[67]。

近年来，在交通运输部不断努力下，我国多式联运示范工程成效显著，尤其农村路网联运效果有效促进了农村经济发展。传统村落作为开发资源丰富、价值突出的重要地区，在交通联运网络建设发展中受益更加明显[68]。

从我国交通联运整体发展效果出发，传统村落普遍是交通联运发展的主要受益对象，传统村落交通联运网络建设效果相较普通农村更为突出。

经过多年的建设发展，截至 2023 年年初，我国综合立体交通网已经达到国际一流水平，我国也从交通大国逐渐迈向交通强国[69]。

相比传统村落交通联运网络的发展，我国传统村落内部交通工具也在增强联运效果。截至 2023 年，我国大部分获得开发的传统村落的交通工具已经从以公交车为主，家用汽车、电动车为辅的单一模式，逐渐发展为家用汽车、公交车并行，火车、游轮、飞机紧密衔接高效切换的立体模式。可以说，传统村落道路联运及交通工具的发展现状代表着我国传统村落的经济发展现状，同时也促进着传统村落继续优质发展。

2.4　传统村落智慧交通现状

智慧交通是我国近年来交通运输行业发展的重点[70]，在智慧交通体系支撑下，物流系统、城市运行能够表现出充分的智慧性。智慧交通发展同样对乡村振兴有显著促进作用，因为智慧交通不仅强调交通建设发展状态，更追求交通发展效果。自我国"十三五"实施"四好农村路"战略以来，智慧交通便开始对农村交通发展起到积极作用。在农村交通智慧性提升过程中，农村居民安全感、幸福感大幅提升。在随后的发展实践中，智慧交通有效确保了这些建设任务的主要效果，对传统村落发展促进更加到位。

比如，在提升交通发展与产业融合过程中，智慧交通建设可以直接提升传统村落旅游便捷性与体验感，增强传统村落旅游口碑及后续发展能力。游客可以轻松规划多联式交通渠道准确抵达传统村落景点，并利用云计算、AI、大数据等新一代信息技术定制规划行程，提升旅游效率与旅游品质。

再如，智慧交通还促进了传统村落智慧物流发展，以及传统村落特色产业、电商产业发展。在物联网、大数据等新一代信息技术支撑下，传统村落物流商品信息能够实现动态化、精细化管理，便于传统村落对特色农产品等商品进行物流管理，也提升了客户消费体验。

总体而言，智慧交通疏通了传统村落各产业对外的经济循环，形成以传统村落为中心，以乡镇为节点，连接覆盖全国交通网络的经济发展体系，带动传统村落脱贫致富效应高速显现，实现"脱贫攻坚"与"乡村振兴"的战略目标。

1. 智慧交通给传统村落带来的改善

从我国传统村落智慧交通发展现状中可以看出，智慧交通给我国传统村落发展带来的改善主要体现在以下几个方面。

（1）乡村扶贫　智慧交通不仅为传统村落带来了更多创业机遇，更提升了创业成功概率。在新一代信息技术促进下，传统村落农业、旅游产业消费体验感显著增强，大众消费概率明显增加。

（2）电商发展　智慧交通对传统村落电商发展带来了效果与效率的双向提升，使传统村落电商与智慧物流、互联网发展产生叠加效应，实现传统村落农产品、手工艺产品高速进市、出省，触达全国。

（3）特色旅游　智慧交通为传统村落带来更丰富的旅游模式，游客可以自定义规划旅游路线，充分感受传统村落特色文化与生态风光，将交通致富与旅游开发融合发展，带动传统村落及周边区域的经济发展。

（4）便捷出行　智慧交通能够提升传统村落出行"智慧性"，为当地居民与外来游客合理规划出行方式与出行时间，更好地满足双方便捷出行需求，全面推进传统村落与乡镇、城市交通融合。

2. 智慧交通设备

目前，我国传统村落智慧交通建设已经凸显成效，截至2023年，以下智慧交通设备已是大多数传统村落的常见交通管理设备。

（1）道路安全预警系统　为减少传统村落交通安全隐患，交通运输部门对交通事故频发、道路风险因素较多的传统村落旅游路段安装了大量道路安全预警装置。例如，云南省大理市通往周边传统村落的主要交通通道上，都安装有24小时清楚显示的LED道路安全提示装置，这些"小心落石""前方急转弯"等安全标识还能够根据当地环境调节显示亮度，确保往返行驶车辆24小时随时了解道路安全信息。

（2）交通运行感知系统　对于距离城市较近的传统村落附近，交通运输部门为确保交通运行不受传统村落旅游产业影响，在关键交通枢纽位置都安装有交通运行感知系统，对各交通渠道交通压力实时感知，从源头治理交通违法情况，减少交通事故发生，为传统村落发展保驾护航。

（3）道路研判预警系统 我国传统村落交通具有坡路多、转弯急等特点，为充分保护传统村落原貌，很多传统村落交通道路无法从根本上消除这些安全隐患。对此，交通运输部门对部分传统村落配备了道路研判预警系统，针对传统村落道路进行车辆管控、数据处理、研判分析等，这一智慧交通系统有效提升了传统村落交通运行安全性，保障了旅游产业的正常运行与健康发展。

截至 2023 年，交通物流系统依然是决定传统村落发展的主要因素，提升传统村落交通物流系统建设水平，强化传统村落交通智慧性，能够有效提升乡村振兴成果，提升传统村落保护效果与开发效果。

2.5 传统村落的物流发展现状

我国传统村落物流系统建设稍稍滞后于交通发展，但在电子商务发展带动下，传统村落物流系统发展十分迅猛。截至 2023 年，我国传统村落物流系统已经能够基本满足传统村落发展所需，但仍制约着传统村落发展效果。在"乡村振兴"战略关键推进阶段，有效提升传统村落物流发展是提高"乡村振兴"战略推进速度的关键。

2.5.1 传统村落道路运输现状

农村物流是我国流通体系的重要组成部分，其发展质量与效率决定着"乡村振兴"战略的推进速度[71]。同时乡村物流系统作为推动城乡互补、协调发展的重要枢纽，对提升乡村经济发展、实现社会共同富裕有重要现实意义。

自我国大力开展传统村落保护与开发工作以来，传统村落物流发展获得飞速提升，这得益于交通运输道路建设与传统村落产业开发双方面因素。据交通运输部统计数据显示，近十年内，我国农村新改建公路 253 万千米，农村公路总里程增加 90 多万千米，公路路网大范围延伸带动我国农村物流行业高速发展。2017—2022 年全国农村公路里程及增速见图 2-7。

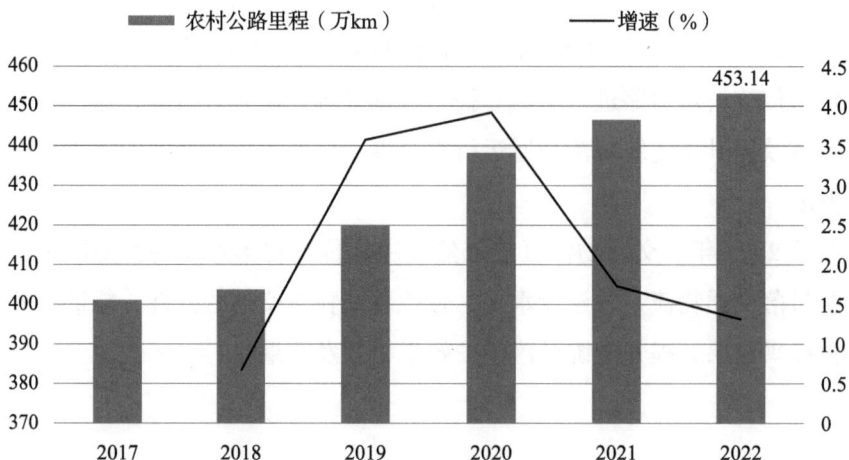

图 2-7 2017—2022 年全国农村公路里程及增速

目前，我国农村道路运输发展依然处于投入加大、建设加快、效果显著的上升阶段。传统村落道路运输现状主要表现出以下几个特点。

1. 传统村落道路运输互联率不断提升

根据我国相关部门统计，2015—2021 年我国农村道路建设投入高达数千亿元，基本实现村镇互联、区域村村互联。在交通运输部提出的"完善农村公路基础设施网络、提升农村公路运输服务能力"等发展策略指引下，我国"四好农村路"发展成果十分显著。截至 2020 年 12 月，据交通运输部统计数据显示，农村公路建设已达 438 万千米，占公路总里程比重为 84.3%。全国大部分农村已经完成乡镇和建制村通硬化路、通客车，农村交通运输问题得到全面解决。

传统村落是农村运输道路建设工程中的重点目标，传统村落交通运输能力增强直接加快了我国"乡村振兴"和"交通强国"战略的推进速度，促进了全国农村经济发展水平。

2. 传统村落道路运输增加当地就业概率

传统村落交通运输能力不仅可以有效开发村落特色资源，更为当地居民提供就业、创业机会。例如，河北省承德市于 2021 年大力开展农村公路建设项目，截至 2021 年年底，全市农村公路中有 25 条共计 306.9 千米被命名为市级美丽农村路（见图 2-8），带动承德市多个传统村落经济发展，为当地"乡村振兴"战略打牢了重要基础。

图 2-8　承德市美丽农村路

事实上，自党的十八大以来，我国农村交通运输能力提升便成为交通运输部门建设的重点，多年来交通运输部门为贫苦地区改建公路 110 余万千米，新增 5 万多个建制村通硬化路。传统村落交通运输能力及互联性提升后，当地就业情况显著好转，尤其是传统村落年轻劳动力流失率大幅降低。

3. 传统村落道路运输强化物流配送系统

目前，我国大部分传统村落已经完成县、镇、村交通运输道路全面连接，物流配送系统能够全面直达[72]。近年来，以淘宝、京东等为代表的电商企业积极融入传统村落发展当中，在交通运输道路达标之后，各大电商企业纷纷建立乡镇、农村快递分流点、中转中心及收寄点。在传统村落交通运输道路建设发展中，快递物流末端服务能力显著增强。

4. 传统村落公交系统正从高速发展转向高质量发展

我国传统村落公交系统发展经历了一个起伏过程，前期随着交通道路建设，传统村落公交系统进入一段蓬勃发展期，随后由于公交系统对传统村落经济发展带动不到位，导致传统村落年轻劳动力大幅流失，传统村落公交系统发展又走上了下坡路。如今，在"乡村振兴"战略引导下，传统村落各种特色资源被充分开发，年轻劳动力流失情况有效缓解，且大量旅游人员涌入，导致传统村落公交系统压力倍增，这种情况下我国传统村落公交运输系统开始从高速发展转入高质量发展[73]。

传统村落公交系统高质量发展主要为增强乘客乘坐体验，以增强传统村落游客旅游体验，确保传统村落旅游经济发展效果。建设升级重点主要包括三点：一是根据传统村落旅游资源特点调整公交班次，在旅游旺季适当增加，在旅游淡季适当减少；二是增加公交系统相关服务设施，如站点遮阳设施、座椅、发车时间表等，确保游客公交乘坐体验；三是提升传统村落公交效率，确保传统村落旅游资源能够被充分开发。

从我国传统村落道路运输现状中可以看出，传统村落物流发展、经济开发受运输道路建设的基本影响，同时道路运输情况也决定着传统村落旅游产业客流量，决定旅游资源展现价值。未来发展中，交通运输部门将继续强化传统村落道路运输发展效果，以此带动传统村落经济实现跨越发展。

2.5.2　传统村落邮政快递现状

通过梳理我国传统村落近年来物流系统发展成果[74]，可以得出传统村落邮政快递发展如今保持着两极分化的状态。对于得到保护、顺利开发的传统村落，邮政快递系统发展较为完善，邮政快递服务能够满足当地居民生活需求及产业发展需求。但未能够得到全面保护、开发效果低下的传统村落，快递业务发展相对缓慢，这类乡村物流系统主要由邮政系统支撑，快递行业大多未能触达。

出现这类情况的主要原因是"村村通邮"是我国国家战略发展目标，农村邮政系统建设以国家财政为支撑，虽然建设难度大、运营成本高，但为提升农村居民生活品质，中央一直在加强"村村通邮"的战略布局，强化农村邮政系统建设效果。而农村物流快递系统则大多依靠社会力量建设，我国偏远地区的传统村落具有地处偏远、人口稀少、居住分散、配送困难等特点，物流快递企业很难取得良好建设效果，且日常运营成本高，盈利空间小，这直接导致偏远地区传统村落物流快递系统处于落后水平。

事实上，自党的十八大以来我国便大力推进农村邮政体系建设工作，通过完善交通运输网络，同步完善物流快递系统，加速实现"村村通邮"。据国家邮政局统计数据显示，自党的十八大以来我国共补建了8440个乡镇邮政普遍服务局所，顺利实现邮政服务局所乡镇全覆盖，截至2023年，在邮政系统努力下，全国55.6万个建制村已经实现直接通邮，"村村通邮"目标顺利完成。邮快驿站见图2-9。

图2-9 邮快驿站

在此期间，为推进西部和农村地区邮政基础设施建设工程，交通运输、邮政等相关部门累计建设投资高达89.1亿元，在全国范围内整修、翻建邮政局所及邮政业务用房18000多处，新增、升级邮政运输、快递配送车辆17000多辆。在交通运输和邮政等部门共同努力下，截至2021年年底，我国全部建制村投递实地打卡率达到 97% 以上，西部地区建制村周投递频次 3 次及以上的村落占比超过 98%。

种种数据表明，我国农村邮政快递行业一直是国家大力发展的重点，建设速度十分惊人，这是多方共同努力的结果。

首先，我国邮政人员在农村邮政系统发展中充当着重要行动力量。尤其在偏远山区，主要邮政快递工作由邮政工作人员承担，很多区域内一个邮政工作人员就需要独自承担方圆数十千米内所有村落的邮政快递工作。

其次，我国农村邮政快递系统发展借助了大量新兴科技。随着新一代信息科技发展，我国交通物流装备数字化、智能化升级效果不断增强，在农村邮政快递系统发展中，数字化、智能化配送装备开始不断应用[75]。

最后，我国农村邮政快递行业的发展在很大程度上依赖国家的大力投入。近年来，我国在农村邮政快递发展项目中投入了数百亿建设资金，正是交通运输部门和邮政部门的大力投入，确保了农村邮政快递系统的发展效果[76]。

截至 2023 年，我国传统村落邮政快递系统建设效果整体趋好，但依然存在众多待建设、待发展区域。这导致传统村落邮政快递基础网络主要由以国家邮政局和中国邮政集团为主要力量，社会力量还无法全面发挥作用，部分传统村落在邮政快递系统支撑下虽然已经发展成"乡村振兴"战略的先行角色，但大量传统村落物流快递系统还有待提升。

据邮政部门统计，截至 2022 年，邮快合作（见图 2-10）已经在全国 31 个省份全面铺开，覆盖建制村总数超 23.9 万个，但偏远地区建制村邮政快递体系在服务能力、供给质量、建设水平上存在诸多薄弱环节。比如，目前我国拥有 3000 多个抵边自然村，其中 2000 多个还未实现直接通邮，其中就包括大量传统村落[77]。

从我国农村邮政快递发展现状中可以看出，传统村落既是全国邮政快递系统建设的亮点单位，又是制约整体建设发展效果的关键元素。传统村落邮政快递发展想要取得整体良好的成果，不能仅着眼于交通物流网络连接紧密的传统村落，更应该联合交通运输部门及快递行业的社会力量，共同解决偏远地区传统村落邮政快递发展难题，全面挖掘传统村落的资源价值，提高整体发展效果。

图 2-10　邮快合作

2.5.3　传统村落淘宝进村现状

近年来，我国农村电商在交通物流系统支撑下发展迅速，交易规模大幅上涨，农村电商普及率不断提高，其中淘宝进村堪称功不可没。据商务部统计数据显示，截至 2020 年 9 月，淘宝顺利进驻的建制村有 5425 个，淘宝入驻的乡镇有 1756 个，且这一数据还在不断增长。就我国传统村落淘宝进村现状而言，总体趋势有以下几个特点。

1. 传统村落电商规模不断扩大

随着我国传统村落不断被开发，村落基础交通物流设施得到大幅完善，互联网系统建设越发发达，传统村落利用自身资源建设农村电商运营中心的案例不断增多，甚至某些传统村落已经借助农村淘宝将自身资源打造成农村产业，带动区域发展。

2. 传统村落电商用户、电商人才急速上涨

据商务部数据统计，自农村电商产业发展以来，农村电商用户增长率便

居高不下。截至 2021 年年底，我国农村电商用户规模已经超过 3.09 亿人，占我国电商用户总数的一半以上。

传统村落作为我国农村电商产业发展的重要力量，电商用户、电商人才增长速度十分突出。这得力于传统村落在保护开发过程中自身交通物流系统建设迅速，政府对村落电商发展扶持更加到位，传统村落电商产业借助特色资源发展效果更显著[78]。

3. 传统村落淘宝网点集群化发展

对比以往农村淘宝发展模式，如今农村淘宝呈现出集群化发展特点。阿里研究院发布报告显示，截至 2020 年 9 月，我国农村淘宝集群数量为 118 个，其中大型淘宝村集群有 46 个，超大型淘宝村集群有 8 个。而这些主要淘宝集群中，传统村落的特色村淘点较为常见。

传统村落淘宝网点集群化发展主要因为传统村落能够以点带面带动区域经济发展，尤其形成特色产业的传统村落甚至能够自建农村淘宝集群。以前文提到的周坊村为例，周坊村已经在文港镇形成农村淘宝网点集群，并且带领全镇发展电商产业，发展效果十分亮眼。

截至 2023 年，我国大部分受到保护开发的传统村落电商发展效果都十分显著，这是"乡村振兴"战略的带动效果，也是我国传统村落交通物流的发展成果。未来发展中，我国其他待开发的传统村落将在交通运输系统建设下纷纷展现出电商发展潜力，推动"乡村振兴"战略目标的早日达成。

2.6 小结

随着全球经济的持续发展与整合，我国传统村落在乡村振兴和全球化进程中所扮演的角色变得越来越重要。笔者通过对传统村落交通物流的历史、现状等深入探讨，强调了其对乡村经济增长、文化保护、资源整合及地方脱贫攻坚的重要性。

传统村落的交通物流系统不仅是乡村经济和社会发展的重要支柱，还是地方文化和历史遗产的守护者。当前的交通物流挑战，如交通安全、道路建设、智能交通和物流模式的变迁，都对乡村的未来产生深远的影响。特别是在乡村扶贫、电商融合、文旅产业和智能交通等领域，传统村落展现出了巨大的发展潜力和创新能力。

　　然而，为确保传统村落在现代经济社会中的持续繁荣，还需要更加积极地支持和促进其交通物流发展，同时保护和传承其独特的文化和价值观。这不仅需要地方和中央政府的积极参与和支持，还需要各方面的合作伙伴，如公益组织、研究机构、企业和村民，共同努力，创新思维，制定和实施有效的策略。

　　总的来说，我国传统村落整体发展处于良好水平，但依然存在诸多不足之处，这是我国推进"乡村振兴"战略当前需要解决的重点，也是传统村落整体良好发展的关键。充分认识自身不足，及时向传统村落交通物流系统成熟的海外国家借鉴学习，我国传统村落交通物流发展以及传统村落保护开发效果才能更进一步、成果喜人。

第3章
我国传统村落交通物流发展的困难

————————

3.1 引言

　　我国山西吕梁山区是国家重点扶持的 11 个集中连片特殊困难地区之一，在这片山区中有多个传统村落。为提高传统村落保护开发水平，多年来山西省政府斥巨资为吕梁山区各个村落修通了硬化路，并定制规划了"村村通"交通系统，力求扩大传统村落保护开发效果，带动吕梁山区整体发展。可在发展初期，由于交通系统之间的恶性竞争，导致山区交通运作无法达到预期效果，传统村落开发同样受到严重影响。

　　当时政府为吕梁山区传统村落安排了每天一班的公交车，每个村落都可以在固定地点上车通往乡镇与市区，公交车价格统一为每位乘客 10 元。但由于公交车频次与发车时间限制，这些村落的交通需求并不能全面满足，政府便增设了一个"村村通"项目（见图 3-1）。该项目同样沿用公交车路线，但车辆为私人运营的小型面包车。"村村通"的小型面包车每天可以往返乡镇 3 次，且发车时间不固定，乘客满员便直接发车。在公交车与"村村通"的联合运作下，吕梁山区传统村落交通情况有效好转，村中特有资源开始展现价值。

图 3-1 "村村通"项目

可时间没过多久,"村村通"与公交车之间开始产生恶性竞争。随着传统村落发展,外来游客开始增加,由于公交车运输量大,所以大多数旅游团选择乘坐公交车。

最初挑起竞争的一方是公交车。当时吕梁山区公交车驾驶员为获取更多利益,开始自行更改发车时间,为等待更多乘客,公交车驾驶员频繁出现延迟发车等情况,甚至出现过某公交车驾驶员为等待某一旅游团延迟发车一个多小时的情况。这种情况极大影响了"村村通"的正常运作与利润空间。"村村通"驾驶员看到大量客源被公交车抢占,随之也开始思考各种竞争策略。

首先,"村村通"车辆选择组团反击。通过三辆以上联合,"村村通"有了抗衡公交车运输能力的资本,而村村通的灵活性更具优势,所以"村村通"开始抢占公交车的旅游团资源。为此"村村通"与公交车矛盾频发,传统村落交通运输行业内部极其不和谐。

接下来"村村通"开始打价格战,由于公交车票价由公交部门确定,而"村村通"定价非常自由,所以"村村通"竞争力再次提升。

如此持续一段时间后,公交车彻底败下阵来。公交车乘客严重流失,导致公交空车运行情况十分普遍。持续一年时间后,部分传统村落公交开始停运。而这时"村村通"又将价格提升到每位乘客 10 元,"村村通"内部竞争随之加剧,且服务品质严重下降。

这段时间内,"村村通"除每位乘客收取 10 元票价之外,还对大件行李进行收费。同时"村村通"不再送往乘客指定地点,而是根据多位乘客目的地定一个中间地点,最后路段由乘客自行解决。公交车停运的时间里,"村村通"成了传统村落唯一的便捷出行方式,"村村通"超载情况不断加剧,不仅造成了乘坐体验降低,还使安全隐患增加不少。

这种恶性竞争导致整个吕梁山区的交通系统陷入混乱,村民们的出行和村落的经济发展受到严重影响。政府不得不多次干预,重新规划和调整交通政策,才逐步恢复了交通系统的秩序。

吕梁山区的这一经历告诉我们,交通物流系统建设虽然是保护、改善传统村落发展的重要方式,但传统村落交通物流建设发展过程中依然存在诸多问题和困难。如果我们不能及时发现、解决这些问题及困难,那么即便政府为传统村落建设了完善的交通物流系统,村落的发展也无法达到预期。

我们需要明确,传统村落往往具有深厚的历史文化背景,其布局、建筑和生活方式都蕴含着丰富的文化遗产。但与此同时,这些村落由于地理位置偏远、交通不便和技术落后等原因,其物流发展常常面临诸多障碍。例如,山西吕梁地区除了出现的交通系统恶性竞争问题之外,道路破损、运输工具陈旧、信息系统缺乏等问题在农村地区同样常见,这直接导致了物流成本上升、服务效率下降。

同时,农村电商在我国的迅速崛起为农村地区带来了前所未有的发展机遇。农产品可以直接通过网络销往全国,农民收入明显增加。然而,随着农村电商的发展,物流服务的需求也随之增长,原有的物流体系已经无法满足日益增长的需求。尤其是在一些传统村落,由于缺乏现代物流设施和服务,农产品往往面临着运输难、储存难、配送难等问题。

我国政府一直高度重视农村物流的发展,出台了一系列的政策和措施。然而,由于各种原因,这些政策在实际操作中存在难以落地的情况。在传统村落中由于地方政府对物流发展的理解不足,以及与村民之间的沟通障碍,政府的物流政策往往不能真正得到执行。

基于此，本书可以为决策者和相关部门明确有关物流发展的现状和挑战，帮助传统村落及上级政府更加明确在农村物流建设和政策制定上的重点和方向。通过识别和分析农村物流的具体问题，政府和相关机构可以更有针对性地制定策略，实现物流服务的优化和提升。

另外，本书对于完善我国整体的物流体系也具有重要意义。传统村落作为广大的农村地区的一部分，其物流发展水平的提升将有助于实现整个国家物流体系的均衡和高效。而一个完善和高效的物流体系，对于支持我国的经济发展和提升我国在全球竞争中的地位具有不可估量的价值。

总之，研究传统村落的物流发展困难不仅能够提供具体的解决方案和建议，更有助于推动我国农村地区的经济发展，提高农民的生活水平，实现经济社会的全面和谐发展。

3.2 传统村落交通物流意识难题

传统村落交通物流发展首先需要解决的不是建设技术问题，而是建设意识问题。当传统村落建设者与传统村落居民无法从意识上达成统一，传统村落居民无法正确认知建设意义，社会力量无法树立正确价值观时，传统村落交通物流发展将出现各类问题，严重者甚至破坏传统村落发展根本。这些问题主要体现在以下三个方面。

3.2.1 协作能力问题

在传统村落保护开发过程中，交通物流系统一直充当着"先行官"的身份。多年来我国传统村落保护开发在"交通强国""三农""乡村振兴"等政策促进下取得了显著成果，但也遇到了诸多发展难题。

传统村落交通物流系统建设遇到的首个典型难题便是协作能力低下的问题。这表现为传统村落交通物流在建设发展中无法与其他资源达成紧密协作关系，不但交通物流系统建设缓慢，而且发展效果平平，很难达成充分刺激传统村落经济发展潜力的目标[79]。

从传统村落交通物流建设现状中可以看出，各方面的意识问题容易导致交通物流系统与传统村落资源、乡镇交通路网无法达成有效协作，发展速度明显趋缓。这类协作能力意识问题主要与以下几点有关。

1. 传统村落协作意识低下

传统村落在获得保护开发之前，需要提前做好协作准备，及时向本村居民搜集交通物流系统建设意见和建议。在年轻劳动力外流情况下，村负责人更需要积极与年轻群体获得联系，将传统村落发展计划予以通知，请村中年轻群体站在村落健康发展角度思考交通物流系统建设需求，确保交通物流系统建设的合理性与有效性。

另外，传统村落居民由于文化水平限制与交通物流系统融合协作也不够紧密，这需要传统村落负责人及时开展宣传教育，普及交通物流系统的重要性与价值，带动村民积极参与到交通物流系统的建设与运作当中。

2. 乡镇相关单位协作意识低下

传统村落保护、开发前期主要依靠政府资金扶持与补助，同时需要各方面力量做好有效协同，才能充分激发传统村落资源优势。目前，部分乡镇在传统村落开发前期因传统村落开发经济效益低下，故减少扶持与补助力度，导致开发周期内传统村落资源优势无法充分显现，交通物流系统建设效果同步降低。

事实上，传统村落前期保护开发效果不达标，主要有两方面因素：一是传统村落特色资源宣传不到位，无法吸引消费与投资；二是交通物流系统运作不流畅，无法顺利支撑传统村落产业发展。比如，某些传统村落虽然在政府帮助下进行了修缮，交通物流系统也建设完成，但公交车频次不合理，每天只有早晨一班客运车辆，这极大限制了传统村落旅游产业发展，仅靠旅游公司自有运输资源难以彻底激活传统村落旅游经济发展。

3. 传统村落交通物流建设方协作意识低下

传统村落交通物流系统建设需要因地制宜，根据村落特色进行巧妙设计，力求最大化展示传统村落特有资源。但部分传统村落交通物流系统建设过程中，建设方仅注重建设效果与建设质量，导致传统村落交通物流系统无法与特色资源融合，这也导致传统村落交通物流系统协作能力低下[80]。

协作意识是传统村落交通物流系统利用当地资源构建经济循环体系的重要保障，只有传统村落各方面因素与交通物流系统良好协作，最终的发展效果才能突出，使传统村落保护到位。明确了这一观点，传统村落交通物流系统才能取得应有建设效果，传统村落发展才能带动区域共同进步。

3.2.2 信息系统缺乏问题

我国交通物流网络发展正在日益壮大，交通物流体系的现代化、智能化、信息化升级是当前交通物流发展的关键。这不仅是交通物流系统提升发展动能的基础，更是当代全球交通发展的主要趋势。

在我国传统村落交通物流系统建设过程中，交通物流信息化建设也是一大重点，更是交通物流系统充分、高效激活传统村落经济发展能力的有力保障。但因为传统村落负责人、交通物流系统建设方面存在信息系统建设意识不足问题，导致部分传统村落交通物流系统建设效果不佳，甚至后期需要多次升级，这不仅加大了传统村落交通物流系统建设的成本，更提高了传统村落保护开发难度。

交通物流系统信息化建设是传统村落未来建设智能交通物流系统的基础，只有信息系统建设完善，传统村落才能够通过数据统计及时发现突出问题，针对性地解决传统村落发展需求。

传统村落交通物流系统信息化建设无须达到城市智慧交通系统的建设程度，但要充分与信息化技术结合，确保交通物流系统得到信息化管理，其中主要建设重点包括交通建设信息、道路运行信息、物流管理信息等。从我国传统村落保护开发成功案例中可以看出，及时为传统村落建设交通物流信息系统，能够客观确定传统村落保护开发主要指标，保障传统村落经济发展的可控性，并推进交通物流系统与传统村落经济有效融合，深度激发传统村落资源优势[81]。

从传统村落交通物流信息化建设取得的成果中可以看出，信息系统是传统村落交通运输建设的关键，但目前依然存在诸多传统村落缺乏信息系统建设意识，无法认识到信息系统的价值与作用等问题。这主要体现在以下几个方面。

1. 道路管理信息化建设意识不足

我国传统村落交通物流系统建设过多重视基础建设质量，对信息化管理系统建设普遍缺乏建设意识。交通物流系统基础质量是确保传统村落与乡镇及城市联通效果、衔接效果的基础，但连通之后的运行管理更依赖信息化系统。正是因为交通物流管理信息系统的建设不足，所以目前部分传统村落保护开发中普遍存在产业运作矛盾点多、发展效率受限等问题。

2. 交通物流信息系统联通意识不足

在传统村落交通物流关系信息化建设过程中，需要充分考虑相关管理网络与信息网络的结合发展，因为交通物流信息系统与区域交通网络、物流系统联通，能够提升传统村落交通物流运作效率，协调区域经济发展，提升传统村落保护开发效果。一旦传统村落交通物流系统联通意识不足，很容易导致传统村落发展缺乏区域带动性，甚至与区域发展出现不协调状况。

3. 交通物流信息系统升级变革意识不足

伴随传统村落发展，交通物流系统也需要及时升级变革，确保自身满足传统村落发展所需。比如，随着传统村落旅游产业发展，公交信息系统需要从定点静态管理及时升级到动态管理，根据传统村落旅游产业实际发展情况进行动态调节。但部分传统村落目前存在交通物流系统升级变革意识不足的问题，导致交通物流系统与传统村落发展逐渐脱节，甚至抑制传统村落产业升级。

4. 交通物流系统功能划分意识不足

传统村落交通物流系统目前还存在功能划分不到位等问题，这也是建设意识不足导致的结果。交通物流需要包括信息采集板块、交通管理板块及物流运作管理板块，通过明确的功能划分，交通物流系统才能与传统村落产业融合，才能保障传统村落开发项目有效推进。交通物流系统功能划分不到位在传统村落保护开发前期不会引发太多问题，但随着传统村落发展，各类问题便随之显现。最突出的问题为交通物流资源调度混乱，传统村落资源优势无法凸显，最终导致传统村落产业开发受负面影响。

传统交通物流系统信息化发展是传统村落长久发展的重要基础，信息系统缺乏直接影响着传统村落交通物流运行效果，以及传统村落开发效果，从意识上明确这一观点，传统村落才能够得到有效开发，交通物流系统才能够展现更大价值。

3.2.3 竞争意识问题

自我国政府决定大力发展农村交通以来，关于农村交通建设、交通发展的竞争问题便层出不穷。良性竞争能够促进传统村落发展水平，但恶性竞争会影响传统村落开发效果。

目前，传统村落交通运输系统之间就存在着明显的恶性竞争情况，这种恶性竞争直接导致传统村落交通系统无法正常发展，政府扶持与补充毫无效果。以前面提到的山西吕梁山区为例，为改善当地传统村落发展，政府用大量物力、财力建设交通物流系统，但恰恰是因为交通运输系统之间的恶性竞争，导致交通物流系统运营效果与发展效果大打折扣。由此可见，传统村落交通物流的发展不仅仅体现为交通物流建设问题，更体现为一个长期系统性发展的问题。

传统村落保护、建设、开发需要涉及多方力量，各方需要以长期发展、可持续发展为目标，建立互利互惠的协作关系，如此才能扩大发展成果，提升彼此盈利空间，提升传统村落开发效果，最终达成共赢共进的发展目的。

3.3 传统村落交通物流基础设施较落后

交通物流基础设施落后导致传统村落发展受限是一个全球性问题，而且这一问题在亚洲更为严重。因为相比欧美地区，亚洲传统村落的数量较多，且大多数亚洲传统村落属于地处偏远、经济落后的区域，甚至某些国家的部分传统村落处于与世隔绝的生活状态。亚洲传统村落想要获得整体性发展效果，交通物流系统建设发展尤为重要。

目前，我国一部分地处偏远山区的传统村落由于缺乏完善的交通物流设施，无法与外界产生良性互动，村内卫生与教育条件落后，导致这些村落陷入贫困状态无法扭转，且传承文化随人口减少悄然流失，甚至部分村落逐渐走向消亡。浙江温州的黄林村就是一个典型的例子（见图3-2）。

图3-2 黄林村

传统村落是每个国家的宝贵资源，传统村落传承的特色文化更是世界文化遗产，对这些村落进行保护开发是各个国家的责任，通过交通物流系统建设能够从根本上扭转传统村落的发展命运，大幅提升该地居民生活质量[82]。

目前，亚洲地区的传统村落交通物流基础设施普遍存在以下问题。

1. 交通运输能力薄弱

传统村落无论发展状态如何，均拥有农业，想要带动传统村落农业发展，就需要完善的交通路网支撑。但目前很多亚洲发展中国家偏远区域的传统村落依然处于交通断裂状态，甚至没有建设基本的硬化路，村内农业活动仅为满足自身生活所需，农业发展基本处于落后状态，这就是交通运输能力不足导致的直接后果。

截至 2023 年，我国已经解决了农村硬化路建设问题，传统村落基本交通物流系统已经构建完成，虽然部分传统村落交通运输系统拥有较大升级空间，但交通运输能力薄弱问题已基本解决，例如浙江温州的均路村（见图 3-3）。

图 3-3　均路村

2. 交通物流技术落后

目前，包括我国在内的大多数亚洲国家都面临着传统村落交通物流技术落后问题。由于传统村落自身发展水平落后，导致村内教育水平、医疗水平、交通水平都处于落后状态。加之传统村落年轻劳动力大量外流，村内各类技术人才匮乏，在政府完成交通物流系统基础设施建设后，依然无法充分发挥交通物流系统作用，这正是传统村落交通物流技术落后的表现。

另外，传统村落交通物流技术落后还体现在传统村落交通物流设备上。

比如，我国一些偏远区域的传统村落，其主要交通工具为农用车辆，虽然当地政府已经修建了满足大型货车运输的交通路网，但由于村内交通运输需求较少，村落与乡镇、县市之间并没有构建完善的运输系统，农产品运输依然靠农用车辆完成。

这种交通运输状态下，农产业运输效果难以保障。因为农用车辆速度低，稳定性、密封性差，运输量小，农产品需要长时间运输才能到达县市区域，过程中农产品容易出现碰伤、腐烂等情况，如果运输途中遭遇恶劣天气，这种情况还会恶化。据我国农业部门统计，农用车辆长途运输农产品的损耗率高达 30%，这严重制约着传统村落的农业经济发展。

3. 产业带动效果不佳

我国通过近十年农村交通物流系统建设发展，对传统村落保护开发已经取得了良好效果，交通物流系统对传统村落特色产业带动效果十分显著。但大多数亚洲发展中国家并不能取得相同效果，这主要因为国家资金与政策扶持力度不足，导致传统村落自身产业无法借助交通物流系统充分展现价值。

事实上，通过交通物流系统建设带动传统村落产业发展是一项规划复杂、过程漫长、成本投入极大的工程，这需要政府对传统村落进行充分分析，针对传统村落特点进行交通物流系统设计，建设完成后还需要进行长时间的产业发展扶持，前后需要投入巨大资金成本。

亚洲很多发展中国家能够完成传统村落交通物流系统建设，但后续产业发展扶持力度不足，这是导致产业带动效果不佳的主要原因。

解决这些根本问题的方法不是为当地建设良好的交通路网，而是为当地建设与外界畅通连接的交通路网。通过区域交通体系整体建设，这些村落能够获得经济发展机遇，享受外界卫生条件与教育服务，解决生活资源匮乏问题，扭转封闭的生活局面。

在这一方向下，我国近年来不断加大传统村落的交通物流基础设施[83]，整体成效十分突出，但依然存在部分明显问题。

3.3.1 交通物流基础设施较差

交通物流基础设施差导致传统村落发展受限是当前全球性问题，纵观世界各国传统村落发展问题，交通物流基础设施不足是导致其无法顺利开发保护的重要原因[84]。

目前，我国同样存在部分区位偏远、交通环境落后的传统村落，这些村落的物流系统因基础设施水平低下无法充分发挥经济带动作用。交通物流基础设施不完善的情况主要有以下几种。

1. 道路运输基础设施不足

偏远地区普遍存在交通路面建设标准低、道路状况差、配套设施落后、道路网络混乱等问题，这些问题直接导致了物流运输难度加大，物流配送成本增加，物流系统建设、运行困难。

2. 物流基础设施不足

传统村落物流系统承担着特色农产品运输销售任务，但部分传统村落由于缺乏物流配套设施建设，导致农产品运输时容易出现腐烂变质、损耗率居高不下等情况。比如，某些传统村落没有建设农产品储存仓库，农产品从采收、包装到运输需要一气呵成，一旦中间环节出现问题，或因为天气、道路情况导致运输延迟，很容易造成农产品腐烂变质。

3. 缺乏配套冷链系统

我国传统村落在开发建设期间很少同步建设冷链物流系统，这主要因为冷链物流系统建设成本、后期运行成本较高，传统村落开发建设初期很难迅速取得经济效益，所以建设冷链系统反而会增加传统村落开发的压力。

不过对于以特色农产品为主体产业的传统村落而言，缺乏冷链系统支撑，很难充分展现特色农业资源价值。因为农产品普遍存在季节性特点，而冷库、冷藏车辆不仅能够确保特色农产品的运输品质，还可以延长农产品的保存周期，拉长传统村落特色农产品的销售时间。缺乏配套冷链系统，传统村落特色农产业便容易出现销售不畅、口碑不佳、销售周期短等问题。

4. 物流终端基础建设不足

物流运输包括分拣、运输、配送等多个环节，传统村落物流系统相较城市物流系统普遍存在收发网点少、配送人员少等特点，这直接导致物流运输配送效果低下。我国大部分传统村落物流终端选择村落超市、村委会等地点，快件配送最后以居民到配送终端自取方式解决。不过部分传统村落存在居民分散、村内交通复杂等情况，传统村落物流配送的"最后一公里"仍然没有缩短，这导致传统村落物流体验差，并影响传统村落电商产业健康发展。

5. 物流软件应用效果差

由于部分传统村落依然存在年轻劳动力流失情况，导致这些村落居民大多为留守老人与儿童，这部分居民因文化知识有限，对物流软件认知、使用存在障碍，所以即便传统村落建立了完善的物流系统，物流系统也无法充分发挥作用。另外，传统村落缺乏物流基础知识普及人员，村落很少组织专业技术人员对物流软件操作流程进行详细讲解，所以物流系统在传统村落发展应用速度受限，这也制约着传统村落经济发展。

解决传统村落物流基础设施落后问题，是我国"乡村振兴"战略推进中的重要工作，只有解决了物流基础设施不足、落后问题，物流系统才能够在传统村落发挥作用，带动区域经济发展。这需要传统村落开发建设单位与传统村落负责人相互配合，针对传统村落实际情况采取有效策略，全面解决各种突出问题。

3.3.2　交通运输衔接不畅

我国部分传统村落的交通运输系统目前存在多个堵点与断点，导致交通物流系统运行整体不畅，传统村落发展速度与发展效果无法按照预定计划提升。

造成这一情况的首要原因是传统村落运输路线结构不合理，主要表现为传统村落区受位置影响，运输路线重复度高、断点多，且运输车辆运营效益低下（见图3-4）。虽然我国交通运输部门已经完成全国建制村公路铺设，但由于部分传统村落运输需求小、运输成本高，导致这些地区长期无法形成整体有效的交通运输网[85]。

图3-4　黄林村俯视图

从部分典型传统村落保护开发项目中可以看出，传统村落交通运输衔接不畅，不仅仅是交通道路基础设施建设问题，更是产业融合问题及开发方式问题。一旦传统村落产业开发不畅，则运输需求与运输效益无法提升，加之传统村落具有人员分散、运输量不均衡等特点，所以大部分运输企业只会针对性地进行运输路线设置，对成本高、难盈利的路段不愿意进行运输。

除此之外，传统村落交通运输不畅还表现为层级之间的衔接不畅，即市级到县级、县级到乡镇、乡镇到村落之间的衔接、中转堵点、断点较多，且整体运输效率低下，这也受传统村落发展效果影响。比如，旅游产业开发效果好、电商产业发展成果突出的传统村落，可以迅速匹配畅通的物流运输系统，在政府主导下各方社会力量愿意主动参与；但自身开发效果低下的传统村落难以搭建稳定、高效的运输系统，政府需要将这类传统村落与周边区域进行整体规划统筹，才能够满足传统村落的基本运输需求。

由此可见，传统村落交通运输衔接不畅问题已经从交通道路建设问题转化为传统村落产业问题及区域经济整体规划问题，从根本上解决传统村落交通运输衔接不畅问题，需要以传统村落保护开发为起点，思考区域整体发展策略[86]。

从全国各地颁布的发展策略中可以看出，当前形势下全面解决传统村落交通运输不畅的有效方式，不是进行简单的道路交通建设，而是采用连点成片方式，对传统村落产业进行整体开发，以传统村落资源优势带动交通运输发展，让传统村落经济发展反哺道路运输行业发展，在相互促进的关系下提升整体发展效果。

3.3.3 交通运输方式单一

随着我国"乡村振兴"战略推进，我国农村交通运输水平整体获得提高，交通运输方式也越发丰富，但大部分传统村落地理区位独特，虽然基础交通设施完善，但依然存在交通运输方式单一、交通运输效率低下等问题。造成这种情况的主要因素有以下几点。

1. 传统村落地形因素

部分传统村落地处偏远山区，地形以沟壑、山地为主。这类传统村落交通运输方式以汽车为主，人员出行主要靠公交车和私家车解决，货物运输以小型货车为主。独特的地形因素导致这些区域交通运输方式严重受限，甚至运输车辆大小也受到限制。

2. 传统村落基础设施因素

地处偏远区域的传统村落大多有经济条件落后、内部交通设施不足等特点，这直接导致传统村落可选择的交通运输方式减少。比如，某些偏远传统村落村内硬化路宽度有限，且没有设置运输车辆装卸货物的安全区域，运输车辆进入村落势必对居民正常出行造成影响。针对这种情况，村内农产品运输只能依靠小型农用车先运到村口，再将农产品转移到小型货车上进行长途运输，严重影响了农产品运输效率与运输质量。

3. 区域交通运输设施不足

传统村落交通运输方式不仅受村落自身交通设施影响，还受区域交通设施制约。我国部分传统村落位于经济整体落后的山区，这些区域虽然已经建设了基础交通路网，但整体交通运输设施不完善。比如，部分山区的货物中转站、仓库等运输硬件设施不齐全，导致区域农产品无法大规模运转，区域交通物流运输无法标准化、专业化发展，最终影响传统村落经济发展。这也是我国部分传统村落目前存在的实际状况。

4. 交通运输观念落后

地处偏远山区的传统村落居民存在发展观念落后的情况，甚至部分村落村民对交通运输方式认知存在不足。这主要表现为传统村落部分居民对物流快递行业的不信任，思想相对保守，且不愿意接受新思想与新交通运输方式。这种状态下，政府为传统村落建立的交通运输系统很难发挥最大作用，传统村落发展相对缓慢。

5. 交通运输行业相关人才匮乏

传统村落交通运输系统建设的目的是促进当地特色产业形成，这不仅需要充分了解传统村落特色资源的人才，更需要具备一定交通运输知识基础的人才。在两种人才结合下，传统村落交通物流系统才能充分结合传统村落资源，对产业发展带来极大促进，选择更便捷、高效、低成本的运输方式支撑传统村落产业发展。目前，我国大多数传统村落就交通物流系统建设依靠建筑方向，传统村落居民争取建设意见的方式进行规划，但效果并不理想。如果能够为传统村落培养更多交通运输行业人才，传统村落交通运输系统的建立效果、开发效果都可以获得提升。

6. 传统村落物业行业发展落后

物流行业入驻传统村落能够为当地居民带来更多交通运输选择，但我国传统村落因居民分散、运输成本高等问题，导致大多数物流企业不愿入驻，目前主要依靠邮政系统满足传统村落的基本物流需求。造成这种情况的原因主要有两个：一是传统村落自身经济发展落后，物流需求较低，物流企业利润空间有限，甚至无法保证盈利，所以不愿意入驻；二是传统村落居民物流意识薄弱，对物流企业不信任，不愿意采用这种运输方式，所以传统村落物流行业发展落后。

7. 地域因素

我国部分传统村落位于特殊区域，比如海岛、高原等地，这些区域具有交通道路单一等特点，所以这些村落运输方式相对单一[87]。

通过传统村落运输方式单一的原因分析可以得出，传统村落交通运输系统存在除交通建设这一不足外，大多受村落自身发展因素影响。当地产业开发效果不足、居民文化水平低下、村落相关人才匮乏，都是制约传统村落交通运输良性发展的关键。想要全面解决这些问题，需要政府在加强传统村落交通运输系统建设的基础上，同步提升当地居民知识水平，扭转落后生活观念，多样、高效、便捷的交通运输方式才能够在传统村落展现最大价值。

3.3.4 交通道路通行能力不高

近年来，在我国政府大力建设下，我国传统村落基本实现村村通公路，但这并不代表传统村落整体交通环境得到根本改善、交通道路通行能力全面提高。这主要因为决定传统村落道路通行能力的不仅有公路系统，还有其他交通设施等重要影响因素。

1. 传统村落关键交通连接设施未能全面改造

我国大量传统村落处于偏远地区，到达这些村落需要跨越山川、沟壑、河流，所以部分传统村落交通主干道上存在诸多驼峰桥或平板桥，这些桥梁才是传统村落交通通行能力的决定因素。比如，部分传统村落交通主干道中的平板桥宽度明显小于公路宽度，少量桥梁甚至因年久失修导致其承重存在严重问题，所以这些存在安全隐患的关键设施是传统村落交通通行能力的上限，如果不能升级改造这些桥梁，传统村落交通运输能力则无法全面提升。

另外，传统村落原有设施也为交通物流系统建设带来了阻碍。传统村落中拥有许多传统建筑或特色植被，为保护传统村落的原始面貌，现代交通物流建设策略并不能有效应用于传统村落，进而导致传统村落关键交通连接设施无法全面改造，交通物流系统建设不够完整。

这种情况不仅在我国存在，在全球范围也十分常见，解决这一问题已经成为全球开发保护传统村落的主要问题[88]。

2. 传统村落交通环境缺乏管理

随着社会发展，我国大多数农村交通管理情况得到改善，但大部分处于偏远地区的传统村落内部交通环境依然复杂。这主要表现为传统村落长期处于地广人稀状态，居民建筑占道、将交通道路作为农作物晒场等情况并没有对日常通行造成过多影响，所以在交通运输系统建设之后，这些陋习无法及时更改，导致传统村落交通运输能力降低。

另外，一些旅游产业得到开发的传统村落已出现侵占道路经商摆摊等情况，这些移动摊位是传统村落管理难点。因为这些移动摊位机动性强，采用流动方式长期占用传统村落交通道路，传统村落需要长期派遣大量人力才能够全面杜绝这类情况，所以这些传统村落交通运输能力也受到一定影响。

3. 传统村落人文习惯影响交通运输

部分传统村落多年发展中存在沿街赶集、村内过庙会等生活习惯，甚至一个月当中举行多次类似活动。这种促进传统村落经济发展的活动影响着传统村落交通运输，导致这段时间传统村落出行困难、运输效率十分低下。

这类情况是我国传统村落保护开发的一大难题，因为部分文化活动属于传统村落特色资源，需要保护传承，但同时制约着传统村落交通运输能力。政府需要采取各种针对性策略才能够有效解决这一问题。比如，为传统村落建设文化广场，将各种活动迁移到文化广场当中，这需要一个长期过程，逐渐调整当地居民生活习惯与观念，以此减少传统村落文化活动与交通运输之间的矛盾。

4. 传统村落农用车管理不善

我国传统村落中存在大量农用车辆，这些车辆长期存在管理不善问题。因为传统村落农用车辆管理体制不健全，管理力量薄弱，造成了部分传统村落农用车辆管理"真空区"，这些农用车辆长期占用交通道路乱停乱放（见图3-5），对交通运输造成安全隐患，不仅降低传统村落交通运输能力，更威胁传统村落居民人身财产安全。如果有关部门采取的措施得不到落实，即使县、乡、镇政府共同建立起管理体制，这一问题也无法从根本上得到解决。

图3-5　农用车乱停乱放

目前，我国传统村落交通运输能力无法与道路建设水平成正比，这种现状主要由以上情况造成，想要全面提升传统村落保护开发水平，从根本上解决上述问题，让交通运输系统发挥最大价值十分重要。

3.4　传统村落生产组织水平较低

传统村落由于长期处于交通不发达状态导致自身与外界沟通协作较少，而内部年轻劳动力流失又导致自身生产力降低，久而久之传统村落生产组织水平开始弱化，大多数传统村落在得到政府扶持进行保护开发时都处于这一状态。

当政府对传统村落进行开发建设时，建设单位难以及时搜集保护开发意见，传统村落配合度、融入度很不理想，这都是生产组织水平较低的表现。通过对传统村落建设开发问题进行总结，可以梳理出生产组织水平较低的几种类型及主要原因。

1. 传统村落基础组织建设能力较弱

我国政府在进行传统村落保护开发时，很难引导传统村落凝聚辅助建设力量，传统村落基层组织整体软弱涣散，明知传统村落开发保护有利于自身发展，却难以组织有效力量配合，导致传统村落保护开发前期进度迟缓。造成这种现象的主要原因是传统村落自身经济落后，村落基础组织建设不得力，组织活动开展较少，村负责人组织生产经验较少。

2. 传统村落负责人组织建设能力不足

在传统村落保护开发过程中，我国各地政府发现这样一种现象：传统村落负责人大多身兼数职，主要工作是维护传统村落和谐，缺少基本的发展带动性。出现这种状况的主要原因是传统村落自身经济发展水平较低，传统村落日常开展活动较少，导致村负责人生产组织经验欠缺。另外，受传统村落特色文化影响，部分村负责人权力甚至不如家族长辈，所以在传统村落保护开发阶段，村负责人没有能力及时组织有效生产力。

3. 传统村落基层组织建设缺乏长效机制

近年来，我国农村基层组织建设取得了长足进步，但偏远地区传统村落在基层组织建设上依然存在不足。造成这种状况的原因是传统村落位置偏远，交通不便利，乡镇开展的组织建设活动参与互动较少，且无法在村中实践，故村落基层组织建设缺乏长效机制。

比如，传统村落普遍存在居民文化素质偏低状况，乡镇虽然对各传统村落负责人展开培训，但负责人面对以老年人、儿童为主的居民很难改善这种状态。同时，传统村落的村干部团队内也存在年龄结构不合理等问题，村干部老龄化、年轻力量大幅流失，加之年轻力量很少愿意任职，导致传统村落村干部后续力量不足。所以传统村落普遍存在基层组织建设缺乏长效机制的问题。

4. 传统村落产业发展能力低下

虽然大部分传统村落具有特色资源，但交通运输系统建设水平低下、产业资源开发思维不足，导致传统村落特色资源无法展现价值，村内各产业发展能力薄弱[89]。

从部分传统村落的发展中可以看出，传统村落产业资源虽然突出，但缺乏组织生产能力，其特色资源也无法展现价值。

5. 传统村落组织增收能力不足

农村组织增收能力是组织生产能力的核心，只有组织增收能力强大，农村居民被带动性、主动参与性、组织积极性才能够提升。我国偏远地区传统村落由于自身经济发展能力有限，所以普遍存在组织增收能力不足的情况。造成这种状态的原因主要是传统村落增收意识与增收策略不足。数百年来，偏远地区传统村落的居民大多保持着一种精耕细作、自给自足的生活状态，无法及时发展自身村落文化与农产品价值。加之偏远地区年轻劳动力不断流失，村内农业生产力下降，经济水平不断降低，直接导致部分传统村落丧失基本增收能力。

因此，在政府对传统村落进行保护开发时，传统村落难以形成有效组织，且传统村落居民也不知道应该如何配合建设工作，进而导致传统村落保护开发更多依靠外部力量，保护开发速度无法顺利提升。

6. 传统村落组织管理能力低下

我国部分偏远地区传统村落长期处于封闭状态，居民生活习性难以更改，主要表现为传统村落部分居民不愿意被管理，更不愿更改生活方式，对外在扶持力量表示抵触，对这类村落进行组织管理很难取得成效。因此这些传统村落整体组织管理能力较为低下。

7. 传统村落特色文化与组织协同存在矛盾

传统村落特色文化是其开发保护的重要资源，但随着传统村落交通物流系统建设，传统文化开始与现代文化交融，部分传统村落特色文化开始受商业元素影响，逐渐呈现失真、偏移情况。这直接导致传统村落特色文化弱化，村落保护开发潜力降低，无法与交通物流系统形成长期有效的协同发展，这已经成为全球传统村落发展的一种弊端[90]。

我国传统村落的特色文化也出现了类似问题，且在这一基础上，我国传统村落特色生活文化与现代组织协同管理机制存在矛盾。这主要体现为传统村落大多存在固定生活圈层，生活关系靠亲情、友情、家族文化及其他生产关系维持。这种生活圈层与正常组织管理机制存在诸多矛盾。比如，部分传统村落十分重视辈分关系，村中大家族的族长主导着一个家族的发展理念，一个传统村落中可能同时拥有多个大家族，村中任何组织生产活动需要征求各家族族长的同意，如果某项生产活动损害了某一家族的利益，则这项活动在村中难以开展，甚至引发各种家族冲突，这也是传统村落生产组织水平低下的一大原因。

8. 传统村落缺乏组织生产的实践空间

与其他村落不同，大部分处于偏远地区的传统村落生活、生产方式较为单一，虽然近年来我国各地政府为偏远传统村落完善了交通物流系统，但对这些传统村落的生活方式改变不大。长期处于固定生活状态的传统村落缺少组织生产实践的机会与空间，所以从意识与行动层面无法达成协作效果[91]。

总体而言，传统村落生产组织水平低下源自各方面因素，这些传统村落特有因素制约着传统村落交通运输建设和自身保护开发效果。从交通物流系统建设角度出发，这些因素造成了家庭物流组织合作松散、交通运输渠道链条整合难度较大等问题。从建设成果角度出发，这些因素又导致了传统村落后续发展竞争力低下。

3.4.1 交通物流组织合作松散

我国政府在传统村落交通物流系统建设过程中遇到了诸多难点与堵点，其中交通物流组织合作松散的问题十分突出，这一问题主要有以下两种表现。

1. 传统村落布局分散、物流需求量小

虽然我国已经实现村村通邮，但依然没有全面解决农村物流"最后一公里"问题。在部分传统村落中，邮政与物流快递进村容易落地难。这主要因为传统村落布局分散、物流需求量小、配送距离长、位置偏远、配送难度大，导致大多数快递公司不愿意在偏远传统村落设置网点。

从根本上解决这一问题的方法是提升交通物流组织合作能力，将物流快递系统与传统村落交通运输系统融合。比如，在乡镇主导下与传统村落公交系统融合，传统村落不再设置单独的配送系统，快件配送工作由公交车承担；传统村落内部也不设置单独的收发网点，而是由生活超市与村委会代理，这种方式能够有效降低传统村落物流系统运营成本，同时满足村落基本物流快递需求，支撑传统村落电商产业发展。通过这类基础的组织合作，传统村落交通物流运行效果能够显著提升。

2. 传统村落交通物流中转点设置不合理

我国乡镇交通物流中转点大多设置在县镇中心区域，偏远地区的传统村落很难触达，直接导致运输成本与储藏成本增加[92]。这类情况同样可以通过交通物流组织合作进行解决。快递公司可以将偏远区域传统村落快递配送工作下分到与该村落公交连通的村落，通过与公交汽车合作完成后续配送任务，如此便无须为一两件快递单独发车、长途奔袭，既降低了配送成本，又增加了公交车辆额外收入。对于快递中转点定位不合理等问题，快递公司可以通过与其他中转站合作，增加快递中转点，解决物流成本问题[93]。

3.4.2　交通运输渠道链条缺乏整合

农村交通运输一体化发展一直是我国"乡村振兴"战略的主要策略，但目前在传统村落交通运输渠道链条整合方面依然存在以下几方面不足。

1. 传统村落交通运输分配不合理

目前，我国部分传统村落交通运输渠道存在严重分配不合理状况，主要

表现为利润空间较大的运输路线运输主体饱满，利润空间较小的运输路线运输主体稀少。这导致经济发展良好的传统村落能够获得充足的交通运输资源支撑，而经济发展缓慢的传统村落自身交通运输资源匮乏。

解决这一问题的关键在于交通运输能够与传统村落资源进行整合，通过交通运输资源带动经济落后区域的传统村落的产业发展，以此增加交通运输主体的利润空间。另外，让经济发展良好的传统村落带动区域经济发展，传统村落之间产业协同发展，以连点成片方式增强发展效果。只有改善区域经济发展局面，才能够合理分配交通运输资源。

2. 传统村落交通运输管理缺乏整合

我国部分地区传统村落交通运输依然沿袭多年前的经营方式，即以挂靠经营、责任承包经营为主，这类经营方式导致传统村落交通运输渠道管理难以协同，各渠道运输主体之间难以配合。比如，某地区旅游旺季时，旅游产业发达的传统村落交通运输压力增大，而旅游产业待开发的传统村落运输能力又过剩，但由于彼此经营方式为责任承包制，运输过剩主体无法帮助旅游产业发达的传统村落缓解交通运输压力，运输短缺主体更无法将旅游资源向待开发地区引导，这直接造成旅游资源发达的传统村落产业发展受限，部分旅游资源流失浪费。

3. 传统村落特色产业运输渠道缺乏整合

我国部分传统村落拥有多项特色资源，开发过程中企业力量大多针对单一资源进行开发，各开发企业之间无协作关系，导致传统村落交通运输资源浪费[94]。

自我国确定"乡村振兴"发展战略以来，农村交通运输渠道整合发展便展现了突出效果，不仅有效提升了发展速度，降低了交通运输成本，更对农村经济产生极大带动效果。不过截至2023年，我国农村交通一体化发展依然存在运输渠道链条整合不足等问题，这种情况在偏远传统村落尤为常见，为全面改善这一状况，我国交通运输部曾发布多项政策进行建设指引与发展规划[95]。从各地的建设任务中可以看出，强化农村交通一体化发展效果是有效提升传统村落交通运输资源整合能力、协同能力、组织能力的关键，也是强化传统村落保护开发效果的关键。

3.4.3 生产组织竞争力不足

自我国确定"乡村振兴"战略以来，我国农村发展取得了一系列喜人成就，乡村建设也经受住了一系列考验，促使农村综合生产力登上新台阶。对比十年前，我国农村各产业整体发展效果、产业竞争力获得显著提升，唯一不足之处是部分传统村落因开发效果未达到预期，导致自身在生产组织方面竞争力缺乏，这是传统村落交通运输系统与产业结合不到位的表现，也是我国交通物流系统当下需要发展的重点。我国传统村落生产组织竞争力不足主要表现在以下四方面。

1. 生产组织结构不合理

在我国传统村落交通物流系统建设过程中，传统村落很难构建健全的生产组织，主要表现为年轻生产力无法或不愿参与到建设工作当中。出现这类情况的原因有两个：一是传统村落年轻劳动力外流，无法及时回乡参与到交通物流系统建设当中；二是年轻劳动力发展目标定在城市，所以不愿意参与到家乡交通物流系统建设当中。这种情况下，传统村落在交通物流系统建设中提供的生产组织多以中老年群体为主，虽然这一群体能够保持配合态度，但由于自身文化水平受限，配合程度难以保障。

2. 生产组织提质增效能力低下

我国大部分传统村落居民文化水平、组织生产实践、交通物流认知存在明显不足，在交通物流系统建设过程中更多是提供传统文化、村落古建筑等资源保护意见，对村落产业资源开发、交通物流系统合理化、高质量化建设给予的帮助较少。因此传统村落生产组织对交通物流系统建设带来的提质增效效果不佳，甚至部分传统村落居民为方便自身出行，提出一些影响交通物流系统整体建设效果的无理要求，这导致传统村落交通物流系统建设难度增加。

3. 生产组织多元化发展策略不足

涉及传统村落资源开发问题时，部分传统村落生产组织仅能够针对固有生产方式提出发展意见，无法站在交通物流融合角度思考创新，这是传统村落生产组织多元化发展策略不足的表现。

传统村落交通物流系统建设的目的是最大化提升传统村落经济发展水平，而不是为原有产业提供交通运输服务。由于传统村落居民对特色资源了解更深入，所以传统村落生产组织如能够进行创新性思考、多元化发展，可以全面提升传统村落的开发速度与开发效果。

4. 生产组织投资吸引能力不足

在传统村落交通物流建设过程中，传统村落生产组织难以结合自身资源和交通物流系统优势打造亮眼项目，难以有效吸引社会力量进行开发投资。目前，我国大多数传统村落开发初期都遇到过这一难题，各地政府为确保传统村落开发效果，充分发挥交通物流系统作用，往往会为传统村落开展招商引资活动，并给予政策扶持，在社会力量共同助力下，完成传统村落预定开发计划。

传统村落开发保护不仅需要政府与外部力量的投入，更需要传统村落生产组织协调配合，在村负责人组织下组成有效发展力量，从多个层面给予交通物流系统建设指引与建设帮助。所以，提升传统村落生产组织水平，强化传统村落生产组织能力，是保障传统村落开发速度与效果的有效措施。

3.5 传统村落物流运营技术条件差

近年来，我国交通运输管理部门对经济发展水平落后、物流基础设施缺少的传统村落进行了大力保护开发，不仅建立完整的交通运输系统，更努力提升传统村落物流的运输能力，希望借此充分激发传统村落的特色资源价值。但截至 2023 年，部分物流基础设施建设完整、交通路网完善的传统村落依然未能提升物流运营效果，究其原因主要是传统村落物流运营技术落后，无法充分发挥物流系统作用。

物流系统运营并不是指简单的货物运输，其包括配载、装卸、运输、包装、管理等多个环节（见图3-6），涉及技术十分广泛。传统村落想要充分提升物流运营效果，首先需要进行物流运营技术提升。

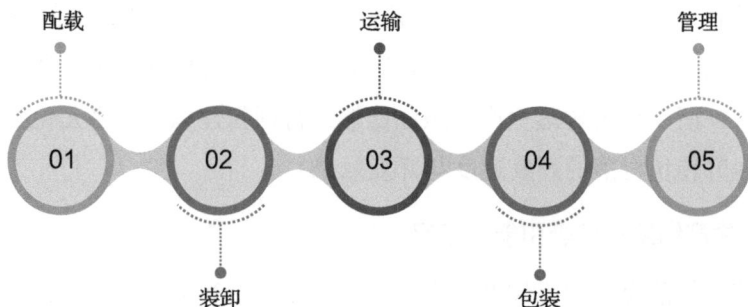

图 3-6　物流系统运营

1. 物流配载技术

配载技术是物流运输的基本整合技术，在多目标运输前提下，配载技术能够将物流运输时间、成本、资源、效率进行整合优化，实现最低成本、最高效率、全方位保障的物流运输。所以，物流配载技术也是物流运营的基本技术，是物流运营理论结合现实物流运输情况，将各种规划落地实施的关键。

我国传统村落物流系统普遍存在成本高、效率低等特点，所以大多数传统村落物流运营利润空间有限，导致物流系统无法发挥价值，物流行业发展不顺利。

物流配载技术主要运用在物流配送环节。配送环节是指按照用户要求对运输货物进行分配、运输调度的环节，这一环节利用配载技术合理规划能够提高物流运输质量，降低运营成本，增加经济效益。

2. 运输路线优化技术

物流运输效率、成本与运输路线有直接关系，所以运输路线优化技术也是物流运营的关键技术。从其技术层面出发，它涉及车辆路径规划、调度、货物分配多项内容，需要涉及运筹学、组合数学、物流学及计算机等多个学科。不过从传统村落物流运营角度出发，运输路线优化技术更侧重路线规划及车辆调配频率，如何使用最少车辆一次性完成更多村落的物流配送任务，降低传统村落物流运营成本，是保障物流行业健康发展的关键。

3. 货物装卸技术

货物装卸看似是一项简单的劳动工作，但同样影响着传统村落物流运营的成本与效率。物流货物装卸环节包括装车、卸货、移送、分拣、入库、堆垛、出库等多项内容。想要节约货物装卸成本，需要确保装卸过程中遵循省力、高效率、机械化、畅通化、连续化、综合化等多个原则，合理减少人力付出，最大化提高装卸技术，也是传统村落物流运营高效的表现。

4. 货物包装技术

物流运输的货物包装技术无须注重美观，主要以确保货物密封性与安全性为包装目的。货物包装技术包括包装材料选择、包装工艺选择、包装效果测试等多项内容。在物流运营过程中，货物包装技术决定着物流运输的硬性成本，提高货物包装技术能够有效减少物流运输基本投入。

5. 配送技术

配送技术是一种统筹管理技术，主要针对货物运输到达目的地后，物流配送时如何对货物进行分流，如何优化用户的取货路线。配送技术决定着物流运输最后环节的运输效果，也决定着物流系统的用户口碑，提升这一技术能够促进物流运营效果。

6. 物流运输管理技术

经过多年建设发展，我国传统村落基本物流系统已经建设完成，虽然部分区域存在物流基础设施不完善等缺点，但初步建立的物流系统已经能够满足当地基本物流需求。为提升我国传统村落保护效果与经济开发效果，增加物流运输系统建设，强化物流系统运营是必然发展方向。

针对现代物流商业化、信息化发展趋势，合理强化物流运输过程管理，是促进传统村落物流运营效果的有效措施，这便涉及物流运输管理技术。物流运输管理技术不是针对车辆与路线的优化管理，而是利用信息化技术对物流运输各个环节进行优化调配的技术。比如，特色农产品从传统村落发出后，基于信息技术建立的物流运输管理系统能够实时了解货物位置、配送时间、货物状态等各种信息，当农产品自身状态出现变动，或运输过程中遇到气候变化、交通环境变化时，运输管理系统能够及时针对各种情况进行分析，并进行处置决策。通过这种技术应用，农产品运输品质、运输效率能够得到有效管控，寄货方与收货方也能够根据各种物流信息进行后续规划。

虽然我国大部分传统村落电商产业目前未能获得突出效果，但物流运输系统依然是传统村落农业优质发展的关键支撑，所以物流运输管理技术对传统村落物流运营十分重要。这一技术能够保障传统村落居民的权益，提升传统村落农业经济发展效果。

7. 物流仓储控制技术

物流运输过程中包括多个中转环节，物流配送到达目的地后如用户无法按时取货，货物也需要在配送点储存，这类情况便涉及物流仓储控制技术。物流仓储控制技术的主要作用是控制物流运营的成本，通过优化用户需求进行物流供应链管理，并辅之相应信息处理，提升物流配送效果与用户体验。

物流仓储控制技术的原则是在确保及时配送与用户满意度的前提下，尽量减少货物仓储量和仓储时间。如货物无法按时配送，配送部门可以安排货物退回，在合理规划下货物退回对物流配送成本影响不大，同时可以降低货物因长期储存出现质量问题的风险，确保物流运营品质。

从这一角度分析，物流仓储控制技术是保障物流运营安全的一种手段，它虽然是针对物流仓库部门，但覆盖物流配送的所有环节，能够保障货物运输整体质量。

8. 物流运营规划技术

物流运营规划技术是针对货物运输、包装、中转等方面可能出现问题的一种预测与提前防备技术。这一技术能够推动物流运营过程中各环节的协调性，能够为各种风险情况提前预备风险防控方案，还可以针对用户个性化需求采取应对策略。

以上物流运营技术决定着物流运营的最终效果，也决定着我国传统村落物流运输系统的发展效果。近年来，我国交通运输管理部门一直在努力提升传统村落物流从业人员的基本运营技术，目前部分传统村落物流运营水平依然低下，除物流运营人员自身因素外，物流设施、物流系统信息化程度、物流服务标准也是制约当地物流运营技术无法提升的关键因素。

3.5.1　物流设施不完善

物流基础设施建设效果影响着物流系统运营效果，能够制约物流运营技术提升的关键物流设施主要包括仓储设施和运载设施。

1. 仓储设施

仓储设施是物流货物中转、储藏、配送的必备设施。目前，我国物流行业存在的仓储设施分为自有仓库、公共仓库、自用仓库三类（见图3-7），仓储设施对物流运营技术的影响主要体现在以下几方面。

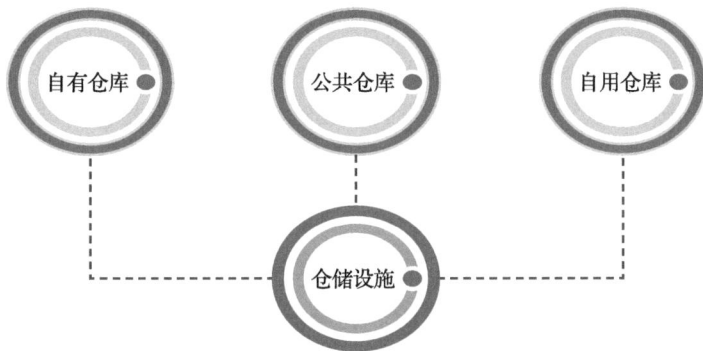

图3-7　仓储设施分类

（1）货物保管能力　物流仓储设备的基本作用是储藏物流货物，确保物流企业顺利完成中转、分流、储藏等工作。一旦仓储设备不完善，很容易导致物流运输节奏过于紧凑，无法保障货物运输品质。目前，我国部分偏远地区的传统村落距离乡镇物流仓储设施距离超100千米，传统村落自身与沿途均未配备仓储设施，这导致传统村落农产品采摘完成后必须立即装车配送，否则农产品保鲜度将受到严重影响。

事实上，这也是严重制约我国偏远区域传统村落农业发展的关键问题，如果这些区域物流系统的仓储设施得不到完善，物流运营技术也无法有效提升。

（2）货物运输调节能力 物流系统的仓储设施自身具备辅助物流运输调节货物的能力，如果仓储设施不健全，物流运输调节能力必然低下。比如，某传统村落对外配送一批特色农产品，货物发出后寄货方需要变更寄货地点，运输车辆则可以在沿途仓储点进行货物分流，将该批货物卸车，按照新目的地调配配送车辆进行运输；如沿途仓储设施缺少，物流车辆则只能将货物先运输到原定地点，再进行重新运输，这增加了运输成本与运输时间，降低了物流运行水平。

（3）运输方式变更能力 物流系统的仓储设施自身还具备运输方式变更能力。仓储设施设置合理的物流系统可以灵活切换货物运输方式，提升物流运输品质与效果。比如，某传统村落发出一批特色农产品，按照原定物流运输计划该批产品在规定时间内完成配送对品质不会产生太大影响，但由于运输期间气温急速升高，该批货物保鲜度严重下降，发货方了解到这一信息后要求更换运输方式，采用冷藏车完成后续运输，这便需要仓储设施完成车辆更换。由此可见，仓储设施决定着物流运营的灵活性，制约着传统村落物流运营技术水平。

（4）物流配载能力 物流配载技术是影响物流运营的关键技术，而仓储设施正决定着物流配载能力的强弱。物流配载技术主要针对货物配送环节，而物流配送环节的货物分拣、配套、包装、装卸均是在仓库中完成的，如物流系统仓储设施不完善，物流配载能力便严重下降。比如，我国大多数传统村落内未建立物流仓储设施，各类农产品在田边完成收割、采摘后便直接装车，这虽然提升了运输效率，但无法有效配载，进而影响物流运营效果。

（5）成本节约能力 虽然增加物流仓储设施对物流系统而言是一项较大

投入，但对后期运营而言则可以减少大量运营成本。装卸、中转、分流调配贯穿物流运输的各个环节，完善的仓储设备能够让物流运营完成高效装卸、及时中转、合理分类，并满足用户个性化需求，能够有效提升物流运营技术水平，增强用户口碑，多方位节约物流运营成本。

（6）物流运输效率提升能力　目前，我国传统村落特色产业具有多样化、脆弱化特点，物流运输要求与难度较高。运输配送过程中需要进行多次中转与配送调整，而物流仓储设施一般配有机械化装卸设备，这极大节省了货物中转与调配的人力与时间，提升物流配送效果。因此，物流仓储设备也决定着物流运输效率。

2. 运载设施

物流运载设施主要是指货物运输设施、装卸设施、包装设施等，这些运载设施是物流运行效率的基本保障。目前，我国传统村落存在物流运载设施单一、机械化发展薄弱等特点。基于这种情况，传统村落物流运营技术也无法顺利提升，这主要表现在以下两方面。

（1）物流运输能力无法调控　受传统村落基本道路情况影响，传统村落物流系统无法选择运载工具，只能单纯依靠货车类交通工具完成传统村落货物运输。货车到达乡镇中转站之前，运输能力、运输效率难以调控，甚至受气候环境影响，运输能力与运输效率还会降低。

（2）物流运输品质无法保障　传统村落运载设施单一导致运输效率无法保障，一旦运输过程中出现效率降低情况很容易影响货物品质，即使在顺利情况下按时运输到乡镇中转点，相比其他路段，传统村落与乡镇间运输效率也较低，货物整体运输品质也会受到影响。由此可见，优化传统村落物流运输基础设施、增强传统村落交通联运发展十分必要，这也是提升传统村落物流运营技术的关键。

交通物流基础设施一直是我国对传统村落保护开发的重点，但建设、完善工作需要结合传统村落物流运营特点。如何健全物流系统基础设施，同步提升物流运营技术水平，是当前传统村落交通物流建设发展的关键。

3.5.2 信息化程度较低

我国农村交通信息化、数字化、智能化发展是"乡村振兴"战略中多次提及的建设重点。从近年来发展成果中可以看出，与乡镇结合紧密的大部分农村已经完成了交通物流信息化、数字化、智能化初步建设，但偏远区域村落受建设成本、建设难度影响，建设效果依然存在诸多不足，还需要继续增强。

大部分区位偏远的传统村落交通物流系统信息化程度处于低下水平，但交通物流信息化建设已是这些村落发展的明确目标。实现交通信息化建设能够进一步提高物流运输效率，降低物流成本，对传统村落产业开发、经济促进带来显著促进效果。

事实上，由于我国物流行业发展相对较晚，所以其信息化、数字化发展经验并不充分，虽然通过数字交通、智能交通建设提高了物流智慧水平，但缺乏足够经验支撑农村物流信息化高速发展。目前，我国部分传统村落物流信息化硬件资源明显处于落后状态，这导致我国传统村落运营技术水平低下，具体表现有以下几点。

1. 传统村落物流系统整体信息化程度低

物流系统信息化建设需要大量资金支撑，需要建设配备多项硬件设施。对于物流需求量、使用量较低的传统村落，大部分物流企业不愿进行这部分投入，所以传统村落物流系统整体信息程度较低，甚至部分村落的快递物流信息还采用手动记录方式，而相关的运输、包装、仓储等环节更是缺乏信息记录，这导致传统村落物流系统技术水平低下。

2. 传统村落物流信息平台终端运营效果不佳

虽然我国大多数物流企业已经搭建了统一的信息平台，各项物流信息能够一网查询共享，各类物流信息可以实时传输，但传统村落信息终端的运营效果明显低下。这主要因为传统村落物流信息量较小，另外传统村落物流运营者因自身技术水平不到位，对信息录入、共享不及时，导致传统村落物流系统信息化水平不达标。

3. 传统村落物流系统信息技术应用较少

目前，我国大多数传统村落物流系统运营人员为兼职身份，大多为村委会负责人或村落生活超市店主。这些物流系统运营者虽然接受了基础的物流信息平台操作培训，但仅能够完成简单物流配送操作，对平台其他功能缺少接触，各类信息技术得不到有效应用。

目前，我国部分传统村落物流系统运营者仅能够完成物流快递信息上传，无法掌握在线支付、上门取货等服务操作流程，物流用户需要到配送点进行发货，之后扫码或现金支付相关费用。这限制了传统村落物流系统信息化水平和物流信息平台优势，进而降低了物流系统推广宣传效果。

导致传统村落物流系统信息化发展出现以上问题的因素众多，通过对以上问题总结分析，可以得出抑制传统村落物流系统信息化发展的主要因素有以下几个（见图 3-8）。

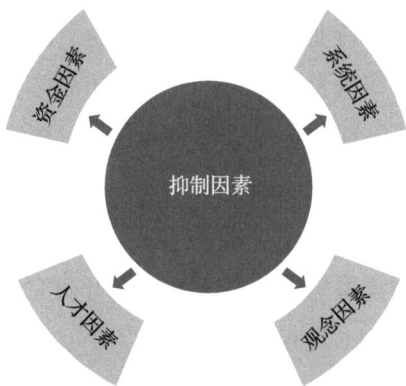

图 3-8 抑制传统村落物流系统信息化发展的因素

1）资金因素。由于缺少资金扶持，传统村落物流系统信息化基础设施建设不到位，导致传统村落物流系统信息化发展水平低下。

2）系统因素。我国大多数物流企业为追求物流系统信息化发展成果，为操作系统附加了丰富功能，但如此复杂的操作系统在传统村落并不适用，反而提升物流运营者操作难度。如果物流企业能够针对传统村落研发"简化版"操作终端，适当配备功能板块，则传统村落物流系统信息化发展可以更顺畅。

3）观念因素。部分传统村落物流系统运营者缺乏信息化发展观念，甚至不愿意进行物流系统智能终端操作，所以传统村落物流系统信息化发展相对缓慢。

4）人才因素。传统村落具有年轻劳动力流失问题，村里严重缺乏物流系统信息化建设人才，导致各种高端物流信息技术在传统村落无法得到应用，物流系统整体信息化水平无法提升。

交通物流系统信息化、数字化发展是当前大趋势，在传统村落保护开发工作中，信息化、数字化、智能化物流系统能够取得更显著的开发效果，及时解决抑制传统村落物流系统信息化发展的问题，是改善我国传统村落开发局面的有效措施。

3.5.3　产品服务标准化不足

物流快递行业是运输行业与服务行业的结合，随着我国物流快递行业发展，物流服务品质逐渐成为发展重点。在这种市场趋势下，传统村落物流运行开始出现明显的服务差距，这极大影响了传统村落物流系统建设质量。

截至 2023 年，我国大多数物流企业都建立了明确的服务标准，在很大程度上规范了物流快递服务标准，并对物流运输的每一个环节提升服务品质。通过对传统村落物流系统当前服务水平展开研究，最终发现传统村落物流服务标准化不足的特点主要有三个。

1．实名制管理不到位

虽然我国快递物流行业政策不断规范[96]，但部分传统村落中依然存在代收、代发等情况，这不仅对我国社会安全带来隐患，还容易造成物流快递失误，甚至出现包裹丢失、冒领等情况。结合《快递安全生产操作规范》要求，传统村落物流系统运营者应当及时提升实名制管理意识，这不仅需要遵循国家政策的正确操作标准，还是确保物流快递行业服务品质的重要行为。

2. 物流快递合作服务不规范

目前，我国大多数传统村落物流系统运营采取与村落生活超市、村委会合作方式进行，这些物流系统运营人员不属于物流企业内部员工，双方为合作关系。部分物流系统运营人员对物流服务意识不够重视，而物流企业又无权硬性管控，导致部分传统村落物流快递服务存在水平低下、行为不规范等情况。

3. 传统村落缺乏标准化服务体系

传统村落的物流标准化服务需要提前建立明确的服务标准与流程，从物流快递服务的每一个环节约束物流系统运营者。但大部分传统村落缺乏明确的服务标准，即便物流系统运营人员想要提升服务品质，也只能从态度上改善。所以，为传统村落物流运营人员明确物流服务标准与服务流程十分必要。

传统村落物流基础设施与物流运营技术是传统村落物流系统建设发展的两大重点，两者需要保持紧密关系，结合传统村落实际情况，克服各种内在问题，才能够发挥最大作用。未来发展中，各地政府对传统村落保护开发需要从这两个关键点出发，以此打造传统村落的基础发展实力。

3.6 传统村落交通物流政策不到位

传统村落保护开发不仅依靠政府进行资金扶持、建设主导，还需要相关政策规范保护开发策略，保障传统村落保护开发效果。多年来，中央与地方政府为传统村落交通物流建设颁布了多项法律法规，整体确保了传统村落保护、建设、开发工作，促进了我国农村经济整体发展，为"乡村振兴"战略推进提供了更多保障[97]。

随着交通运输部、国家邮政局等部门各项政策的颁布，我国农村交通建设、"乡村振兴"战略推进的成果越发喜人，但部分地处偏远山区的传统村落依然存在诸多不足。导致这些区域发展落后的因素主要有两个：一是针对这些区域特点的交通物流政策供给不足；二是传统村落与交通物流系统双方信任不足。

3.6.1 交通物流政策供给不足

我国现行交通物流政策对于大多数农村发展而言有良好规范与促进作用，政策优势体现在政策执行效率与政策信度等方面，但偏远地区的传统村落由于其独特的现实因素，所以现行政策对这些区域经济发展并不能起到同样的效果。本书通过对大量相关资料分析梳理，总结得出现行交通物流政策在部分传统村落中供给不足主要有以下两种因素。

1. 政策细化问题

我国针对农村发展的现行交通运输政策是以农村整体发展情况为起点，针对总体形式制定的规划、约束、建设实施方案，因此政策目标以涵盖性为主，具体针对性相对不足。传统村落作为农村群体中的特殊个体并不能准确对应各项政策，所以部分政策在传统村落中表现得模糊不清，或定量定性不准[98]。

2. 政策系统性问题

从我国农村交通物流发展中可以看出，农村物流系统建设是综合运输、仓储、信息等多个产业的复合型产业，打造具有农业适用性的物流系统需要统筹多个行业、多个区域的发展关系，这要求相关政策必须基于当地实际特点进行系统性、整体性协调，才能够成为农村交通物流系统建设的重要保障。

就我国现行农村物流系统建设发展政策而言，政策系统性与整体性并不能有效协调偏远区域传统村落的物流行业发展[99]。

在传统村落得到重点保护开发的近十年时间里，交通运输部、国家邮政局等部门出台的"三农""交通强国""乡村振兴"等国家重要战略相关政策中都涉及传统村落保护开发工作，并不断强调交通物流系统对传统村落发展的重要性。虽然现行政策在具体细化与系统性方面对传统村落发展存在一些不足，但我国政策正在不断完善这一情况[100]。相信未来发展中，我国各地政府将针对当地传统村落实际情况，相继出台类似政策，提升农村交通物流建设水平，同时强化传统村落保护开发效果。

3.6.2　交通物流双方信任不足

我国传统村落物流系统建设的主要目的不仅是满足传统村落居民的基本生活需求，更是为提升传统村落电商产业开发效果。不过相比其他区域交通物流发展，我国传统村落存在一个不足点，即交通物流系统双方信任不足。

造成这种情况的根本原因是传统村落居民对电子商务了解、接触较晚，尤其对电子支付、物流配送信任度不足，这导致我国传统村落电商产业发展处于低下状态。另外，我国大部分传统村落主要人群为老年人与儿童，对电商诈骗防范意识不到位，导致传统村落电商产业发展中遭遇诈骗的情况较多，这也影响了电商产业健康性，降低了传统村落交通物流系统信任度。

传统村落交通物流系统信任度是一个十分模糊的概念，很难为其进行准确定性，因为其中既包含传统村落居民自身意识因素，又包含电商环境因素，且各种因素随时代发展长期变化。不过从发现现状中可以看出，传统村落交通物流系统信任度提升主要依靠物流系统全面履行相关承诺，提升传统村落居民使用体验感，增强传统村落产业发展效果。

事实上，截至2023年，我国大多数农村对电商、物流保持着较高信任度，电商与物流系统也为农村发展带来了显著促进效果，尤其电商产业为农村居民提供的创业机遇，全面改善农村人口结构，增强农村基础发展力与持续发展力。同时，为提升农村电商及交通物流系统发展效果，我国先后出台了多项政策文件[101]。

在电商产业与物流系统支撑下，我国大部分农村打通了工业品进村下乡、农产品进城进市的销售渠道，农村电商规模持续扩大。2021年，我国农产品网络零售规模已经达到13787亿元，农村网络用户规模超过2.84亿人。然而就是在农村电商、农村物流整体发展趋好的背景下，我国部分传统村落对物流系统不信任的情况仍然无法全部消除。综合分析我国传统村落居民对物流系统产生不信任的原因，可以总结出以下几点。

1. 网络诈骗导致农村居民心有余悸

据公安部门统计数据显示，2021年我国公安机关共破获电信网络诈骗案件39.4万起，抓获犯罪嫌疑人63.4万名，这两项数据分别同比上升28.5%和76.6%。其中农村网络用户恰是网络诈骗的主要对象。农村网络用户中有大量未成年人和老年人，这一群体由于网络认知及社会经验不足，受骗概率较大，尤其农村老年人很容易陷入"养老投资""养生保健"等噱头的诈骗陷阱。而被骗之后，这一人群又无法及时提升自身防骗能力，只能对网络交易表示全面抵触，所以网络诈骗造成我国传统村落大量居民对电商、物流等涉及网络操作的产业不信任。

2. 网络虚假广告信息过多

网络虚假广告信息虽然不会直接造成农村网络用户财产损失，但容易增强农村网络用户对网络系统的不信任度。部分传统村落居民认为网络交易、网络服务过于虚假，电商物流可信度不高，故对其信任度不足。

3. 物流服务水平低下

我国部分传统村落因交通基础设施及物流技术设施不足，导致物流系统运营效率低、服务水平差，甚至物流运营人员与传统村落居民还出现过矛盾。这让部分传统村落居民认为物流快递服务人员不负责，物流系统不值得信任。

4. 传统村落居民无法保障自身权益

由于部分传统村落居民对物流快递认知不足，只能进行简单的货物收发操作，当物流运输出现意外情况时不懂得如何维护自身权益，导致因自身操作不当而利益受损。出现这类情况后，如不能及时向传统村落居民普及物流快递使用知识，那他们很容易对物流系统产生不信任的态度[102]。由于部分传统村落居民对相关知识了解较少，导致自身权益受损，自然会降低对物流系统的信任度。

总之，交通物流系统是我国传统村落保护开发的关键，给予到位的政策扶持，建立良好的信任关系，是交通物流系统在传统村落发挥自身作用的重要前提。

3.7 小结

经过十余年建设发展，我国传统村落交通物流系统建设虽然取得了显著成果，但目前依然存在诸多不足，面临着各种发展挑战。全面解决传统村落交通物流设施落后问题，增强传统村落组织生产能力，提高传统村落物流运营技术，辅以各种政策指引，同时从国外传统村落交通物流发展中汲取经验，才能让我国传统村落成为"乡村振兴"战略的示范标杆，成为促进农村经济整体发展的"助推器"。

总体而言，截至2023年，我国传统村落的交通物流发展困难首先体现在协作能力、信息系统、竞争意识等方面。这种困难反映出传统村落在现代物流体系中的孤立性，其协作与竞争力不足，以及信息技术的滞后。要解决这些问题，需要加强村落内外的合作，推动信息系统的升级，培养竞争意识。

其次，交通物流基础设施的滞后、交通运输衔接不畅、交通运输方式单一等问题直接影响了传统村落的物流效率。这需要加强对物流基础设施的投资和建设，改善交通运输衔接，鼓励多元化的运输方式，并提高交通道路的通行能力。

再次，传统村落的生产组织水平较低，包括交通物流组织合作松散、交通运输渠道链条缺乏整合、竞争力不足。要提高生产组织水平，需要加强村落内的协作与组织建设，促进运输渠道的整合，培养竞争意识，吸引更多的投资。

此外，物流运营技术条件的不足，包括物流设施不完善、信息化程度低下、产品服务标准化不足。这些都需要进行改进，需要加强物流设施的建设与升级，推动信息技术的应用，制定更为标准化的服务体系。

最后，交通物流政策供给不足和交通物流双方信任问题是导致传统村落交通物流困难的重要因素。政府需要细化政策，提高政策的系统性，同时向农村居民普及交通物流知识，提升农村居民的信任度，通过合理政策和监管，保障农村居民的合法权益。

总之，我国传统村落的交通物流发展问题不仅关乎农村地区的经济发展和文化传承，更直接关系到国家整体的竞争力。解决这一问题需要政府、企业、社会各界的共同努力，通过协作、投资、技术升级和政策创新等手段，促进传统村落交通物流的全面改善，实现全面协调可持续发展的目标。

第4章
我国传统村落交通物流发展的路径

4.1 引言

提起脐橙（见图 4-1），很多人第一时间都会想起江西省，因为江西是我国脐橙的主要产地。事实上，脐橙并非江西本土特产，而是海外品种，只不过在当地劳动人民的努力下，将这一水果打造成了江西特有的农产品品牌，而这一过程长达数十年。

图 4-1 脐橙

1971年，江西省信丰县安西园艺场从湖南邵阳引种156棵"华盛顿脐橙"树苗，3年后首批脐橙在江西结果，自此江西省才开始有了脐橙。而在第二年，江西产的脐橙就参加了"广交会"，并在会上得到了香港客商的高度评价，以36港元每千克的价格超越美国产脐橙，成为江西农产品的亮眼品牌。而这也证明了江西的土地适合种植这种作物。

之后，江西省开始流传"一棵脐橙树，相当三口猪"的佳话，在赣南百姓眼中，脐橙成了百姓致富的重要突破口。不久后，寻乌县、定南县纷纷开始引进脐橙种植，在有关部门的重视下，赣南地区先后建立了信丰安西、大余青龙、宁都田头三个外贸脐橙出口基地。

20世纪90年代，"兴果富民"的口号在寻乌县、定南县等地区掀起了全国第一波脐橙产业发展高潮，江西省委、省政府提出"在山上再造一个高效益的江西"的宏伟战略。从此江西人民年年动员、年年大干，脐橙逐渐成为寻乌县、定南县等地区的主要农产品，其中很多当地的传统村落也开始依靠脐橙来发展经济。1997年，赣南脐橙已经在全国乃至全球打响品牌，并开始了资本化运作。在随后的几十年里，脐橙就成了赣南乃至整个江西的主要经济产业。

虽然脐橙这一产业顺利在江西落地开花、健康发展，但这一产业真正让当地农民实现发家致富的转折却是在2021年。作为赣南脐橙的主要产地，江西省赣州市寻乌县脐橙的种植面积高达26万亩（1亩=666.7m²），脐橙产业占据了全县80%以上农民的收入来源（见图4-2）。长期以来，脐橙的传统供应链模式让当地农民深受困扰，脐橙品质无法得到有效分级，经销商以统一的价格收购，导致农民在整个供应链中几乎没有定价权，收入无法得到保障。

2021年，菜鸟物流在江西省寻乌县打造了一个农产品智能产地仓，专门服务当地特色农产品——脐橙。寻乌县果农的困境在菜鸟物流的智能产地仓建成后得到了根本性改善。

菜鸟物流为当地脐橙产业量身定制了一整套智能化、数字化物流解决方案。通过智能产地仓的引入，脐橙的分选、包装和运输实现了自动化和高效化，脐橙在产地便可以根据果径、重量和表面瑕疵等标准进行分级，随即自动包装发货。当地政府的积极配合和引导也为项目的顺利推进提供了坚实保障，整个寻乌县的农村物流网络因此得到全面升级。

图 4-2　寻乌县的脐橙果园

如今，菜鸟物流在寻乌县的乡村供配中心与 13 个乡镇、数十个村落紧密合作，每天有四班物流车将经过智能分选的脐橙从乡镇和村级网点运送到县城。这个高效的物流体系不仅让脐橙在运输过程中保持了良好的新鲜度，更帮助当地农民掌握了脐橙的品控权和定价权。凭借先进的智能设备，脐橙可以按照外观和糖度进行分级，不同等级的脐橙对应不同的市场和价格，优质的脐橙能够以更高的价格销售，使得农民收入显著增加。寻乌的脐橙产业因此焕发了新的生机，农民不再仅仅依靠扩大种植面积来提升收入，而是通过质量控制和供应链优化获得更高的经济效益。

菜鸟物流的智能产地仓不仅推动了寻乌县脐橙产业的发展，还成为全国"产运销一体化"农产品供应链的典范。截至 2023 年，菜鸟物流已经在全国 25 个省的 150 多个区县推广类似项目，帮助当地农民通过现代化的物流系统增收，效果显著。

寻乌县的脐橙产业转型，展示了现代化智能物流系统推动农村特色产业的发展，以及区域产业发展的路径。在我国广袤的农村地区，许多传统村落的交通物流发展恰恰需要这样的帮助。由于区域不通达，传统村落的特点也存在较大差异，单纯依靠进行交通物流系统的基础建设并不能起到深度开发、保护传统村落的效果。从寻乌县脐橙借助菜鸟智能产地仓升级转型的案例中可以看出，传统村落交通物流发展需要针对传统村落自身特点，从地域、文化、产业多方面进行发展思考，以此确保传统村落交通物流发展效果。

目前，由于全球各国传统村落开发时间、经验、策略存在明显差异，所以国内外传统村落交通物流发展路径各不相同。对比全球传统村落交通物流系统发展，不得不承认亚洲地区相比欧美地区整体较为落后，但我国传统村落交通物流发展水平在亚洲位居前列，其他国家传统村落交通物流发展策略更多借鉴了我国的发展经验。

我国传统村落交通物流发展已经总结出多项发展经验，通过基础设施与资源完善，同步提升传统村落村民交通物流发展意识，再为传统村落构建新型农产品供应链，强化物流系统信息化发展，引进、培养充足的交通物流人才，最后用政策保障相关发展，传统村落开发效果可以顺利凸显。这是我国传统村落交通物流发展的路径，也是传统村落保护开发的有效策略。

随着现代化进程的加快，许多传统村落面临着被淹没在时代洪流中的风险。不少传统村落因为缺乏有效的保护和管理，已经逐渐衰败，或者失去了其原有的特色和价值。同时，随着城市化的推进，许多农村地区的人口大量外流，导致了一些村落的空心化现象。

另外，经济全球化带来的机遇也为传统村落带来了前所未有的发展机会。全球消费者对于绿色、有机和传统产品的需求日益增长，为传统村落的产品和服务创造了巨大的市场潜力。电子商务的兴起，更是为传统村落提供了一个突破地域限制的平台，使得其产品和服务可以更加迅速地传递至全球各地。

然而，这些机会的实现，离不开一个完善、高效的交通物流体系。过去，许多传统村落因为地理位置偏远、交通不便，难以与外部世界进行有效的交流和合作。而现代的交通物流体系可以为这些村落带来前所未有的发展机会。它不仅可以帮助村落的产品和服务快速传递至外界，还可以为村落带来外部的资本、技术和知识。

电子商务和现代交通物流的结合，为传统村落提供了一个全新的发展模式。通过电子商务平台，传统村落的产品可以直接销售给全球消费者，从而获取更高的经济回报。而现代交通物流体系，可以保证产品快速、安全和高效地流通，满足消费者的需求。

总的来说，传统村落在现代化进程中面临着前所未有的机遇和挑战。而交通物流，作为连接传统与现代、内部与外部的关键纽带，其在这一进程中的作用不容忽视。基于此，深入研究传统村落的交通物流问题，不仅可以帮助交通物流行业人士了解到开发保护传统村落的有效方法，还可以为相关政策制定和实践提供有益的参考和启示。对于政府部门而言，本书可以为其提供更为科学、合理的政策建议，帮助其更好地保护和利用传统村落的资源，促进传统村落与现代社会的融合和发展。

在这一背景下，本书从传统村落交通物流建设发展的现状出发，从以下六个方面全面分析传统村落交通物流发展路径的策略与方法。

4.2 基础设施完善与资源高效配置

近年来，我国各地政府纷纷将资源配置重点和交通基础设施建设重点放到农村区域，尤其对交通物流基础设施匮乏的传统村落，已连续多年加大投入力度，加速补齐传统村落交通物流基础设施短板，以此加强传统村落与乡镇、县市交通物流基础设施互联互通，推动这些村落基础设施提档升级，全面改善传统村落交通物流基础条件与运营环境[103]。

总结近年来我国传统村落基础设施完善及资源配置调整的成果，可以得出在以下几个方面的效果最为突出。

1. 传统村落交通物流基础设施不断升级

自我国确定"交通强国""乡村振兴"战略以来，农村交通基础设施建设便得到大幅重视，各地政府纷纷推进农村交通物流基础设施建设。截至2023年年底，我国农村公路总里程达到了460万千米。早在2020年年底，我国具备条件的乡镇和建制村便完成了通硬化路、通客车的发展目标，全国范围内"遍布农村、连接城乡"的农村公路路网基本形成。

在这一基础上，为强化农村交通物流系统作用，充分带动农村产业发展，我国各地交通运输部门还根据当地实际情况进行农村交通基础设施升级。比如，针对交通事故频发路段进行电子交通设施完善，对于违章、违规较多的十字路口进行改造。通过交通物流基础设施升级，我国农村交通物流系统运行效果再次提升，尤其对传统村落的特色产业发展带来了极大促进。

2. 传统村落运输系统加速改造

针对我国传统村落运输系统运营效果低下、运力与村落经济发展不符等问题，各地政府开展了多项运输系统改造工作。

首先，传统村落注重人力资源的培养与调配，通过各类人才培养政策解决传统村落人才大幅流失问题，并通过人才与产业共同培养策略强化传统村落开发效果，之后为产业资源配备相应的运输系统，彻底激活传统村落的经济发展活力。

其次，在交通方面确保传统村落客车触达率100%前提下，以实现城乡公共服务、优化运输资源配置为目标，进行农村各类客运、货运改造工程，城乡客运一体化见图4-3。近年来，我国各地传统村落公交线路不断增多，公交车、货车的车型与运力开始与传统村落实际发展情况保持一致，传统村落经济发展不再受运输系统制约，彼此形成了互助互进的协作关系。

图4-3 城乡客运一体化

3. 传统村落物流服务体系得到完善

为全面保障传统村落物流系统建设效果，近年来各地政府针对传统村落物流系统基础设施不完善、运行效果不佳等问题采取了一系列改进措施。主要措施为在充分利用传统村落现有交通运输方式的基础上，完善交通物流系统建设，之后通过规范农村物流服务标准，协调县、乡镇加大财政支持，增强乡镇物流运营中心建设效果等方式，构建完善的传统村落物流服务体系。比如，2022 年我国多个传统村落为完善物流系统，根据传统村落交通设施基本情况，采用共享单车方式打通物流配送"最后一公里"，由此大量共享单车开始入驻传统村落，在完善传统村落物流系统的同时，提升了当地村民的出行便利性。在这些改进工作推动下，我国传统村落物流建设、运行难题逐渐被解决。

4. 传统村落"交商邮"等资源跨业整合

我国传统村落交通物流资源整合不足问题是当前存在的突出难题，针对这一情况，各地政府开始加强交通与物流协同联动，鼓励邮政、快递企业与传统村落客运系统开展代收代投合作，以乡镇、县市政府为主导推进"交商邮"融合发展。在各项针对性策略下，我国多个传统村落已经建立了"交邮合作"试点线路，"交商邮"等资源整合及交通物流系统运营改善取得突出效果。

传统村落基础设施完善与资源高效配置能够有效增强传统村落自我保护能力与发展能力，我国近年来取得的各种传统村落保护开发效果，也是传统村落交通物流基础设施完善、各项资源优化配置的结果。获得这一发展效果需要从基础设施投入、外部物流力量引入、交通运输方式整合及农村联运系统建立四方面入手，这也是传统村落交通物流发展的基本路径。

4.2.1　加大基础设施投入

传统村落基础设施建设需要政府进行大量资金投入，近年来，我国各地政府为强化传统村落保护开发效果，开始进行传统村落基础设施投资深度思考，以建好、管好、护好、运营好为建设目标，采取定额补助、奖励补助等多种方式，注入更多资金，带动传统村落交通物流基础设施完善升级。目前，各地政府加大传统村落基础设施建设投入的方式主要有以下几种。

1. 以"四好农村路"为基础标准进行定额补助

"四好农村路"是交通运输部确定的农村公路建设目标，也是传统村落交通物流系统建设的重要标准。在传统村落"四好农村路"基础建设上，我国各地政府为确保建设质量，会根据当地实际情况以定额补助方式支持传统村落道路建设 [104]。

在"四好农村路"建设的基础上，我国各地政府近年来开始加大传统村落关键交通枢纽的升级改造建设。比如，目前很多传统村落交通路网中存在大量桥梁，桥梁承载能力决定着传统村落交通运输能力。对这部分交通枢纽的改造升级，各地政府也根据当地实际情况采取定额补助。在这项资金扶持下，我国传统村落交通基础设施得到细化升级。

2. 以"四好农村路"健康发展为目标，建立长效补助机制

传统村落交通物流基础设施完善工作，需要构建起长效机制才能确保效果。在传统村落基础设施建设方面，我国各地交通运输部门同样以"四好农村路"为目标，建立了长效补助机制。

这种长效补助机制主要体现在两个方面。一是对传统村落交通物流基础设施管养进行奖励。这种方式能够全面提升传统村落交通物流基础设施的使用寿命，以全生命周期养护理念，增强各地传统村落交通物流基础设施养护力度，全面减少因传统村落产业发展缓慢导致的交通物流基础设施维护不足、损坏过多等情况。在明确奖励政策下，传统村落现有交通物流基础设施得到全面保护，交通物流系统寿命得到有效延长。

二是提高财政支持构建传统村落交通物流系统保护机制。我国大多数偏远区域传统村落的交通环境与自然环境对道路养护带来极大挑战。比如，大多数传统村落以农用车辆为主要交通工具，加之部分山区的传统村落气候变化频繁，村落道路使用寿命受到一定影响。一旦养护不到位，传统村落交通物流基础设施很容易出现损坏情况，如果发现不及时还会导致损坏情况加

剧，这也是导致我国部分传统村落交通物流基础设施不完善的一大因素。

针对这一情况，各地政府开始加大资金扶持力度，构建交通物流系统保护长效机制。主要措施有提高传统村落每年交通物流系统养护总额，各地市、县、乡镇三级按照不同比例承担传统村落交通物流系统养护工作与资金补助，确保传统村落交通物流系统基础设施得到全方位保护。

3. 通过资金激励，打造更多优秀示范村落

为强化我国传统村落交通物流基础设施建设、养护效果，各地政府采取资金奖励措施，努力打造更多优秀示范村落。这种策略表现为设置传统村落建设提档"专项奖励资金"，对交通物流基础设施建设效果得到省级、国家级优秀标准的村落进行资金奖励，以此带动更多传统村落提升交通物流基础设施建设效果。

另外，我国多座城市还设置了农村交通物流基础设施建设创新奖励资金，这项资金对传统村落交通物流系统建设效果带来极大提升。传统村落交通物流系统因自身地理、环境、文化特点与常规交通物流系统存在多种差别，交通物流基础设施创新能够有效消除建设差异，提升建设效果[105]。

随着我国对传统村落交通物流基础设施建设投入加大，传统村落保护开发基础实力更加雄厚，在这一基础上及时吸引更多力量进行同步开发能够有效提升传统村落建设发展效果，同时令交通物流系统发挥更大作用。

4.2.2 第三方物流企业引进

随着我国对农村交通物流系统建设发展不断重视，各地农村与城市的连接更加紧密，经济互动越发频繁，而物流系统是提升这一发展效果的关键。在物流系统发展支撑下，分布在偏远山区的传统村落也开始融入城市经济发展的重要供应链当中。近年来，各大物流企业在各地政府主导下纷纷开始探索传统村落的入驻方式，并创新各种物流服务模式赋能传统村落经济发展，加大传统村落物流网络覆盖面积，加快传统村落特色产业发展。

事实上，在"乡村振兴"战略引导下，我国乡村物流行业发展越发迅

猛，区位偏远、交通运输条件复杂的传统村落逐渐成为发展重点。据国家邮政局统计数据显示，2022年我国每天快递包裹数量已经超过3亿件，其中有1亿件是农村包裹，这也是我国农村交通物流系统建设发展的成果。

目前，大力开展传统村落物流网点建设的物流企业不止菜鸟一家，京东、顺丰以及"三通一达"都在加速打通传统村落的"最后一公里"。尤其是交通物流基础设施建设完善、村落产业开发效果突出的传统村落，已经成为各大物流企业竞争的主要阵地，各大物流企业纷纷针对传统村落特色产业开展各种物流服务创新[106]。

4.2.3 交通运输方式优化整合

我国传统村落交通运输方式优化整合充分结合了自身实际情况，以"客货邮"融合发展为主要方式（见图4-4）。对比国外传统村落交通物流系统建设模式，"客货邮"融合发展与大多数发达国家的传统村落交通运输整合方式类似，但又具有明显的中国特色。发达国家的传统村落交通运输整合主要以整体利益为重，突破分管机制，充分结合传统村落特色资源进行交通物流发展统一规划。我国的"客货邮"融合发展是在这一基础上，结合传统村落交通物流系统不足，展开的完善与整合升级，所以能够对传统村落交通路线、联合运输、道路运力、交通服务等多个层面进行统一规划，使传统村落交通与国家综合立体交通网络连接十分紧密。

图4-4　客货邮

推进传统村落"客货邮"融合发展，对传统村落交通物流系统建设有重要意义。2021年，农村"客货邮"融合发展已经成为交通运输部"更贴近民生实事"之一。在交通运输部指引下，各地政府开始扎实推进传统村落交通运输优化整合工作，整体成效显著，其采取的主要策略有以下几种。

1. 依托现有交通基础设施，完善传统村落交通运输网络布局

整合传统村落交通运输方式过程中，各地政府充分利用已建设完成的交通道路基础设施，对客运站、村邮网点等资源进行整合，按照"多站合一、一点多能"原则进行区域交通运输网络整体改造。目前，我国各地县市、乡镇都已建成"一中枢、多支点、多终端"的区域交通网络。这一网络以县级物流运输中心为中枢，对乡镇客运站、物流站进行改造，形成集客运、快递、邮政、电商等功能为一体的综合运输服务网络。之后，在村级铺设更多物流运输终端，增加快递服务网点，全面提升传统村落物流服务水平和交通运输能力。另外，我国各地政府还结合传统村落原有交通运输方式，丰富交通运输网络布局，增强传统村落交通运输特色[107]。

2. 创新更多合作方式，优化传统村落物流服务供给

目前，各地政府开始与物流企业展开深度合作，联合"三通一达"、京东、菜鸟、顺丰等物流快递企业，完善传统村落物流运输网络，增强区域整体交通运输能力，优化传统村落物流服务供给。

合作方式主要表现为由政府牵头，各快递企业达成合作关系，各企业根据自身网点布局划分各传统村落物流负责区域。区域划分完成后，各企业负责该区域传统村落的收发服务，实现传统村落物流快递上门服务，确保传统村落电商产业健康发展。

3. 整合区域运输资源，加速区域交通运输网络运行

对区域运输资源进行有效整合是提升传统村落交通物流发展效果的关键。目前，全球各地整合区域运输资源，加速交通运输网络运行的方式并不相同。比如，欧美传统村落交通物流系统建设大多由政府主导，社会力量联

合协调，以区域整体发展为目标建立横向分割、纵向延伸的建设机制，即欧美地区传统村落交通物流系统建设的出发点不是传统村落自身，政府首先考虑这一区域或这一省份通过交通物流系统如何保护、开发传统村落，之后将各个建设任务分配给社会力量，最后进行统一验收管理。

这种传统村落交通物流系统建设策略可以获得更突出的建设效果，能够确保传统村落交通物流与城市交通物流的紧密衔接。不过这种建设策略需要投入高额成本与长期资金扶持，所以并不适用于我国部分待发展的传统村落。

各地政府开始针对区域公交网络、物流配送网络及传统村落自身情况进行有机融合，实施客货同网的物流运输策略。这种运行方式主要以乡镇、县市配送中心为关键枢纽，充分利用该区域公交系统增强传统村落物流服务功能，将客运与货运资源有效整合，降低区域交通运输成本。

目前，这种区域运输资源整合方式在我国多地十分常见，甚至部分传统村落客运车辆已经配备周转箱，承担一部分物流、货运功能，为该地居民提供便捷、低成本的物流配送服务。

4. 整合区域产业资源，助力区域发展提质降本增效

截至 2023 年，我国已经打造了多个产业开发效果好、经济发展水平高的示范性传统村落。这些传统村落不仅自身发展效果良好，还在完善的交通物流系统下带动区域经济增长。对于这类传统村落，各地政府也进行了交通运输方式优化。主要策略为在该区域建立产业园，将传统村落特色产业发展成果汇聚到产业园当中，以产业园为当地交通枢纽进行交通运输资源配置[108]。

从以上措施中可以看出，整合传统村落交通运输方式能够带来运力提升、运输效率提升、运输品质提升和运输成本节约的发展效果，不仅提升了传统交通物流系统作用，还能够强化我国传统村落产业开发效果。由此可见，传统村落交通运输方式整合对传统村落保护开发很重要。

4.2.4 公路铁路水路交通网络联通

2021 年之后，我国先后颁布了多项政策主导交通网络立体互联式发展[109]，在这些政策指引下传统村落的发展路径不断丰富、深入[110]。总体而言，建立公路、铁路、水路全面联通的传统村落交通网络可以从以下几个方面入手。

1. 优化便捷传统村落公路路网

传统村落打造全面联通交通网络的基础是建立便捷、高效的公路路网，确保村落公路路网与乡镇公路路网、县市高速路网、铁路路网、水路路网紧密连接。传统村落公路路网只有连接到"六轴七廊八通道"立体交通框架，才能彻底实现各种运输模式的全面联通，各种产业才能突破发展局限。

2. 建设关键交通运输枢纽

传统村落与我国综合立体交通网络框架连接之后，还需要具备支撑传统村落产业发展的关键交通枢纽。比如，建设农产品仓储设施、中转站等，只有这些设施建设完善，传统村落才能有效利用综合立体交通网络加速自身产业发展，这需要各地县市、乡镇针对传统村落特色产业进行建设完善。

3. 建设功能完善的航空路线

目前，我国大多数位于山区的县市铁路路网还没有完全畅通，这主要受山区铁路建设难度、建设成本限制。比如，云南省德宏傣族景颇族自治州、保山市目前依然没有联通铁路路网，解决这些区域交通运输问题的主要方式是加强公路与空运系统建设。

虽然这些区域公路路网完善，但山区公路路网运输效率相对平原地区较低，高效交通运输主要依靠空运。为提升这些区域农村产业发展效果，我国近年来加大了山区航空交通的建设，建设重点是完善空运系统功能，增强空运系统与我国综合立体交通网络联通性及协调性。

截至 2023 年，我国山区地区空运交通发展效果显著，对农村产业带动尤为明显[111]。传统村落基础设施完善与资源高效配置能够有效改善传统村落保护开发状况，为交通物流系统充分发挥作用奠定坚实基础。当传统村落基础交通物流设施完备、各项资源得到有效配置后，传统村落发展便能够得到改观。

4.3 交通物流意识培养与提升

阻碍我国传统村落经济发展、抑制交通物流系统发挥作用的各种因素中，传统村落居民的交通物流意识因素十分重要。传统村落居民的意识不到位，则无法积极配合交通物流系统发展，针对传统村落展开的各种建设也无法发挥作用，传统村落交通物流设施很容易成为摆设。因此，及时提升传统村落居民交通物流意识是当前交通物流系统建设的重要工作。

4.3.1 大力普及交通物流意识

在传统村落大力普及交通物流意识是一项提升交通物流系统应用程度与应用效果的有效措施。但普及交通物流意识不能只针对交通物流系统的建设难度与建设目的进行教育，更应该明确交通物流系统发展能够为传统村落带来的改善，所以交通物流意识可以分为电商发展意识、教育改善意识、收入改善意识、生活改善意识四个方面（见图4-5），并向传统村落居民普及。

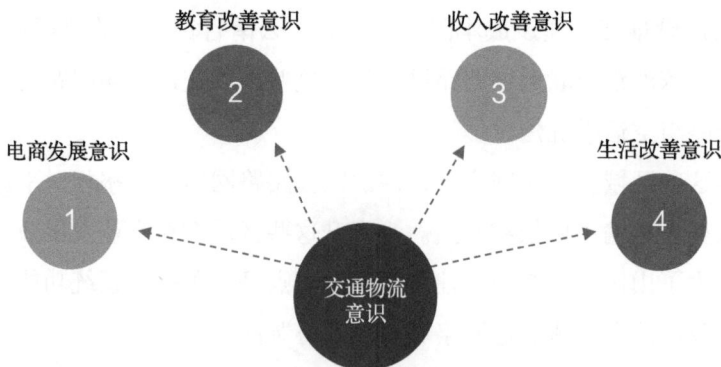

图4-5 交通物流意识

1. 电商发展意识

电商发展意识是指向传统村落居民明确，电子商务是当前社会发展主流模式，电子商务发展能够带来意想不到的收获。而且电子商务是适合农村产业发展、适合传统村落文化开发的重要方式。交通物流系统作为电子商务模式的基础支撑，决定着电商发展前景，能够提升电商发展效果。积极配合传统村落交通物流系统建设，能够为传统村落电商产业打好基础，开拓更广阔的发展前景。

2. 教育改善意识

传统村落自身发展实力降低主要因为教育环境与经济发展环境不佳，而教育是传统村落改善自身环境的根本。缺乏教育代表传统村落无法培养优秀的社会人才，年轻生产力不仅不具备建设家乡的能力，到其他城市发展也受到限制，无法从根本上改变命运。而交通物流系统建设完善后，传统村落能够与外界有效连接，政府可以有效调整传统村落师资力量，强化传统村落教育效果。另外，传统村落居民也可以利用物流系统购买各种知识资料，在增强自身学识的同时找到更多创业、就业机会，由此改变传统村落落后的生活状态。

3. 收入改善意识

"要想富，先修路"是所有农民的思想共识，传统村落发展自然也不例外。向传统村落居民及时普及现代交通物流系统对农村经济收入带来的改善，能够有效激发传统村落居民交通物流系统建设、使用意识。比如，向传统村落居民普及其他村落利用交通物流系统顺利开发特色手工艺产业，将村落常见的手工艺制品卖出大价钱的案例，能够让传统村落居民交通物流发展意识、创业意识显著提升。

4. 生活改善意识

交通物流系统建设是传统村落生活基础设施建设改造的前提，只有交通物流系统建设完善后，传统村落生活设施才能够得到改善[112]。

当传统村落居民意识得到提升与改善后，交通物流系统建设、升级等工作开展更为顺利，且能够充分结合传统村落特色，增强传统村落保护开发效果。

4.3.2　乡村振兴政策的普及

在 2022 年中央一号文件及习近平总书记重要指示下，我国"乡村振兴"战略的实施思路、实施策略越发明确，各项政策解析及普及更加到位[113]。事实上，自我国确定"乡村振兴"战略以来，党中央、国务院、交通运输部、国家邮政局、农业农村部先后发布了几十项相关政策，正是这些政策的有效普及构建了农村地区发展新格局。

"乡村振兴"战略是我国高质量发展的重要战略，及时准确普及相关政策重点，是农村区域正确、高效发展的关键。传统村落作为特色资源丰富、开发价值丰厚的重要对象，更需要加大普及力度，充分了解"乡村振兴"政策指引与要求，传统村落才能紧跟国家发展步伐，发展成"乡村振兴"的试点与典范[114]。

4.3.3　交通物流推动新型农村形成

建设新型农村是我国"乡村振兴"战略的重要发展目标，新型农村也代表着我国"三农""乡村振兴"等重要战略的发展成果。目前，我国新型农村的初步定义为：农村衣食住行条件得到全面改善，交通、用电、用水等基础设施达到城市水平，农村生活保障机制健全、全民社保能够实现城乡一体化的发达农村。

从新型农村定义中可以看出，新型农村是我国农村居民向往且幸福程度极高的生活环境，想要实现这一发展目标，需要从五个方面进行提升：居住条件、生活条件、生活环境、生产条件及其他条件。这五个方面发展恰恰与交通物流系统建设紧密相关。

1. 居住条件

居住条件主要是指农村居民的住房条件。农民住房条件改善不仅需要从房屋建设与改造方面进行升级，住房配套设施也要齐全。地暖、天然气等设施是农民居住条件的重要影响因素，而这些居住条件的完善升级正需要交通物流系统的全面建设。比如，我国近年来开展"天然气进村"工程，天然气进村需要完整的管道运输，而管道铺设与交通系统密切相关。尤其我国平原地区，天然气管道铺设通常与交通道路平行，因为管道铺设需要相关工程车辆，沿路铺设既能够保障效率，又能够保障质量，且后期维护维修更加方便。

如果农村交通运输系统建设不完善，天然气、暖气等影响居住条件的重要资源便无法顺利进入农村，农民居住条件自然无法达到新型农村的标准。

2. 生活条件

生活条件主要是指农村医疗、教育、交通等基础条件。想要全方位提升农村生活条件同样需要完善的交通物流系统。如果农村交通条件落后，政府很难在农村内开展教育设施、医疗设施建设，教育器材、医疗企业也无法运输到村内。物流系统建设不完善，便无法及时配送书籍、药品等重要医疗教育物品，教育条件与医疗条件更无法保障。

所以，我国农村想要全面发展成新型农村，交通物流系统建设是关键的第一步。

3. 生活环境

生活环境是指农村交通与建筑的合理规划，以及农村绿化等整体面貌。想要改造升级成"整齐、干净、便捷"的新型农村，不仅要保障农村家家户户门前连通硬化路，还需要确保道路两侧的绿化效果，保障道路与建筑设计格局合理。这同样需要从农村交通道路改造升级入手，只有道路完善、建设合理，农村生活环境才能得到彻底优化。

4. 生产条件

生产条件主要是指农村配有完备的现代化农业生产设备，农产品种植、采摘、收割、运输、销售能够得到全面保障，而且农村生产技术能够智能化、高效化发展。

从我国农村生产条件改善工程中可以看出，交通系统能够保障现代农业设备顺利进村，物流系统能够保障农产品运输销售。因此，交通物流系统是提升农村生产条件的重要工具。

5. 其他条件

其他条件主要是指农村居民生活保障，以及文化素质与精神生活保障。农村社保能够进行城乡一体化发展首先需要农村交通实现城乡一体化发展，只有农村与城乡紧密连接，各项保障措施才能同步到位。只有城乡紧密结合，各种城市精神文明活动才能顺利进入农村。所以，交通物流系统也是农村其他条件发展的重要保障。

从以上五个方面可以看出，交通物流系统是推动新型农村形成的重要力量，也是我国农村高质量发展的首要建设任务，确保了农村交通物流系统建设质量，能够确保新型农村建设效果及实现速度。

4.4 新型农产品供应链体系构建

新型农产品供应链体系的构建需要强大的交通物流系统支撑，确保农产品与电商结合后顺利融合电商市场，并突出农产品特色，保持良好、高效的运营效果。这需要新型农产品产业链构建的每一步都与交通物流系统紧密衔接，充分发挥交通物流系统作用，为此，我国政府发布了专项文件进行新型农产品供应链体系的构建指引[115]。

4.4.1 农村战略型供应链构建

我国农村新型农产品供应链体系的建立需要充分结合"乡村振兴"战略，明确产业链构建目标，打造充分提升农村发展效果的战略型供应链。

农产品战略型供应链与传统供应链不同，战略型供应链需要以供应链每个重要组成部分的利益为中心，强调以增强竞争力为目标的资源全面优化，确保各组成部门能够高效协同发展。传统供应链则以某个"环节"为中心，追求供应链高效运行。

农产品战略型供应链以核心竞争力为出发点，通过与农产品相关的重要资源合作，追求稳定与效率同步提升。我国"乡村振兴"战略取得的成果足以说明，交通物流系统是与农产品相关的重要资源。

农产品战略型供应链不仅是我国农村发展的重点，还是世界研究的热点之一。随着农业贸易自由化、全球化发展，农业产业市场产生了个性化、多元化需求，为满足这些需求，农产品必须合理降低物流运输成本，全方位提高品质与安全性，这恰恰需要战略型供应链发挥作用。战略型供应链不再单独强调供应效率，而是准确把握品质与安全两项核心竞争点，全面优化农产品供应链资源配置，确保各组成部分协调运行。

总体而言，在我国农村为各种农产品构建战略型供应链有以下两个优势。

1. 确保农产品供应链以市场需求为导向

目前我国大部分农户、销售商处于分散状态，农产品供应链以经销商为中心。而经销商对农产品供应链缺少规划性，过多注重销售利益，导致供应链计划、生产、运输、销售、服务各环节没有品质保障，故农产品供应链不具市场竞争力。如果农村能够构建战略型供应链，则农产品在计划、生产环节便能够得到统筹管理，后续环节也容易进行品质把控，从而全方位增强农产品供应链市场竞争力。

2. 确保供应链无人为割裂情况

目前，市场中以经销商为中心的传统农产品供应链经常出现人为割裂情况。尤其在农产品价格变动时，这类情况更为常见。经销商往往不根据农产品品质考虑最佳销售时机，而是根据市场价格确定最佳销售时段，这导致很多农产品无法以最佳状态销售，供应链核心竞争力下降，农民利益无法得到保障。如果农村采用战略型供应链则能够根据市场需求规划供应时间，确保农产品收割、采摘后第一时间发往消费者手中，这有效提升了农产品的销售品质，同步提升了农产品供应链的核心竞争力。

相比传统供应链，战略型供应链更适合当代农产品市场发展形势。随着电商行业发展，农产品行业竞争必然加剧，传统供应链的竞争优势为销量和价格，但这无法全面提升农民收入及农村发展效果。战略型供应链则将农产品品质作为核心竞争点，在保障销售效果的同时，同步提升了农民收入与农村发展。

4.4.2 生产加工包装销售新型农产品供应链构建

农产品供应链升级不能仅依靠供应链模式变更，还需要从供应链各个环节提升销售品质。比如，我国大多数农产品供应链目前具有产品品质、农民收入无法保障的缺点，解决这一问题需要在战略型供应链的基础上提升一体化供应效果。

从寻乌县菜鸟物流智能产地仓的建设中我们能看到，搭建涵盖生产、加工、包装、运输、销售等各环节为一体的"产运销一体化"供应链需要强大的交通物流系统支撑，只有交通物流系统深度打通农村产业的"最后一公里"，才能够让各项资源得到优化配置，才能够确保供应链运行效果。

并且"产运销一体化"供应链的优势不止于此，配合新一代信息技术，"产运销一体化"供应链还能够凸显智能性，更加灵活、智慧地凸显农产品价值，扩大农产品销售市场，进一步加速农产品供应链发展。

4.4.3 企业物流协作模式的优化

传统村落交通物流发展不能单纯依靠政府力量，物流企业等社会力量也是传统村落保护开发的重要动力，这是全球各国已经达成的传统村落开发保护共识。比如，欧美传统村落物流系统以第三方物流模式为主，能够全面满足当地的个性化物流需求。这主要因为欧美传统村落物流系统建设之初便充分集合当地特色资源，制定多样化物流运输服务策略，保障物流系统充分激活当地经济[116]。

这些多样化物流服务确保了传统村落产业开发质量，这也是我国传统村落物流系统打造需要加强的重点。

目前，我国部分传统村落开发效果不理想的主要原因之一，正是物流系统运行效率、运行状态低下，除传统村落物流基础设施落后因素外，物流企业运作模式也存在问题。有效调配传统村落物流资源，形成物流企业协作运营发展的新模式，是当前更适合传统村落现状的交通物流发展途径。

传统村落物流资源整合协作发展的主要模式是推进"交商邮"融合发展。"交商邮"融合发展是健全传统村落物流服务体系，推动交通运输、商业物流、邮政快递在传统村落融合发展，提高传统村落物流覆盖面积及服务品质的有效措施。构建这一物流协作发展模式可以从以下三点入手。

1. 优化传统村落物流网点布局

传统村落"交商邮"融合发展模式首先要以县级物流仓配中心为起点，打造连通各乡镇的物流运营中心，之后依托传统村落生活超市、村委会等资源合理布局传统村落物流快递网点，主要目标是全面覆盖传统村落，确保传统村落所有居民能够连接物流快递系统，之后初步构建"县级集散＋乡镇中转＋农村终端"完善的三级物流网络（见图4-6）。

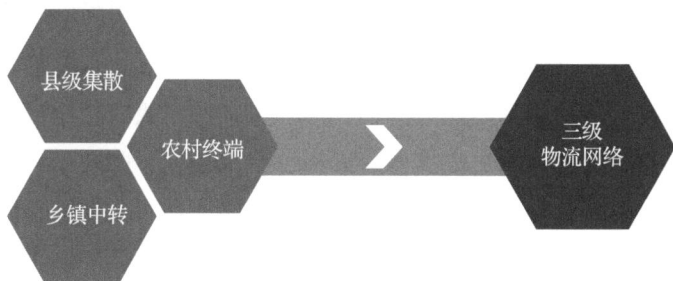

图4-6　三级物流网络

2. 通畅传统村落物流系统

通过"交商邮"三方资源融合，确保传统村落物流系统达到通畅效果。比如，为传统村落开辟"交商邮"合作物流运输线路，整合三者资源增加代收、代投等服务，规划"定时、定点、定线"的传统村落物流运输专线，真正实现传统村落物流系统日日配送、包裹入村入户。

从我国传统村落交通物流基础设施发展现状中可以看出，只有"交商邮"三方资源融合发展才能达到这一效果。传统村落物流需求与物流发展相对落后，虽然发展空间广阔，但单纯依靠"交商邮"某一方的力量，仅运营成本方面便会产生巨大压力，而三方融合发展则能够达到共同开发、共同建设、共同获益的效果。

3. 激活传统村落特色产业

通过"交商邮"三方资源融合，交通物流系统能够与传统村落特色农业、文化产业深度融合，结合电子商务运营技术，能够打造"快递＋电商＋直播带货＋代购代销"等多元素融合发展的传统村落产业链，打通传统村落产业发展的快车道，提升传统村落交通物流发展效果。

目前，我国多地已经利用"交商邮"三方资源融合发展模式优化了传统村落物流系统运作，完善县市到乡镇再到传统村落的三级物流体系。各地传统村落物流系统发展痛点与村内特色产业堵点被迅速消除，物流服务入村入户、农产品顺利进城进市、工业品下乡进村等项目有序落地[117]。

传统村落虽然是交通物流网络的末端环节，却拥有保障农产品供应、打通农村消费渠道的重要作用，通过企业物流协作模式优化、打造，能够有效解决我国传统村落物流基础能力薄弱，县、乡、村三级农村物流体系不畅通等问题。相信随着这种物流模式发展升级，我国交通、邮政、物流企业等物流资源将在传统村落完成共享共用，新型农村物流运行模式随之构建，传统村落经济发展提升，乡村振兴效果越发显著。

4.4.4 加强行业协会约束，减少恶性竞争

随着我国"乡村振兴"战略推进，农村交通物流市场不断扩大，这是农村良好发展的重要表现，但市场发展必然伴随竞争，良性竞争能够提升农村发展品质，恶性竞争则会导致农村发展倒退。尤其我国传统村落交通物流市

场的发展难度大、周期长，如果传统村落交通物流市场出现恶性竞争，那么很容易为交通物流系统及传统村落带来巨大损失。

不得不承认，近年来我国农村交通物流市场已经出现多种恶性竞争情况，传统村落在这些恶性竞争中受损尤为严重[118]。除交通运输市场的恶性竞争外，农村快递市场的恶性竞争也比较常见[119]。

从我国交通物流行业发展的经验中可以得出，消除恶性竞争的关键是加强行业约束，通过政策约束、行业协会监督全面解决这一问题。

目前，我国交通物流行业已经成立中国交通运输协会，全国各省份也成立了当地的交通物流行业协会。交通物流行业协会成立的主要目的正是规范行业发展，对交通物流行业"弱、小、散、乱"等情况进行改善。比如，陕西省宝鸡市交通物流协会就明确表示，协会是交通物流行业的"娘家"，协会将立足行业自律与服务，发挥桥梁纽带作用，通过协调争议、增进交流、自我监督、自我约束，营造和谐健康的行业环境；同时交通物流协会还将搭建起管理部门与物流企业之间的桥梁，更好地引领行业迈上快速发展、规范发展、公平发展、有序竞争的快车道，使全市货运物流行业更快地融入全国物流业高速发展的大环境之中。

在各地交通物流行业协会监督约束下，我国农村交通物流市场的恶性竞争可以被大幅消除，政府行政管理部门与交通物流行业协会能够积极发挥监管作用，在市场恶性竞争乱象出现前期及时介入，维护农村交通物流市场公平竞争秩序。

另外，交通物流行业协会还能够引导企业适当调整定价，通过市场数据分析进行合理的成本核算，之后对交通物流各个环节的成本费用进行明确规定，这也可以减少农村交通物流市场出现的恶性竞争。

4.4.5 共享交通物流网络建设

经过近十年的建设发展，我国农村交通物流体系已经初步构建完成，交通物流系统的建设在我国农村区域取得了突出成果。但结合我国传统村落交通物流发展现状，可以得出农村交通物流网络建设还存在以下三点不足：

1）传统村落交通物流资源优势互补、资源调配等情况还拥有较大提升空间，传统村落交通物流网络衔接、关键枢纽协调还需要继续优化。

2）传统村落交通物流系统现代化、绿色化、智能化水平不高，交通物流系统运作无法全面进行信息化管控调节。

3）传统村落交通物流市场缺乏"一站式服务"，交通物流系统对传统村落产业发展促进有待提升。

这三项不足目前在我国传统村落交通物流系统中普遍存在，这也是传统村落交通物流系统与乡镇、城市交通物流系统最大的差别。通过分析我国城市交通物流发展经验与措施，可以得出弥补传统村落交通物流系统不足，提升传统村落交通物流运营质量需要以县市、乡镇为中心，建立开放、共享、区域全覆盖的交通物流网络，将传统村落交通物流终端升级到县市、乡镇水平，之后进行一网管控、一体化发展。

以县市、乡镇为中心，建立开放、共享、区域全覆盖的交通物流网络的重要前提是明确四个建设目标，之后根据传统村落交通物流系统实际特点从四个方面进行细化升级。

1. 四个建设目标

为确保共享、开放、全覆盖的区域交通物流网络提升传统村落发展效果，需要明确以下四个建设目标。

（1）传统村落运输网络要实现运行安畅　以"交商邮"融合发展模式，确保传统村落交通运输方式有效衔接，交通物流运输体系能够体现出高效、多元、便捷特点，能够更安全、可靠地服务传统村落物流运输。

（2）创新传统村落技术体系，进行信息化、智能化升级　科技力量能够帮助传统村落交通物流系统解决很多实际发展难题，传统村落交通物流系统进行信息化建设才能够确保与我国综合立体交通网络紧密衔接。

（3）对传统村落产业实现有效供给　传统村落的交通物流系统需要精准匹配传统村落特色产业，利用自身与电商市场紧密结合的优势，提升传统村落特色产业发展品质与发展效果，以经济、智慧、高效为目标实现传统村落特色资源在电商系统的优化配置。

（4）传统村落保护治理能力获得提升　传统村落交通运输系统能够有效连接我国综合立体交通网络，将传统村落与乡镇、城市发展紧密对接，利用城市资源增强传统村落自我保护、发展治理能力，利用交通物流系统提升传统村落保护开发效果。

2. 四个方面细化建设

明确了传统村落共享、开放、全覆盖的区域交通物流网络的四个建设目标，后续区域交通物流网络的建设还需要从以下四个方面细化。

（1）交通运输骨干网络紧密对接　区域交通物流网络建设要注重传统村落与交通运输骨干网络的连接程度，确保我国高品质交通运输资源能够与传统村落共享，传统村落能够利用交通运输骨干网络统筹产业发展，进而构建共享、开放、高效的交通物流网络。

（2）构建区域共享、全国互联的交通运输集疏运体系　充分发挥我国交通网络综合立体属性，在传统村落所在区域交通物流网络建设时顺利突破行政区划局限，引导传统村落顺利融入乡镇群、城市圈，与城市共建、共用、共享交通运输网络，按照更上一层的发展规划集约布设重要交通物流枢纽，将传统村落打造成区域连片开发的重点。

（3）升级传统村落物流系统，构建智慧交通物流体系　数字化、信息化、智能化发展是传统村落交通物流的发展重点，也是区域共享交通物流网络的构建基础。利用大数据、物联网、AI、区块链等新兴技术，增强传统村落多维感知、高精定位、智能互联能力，为传统村落特色打造出资源合理配置、高效运行的新发展模式，这将全面带动传统村落农业及其他特色产业发展。

（4）构建信息实时共享、交通资源深度互联的区域交通物流网络　传统村落交通物流信息实时共享能够确保村内产业运行细致化管理，交通资源深度互联能够灵活调控传统村落产业发展效率。在信息实时共享、交通资源深度互联的交通物流网络中，区域运力、物流服务能够嵌入传统村落产业发展当中，加强电商与传统村落农业结合，以全过程、高适配模式提升传统村落物流服务水平，加速传统村落形成全渠道可控的电商产业服务体系[120]。

开放、共享的交通物流网络建设是增强传统村落保护开发效果的关键一步，更是升级传统村落农产品供应链的重要措施。在开放、共享的交通物流网络上，传统村落农产品能够充分体现品牌价值，产业供给也能够得到精准把控，传统村落交通物流系统也将发挥更大作用与价值。

4.5 交通物流信息化建设

传统村落交通物流系统建设带来的直接开发效果有两个：一是旅游产业开发，将传统村落旅游资源与外界对接；二是电商产业开发，将传统村落农产品、特色文化产业与外界市场联通。但无论哪种效果，都需要交通物流系统进行信息化建设，最终才能获得突出的发展成果。

4.5.1 电子商务平台建设

截至 2023 年，我国农村电子商务产业发展与城市依然存在巨大差异，导致农村经济发展、人均收入、生活水平差距不断加大。自我国确定"乡村振兴"战略之后，电子商务开始作为推动农村发展的有效路径，各类农产品电商平台在农村地区纷纷涌现。2020 年，习近平总书记在陕西考察脱贫攻坚工作时强调，电商不仅可以帮助群众脱贫，而且还能助推乡村振兴，大有可为。

虽然农村电商发展趋势已经确定，但搭建农村电商平台、构建农村物流体系不是一蹴而就的事。单纯依靠政府主导、扶持很难保障农村电商产业发展速度，尤其那些区位偏远、交通物流系统落后、经济水平落后的传统村落，电商平台的搭建需要从三个方面进行强化与完善。

1. 强化传统村落交通物流基础设施建设

传统村落交通物流基础设施建设需要当地政府出台相关政策，以确保传统村落电商产业正常发展运营为基础，明确交通物流基础设施建设标准，加快传统村落交通道路升级完善,加强当地电商个体、企业扶持力度,鼓励、支持传统村落培育更多优质电商个体和电商企业。

另外,当地政府还需要以县市为中心构建物流快递配送中心,在乡镇建设电商服务中心,以传统村落为服务终端,构建功能齐全、三级联动的农村物流服务体系,确保传统村落电商产品出得来、进得去。

2. 加强传统村落电商人才培养

目前,我国农村电商市场正处于高速发展时期,虽然发展空间巨大,但已经出现专业人才不足等问题。这主要表现为农村区域缺少专业知识到位的电商运营人才,缺少拥有丰富经验的电商平台设计人才。这两大类人才缺失情况在我国传统村落尤为严重,且直接导致农村电商发展速度不理想。

及时进行人才补充需要当地政府采取两种策略:一是通过专业培训以及到外地电商产业基地考察学习,为农村培养自有的电商人才;二是明确电商发展帮扶政策,依靠各种政策优势为农村引进人才。当越来越多专业、年轻的电商人才走进农村,我国农村电商产业发展便获得了充足动力。

3. 打造特色农产品品牌

为农村特色农产品打造出品牌能够获得消费者的信赖,提升销售效果,增加农产品溢价空间。品牌产品相比普通产品宣传效果更突出,但产品品质与相关服务要求更高。想要在农村打造出品牌产品需要从三个方面进行强化(见图 4-7)。

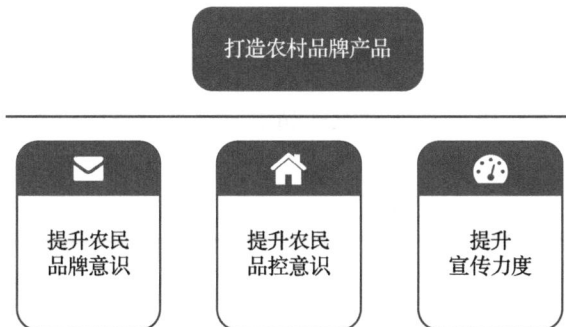

打造农村品牌产品

提升农民品牌意识　　提升农民品控意识　　提升宣传力度

图 4-7　打造农村品牌产品的措施

（1）提升农民品牌意识　引导农民通过电商渠道充分展示农产品特色，包括营养价值、历史发展及其他文化元素，以此增强农产品文化价值，打造出个人品牌。

（2）提升农民品控意识　品质是农产品打造品牌的关键，农产品自身具有易损坏、易变质等特点，所以打造农产品品牌之前，农村电商经营者需要建立完整的电商供应链，将包装、仓储、质检、配送等环节进行精准把控，全面保障农产品品质。

（3）提升宣传力度　打造电商品牌需要配合大量宣传活动，对于农产品品牌打造而言，可以优先选择宣传成本低、覆盖范围大的自媒体平台，比如抖音、快手、火山视频等。

总体而言，农村电子商务平台建设不仅需要农民具备基础电商经营知识，还需要政府引导、扶持，优化农村电商经营环境。当农村电商产业发展进入正轨时，便可以借助交通物流系统搭建自营电商平台，这一平台既能增加农民收入，解决农村就业问题，又能助力乡村振兴发展，在各地政府支持下带动区域经济，为我国实现强国目标注入更多动力。

4.5.2　短视频直播供应链建设

构建农村电商平台是农村电商产业发展的基础，如何扩大农村产品优势，让消费者更全面地了解认知农产品的特点是农村电商发展的关键。在互联网时代向自媒体时代转变的今天，短视频直播堪称电商主流运营模式，各自媒体平台通过短视频直播建立的产品供应链已经创造了无数商业纪录。

结合我国农村电商发展现状，及传统村落自身资源特点，可以分析得出利用短视频直播为传统村落建设农产品供应链可以采用以下几种常见方式。

1. 品牌集合模式

品牌集合模式是对已经成功打造品牌的农产品进行资源整合，通过短视频直播构建供应链的方式。这种方式能够扩大区域农产品品牌效应及销售成果，不过这需要该区域乡镇、县市建立自己的直播平台，通过各种品牌农产品资源整合举办各种电商活动。

这种模式的优点是供应链建立难度低，品牌宣传效果好，且供应链运行过程中产品库存与品质更加可控，直播效益十分突出。这种模式的缺点是对直播平台自身要求较高，即直播平台必须具备一定的规模与流量，且具有成熟的短视频直播运营经验，如此才能取得良好的运营效果。

2. 品牌渠道模式

品牌渠道模式是指将农产品与各大电商平台的品牌渠道对接，借助电商平台力量创建农产品供应链。比如，淘宝、拼多多、美团等成熟电商平台已经开创了农产品销售渠道，一旦传统村落特色产品在这些渠道展示，曝光量与销量可以成倍高速增长。

这种模式建立的供应链有一个突出优点，即品牌宣传效果突出，能够登上这些主流平台品牌渠道的农产品可以迅速打造品牌。但这种供应链模式也有一个突出缺点，即投入成本极高，单个农产品展位日均投入就能高达几十万元。所以这种短视频直播建设供应链模式并不适合待开发的传统村落，而适合一些农产品产业发展成熟且需要继续升级的发达农村。

3. 批发活动模式

目前，各大自媒体平台惯用的农产品直播电商模式便是批发活动模式，即以批发价进行农产品销售。这种模式适用于各种直播间带动，只要产品价格优势突出，无论直播间流量如何，都能够取得良好的带货效果。

这种模式建立的供应链的最大优点为能够长期稳定保障农产品销量，同时提升农产品品牌宣传效果，但主要农产品供应方要确保产品品质，否则会降低品牌口碑。这种模式的缺点也十分突出，即未强化产品价格优势，产品利润极低，甚至只能收回基本种植成本。所以，不建议传统村落以这种短视频直播模式构建电商供应链。这种模式更适合品牌宣传，在农村电商运营者主体产业稳定时，同步构建这一供应链，以此提升农产品品牌树立效果。

4. 尾货清仓模式

尾货清仓模式是指通过短视频直播解决过季农产品尾货的直播带货模

式，这种模式建立的供应链往往是一次性供应，直播活动具有价格低、销售速度快等特点。这种模式能够减少农产品电商运营者的不必要损失，解决各种过季尾货堆积困扰。

这种模式建立的供应链具有带货快、品牌宣传效果好等优势，但不具长期性与稳定性，只能在各种农产品过季时使用。但这种模式能够有效减少农产品电商运营者的成本，因为大部分尾货农产品保鲜度不佳，如果不能及时销售，只能等产品变质进行处理，所以这种短视频直播模式构建的供应链受到大部分农产品电商运营者的青睐。

5. 代运营模式

代运营模式是现在较为常见的农产品供应链构建模式，是将各种农产品与成熟短视频直播渠道对接运营的模式。这一模式构建的供应链更加长期、稳定，且能够为农产品电商运营者带来巨大的发展空间。

这种短视频直播模式构建供应链属于共赢模式，即短视频直播账号运营者与农产品电商运营者互利互益，短视频直播账号运营者稳定提供农产品销售渠道，农产品电商运营者稳定提供价格、品质突出的产品。

6. 自运营模式

自运营模式是指农产品电商运营者自己进行短视频直播带货，在各大电商平台、自媒体平台开展各种直播活动。这种模式是所有农产品电商运营者都应该尝试且长期坚持的供应链构建模式，因为与其他短视频直播账号合作都需要付出成本，为提升自身利润空间，打造自己的短视频直播账号是必然选择。

通过分析现代自媒体直播电商市场发展现状，农产品电商运营者直接采取这种方式构建供应链也会有周期长、成功率低等缺点，为保障农产品电商产业发展效果，优先选择与成熟平台、成熟直播电商账号合作是合理的策略。

立足当下短视频直播电商发展背景，为传统村落探索"短视频直播＋农村电商"的新型供应链构建方法，立体化打造更多优质农产品品牌，是我国传统村落电商发展的有效措施。这种供应链构建方式不仅是农村电商产业发展的主流模式，还是推动乡村振兴战略实施的巧妙方法。

4.5.3　公共信息网络平台建设

农村交通物流公共信息网络平台是依托现代网络技术，以政府投入为主，鼓励社会力量积极参与，服务农村发展的公共信息文化和服务平台。在我国"乡村振兴"战略推进过程中，农村交通物流公共信息网络平台能够完善农村电商运营体系与服务体系，增强农村产业信息化建设，改善农产品与电商市场的供给关系，所以我国传统村落利用交通物流系统发展特色电商产业也需要这一平台的支撑。

农村交通物流公共信息网络平台以网络为基础，以交通物流公共信息传播流动为运营重点，其构建运营的目的是提升农村电商产业发展水平，有效调配农村交通物流资源。通过使用农村交通物流公共信息网络平台，农民能够掌握更多农产品电商产业建设发展的新知识、新技术，解放被传统生产模式束缚的发展观念，为农产品电商产业发展带来智力支持。

农村交通物流公共信息网络平台是一个综合信息服务平台，构建这一平台需要以电商产业发展为关键，以农村交通物流资源调配为核心，以促进农产电商产业发展为目的，并正在以下几方面进行完善。

1. 以畅通的网络为平台基础

农村交通物流公共信息网络平台主要连接的是我国农村电商产业发展的各种技术网络，依托农村电商运营的成功经验，提质区域农村电商发展。畅通的网络是平台搭建的重要基础，通过高效、实时更新各种交通物流系统助力农村电商发展的资料，促进传统村落电商产业发展。

2. 支撑农村构建完善的电商运营制度

农村交通物流公共信息网络平台能够规范、完善农村电商工作机制，结合各种农村电商成功经验，积极构建以县市为中心、以乡镇为枢纽、以农村为网点终端的电商物流体系，进而逐步形成推进农村电商产业发展的资源整合力。农村交通物流公共信息网络平台上需要及时上传"上下联动、资源共享、职责明确、服务完善"的电商产业运营制度,以供传统村落结合自身电商产业特色进行运营管理思考。

3. 确保稳定的运营能力

农村交通物流公共信息网络平台需要伴随农村电商产业不断升级完善,所以平台必须具备成熟的运营团队,团队还需要对传统村落电商产业有详细了解,之后才能根据村落电商产业进行持续稳定的平台运营[121]。

4. 确保平台资源丰富

农村交通物流公共信息网络平台建设重点是为农村电商运营者提供更高端的电商运营知识与经验,提高农村电商产业发展效果。农村交通物流公共信息网络平台必须具备丰富的相关资源,这些资源涉及农村电商体系模式、交通物流网络应用、信息资源共享、电商服务优化等多个领域。及时对农村电商运营者普及电商运营技术,是保障农村电商产业发展动力充足的正确方法。

5. 确保实时互动性

农村交通物流公共信息网络平台不仅是一个信息分享平台,更是一个电商运营交流互动平台。平台必须保障实时互动性,农村电商运营者能够及时将各种相关信息进行分享,各种发展问题才能够在共同思考下被快速解决。在农村积极参与农村交通物流公共信息网络平台信息交流过程中,农民电商发展意识与运营技巧获得同步提升,农村电商信息化发展效果得到加强。

农村交通物流公共信息网络平台是现代农村电商产业发展的重要组成部分,也是农村电商运营者技术学习、交流、提升的重要工具。及时构建农村交通物流公共信息网络平台,农村电商产业发展才能得到保障,发展效果才能更加突出。

4.5.4 营销与质量安全平台建设

我国传统村落交通物流系统信息化发展过程中,交通物流公共信息网络平台是确保农村电商产业健康、稳定发展的保障平台，而提升传统村落电商产业、旅游产业等特色产业发展效果的平台是营销与质量安全平台。

营销与质量安全平台是为农村电商产业、旅游产业提供营销渠道，确保产业品质的服务平台。这类平台并不固定模式，但主要作用基本相似。比如，淘宝直播平台也能称为农产品营销与质量安全平台，因为淘宝直播平台能够为农产品带来良好营销效果，而淘宝内部品控系统又可以审查产品质量安全，所以这一平台是目前大多数农村首选的营销与质量安全平台。

单纯依靠其他社会力量提升传统村落特色产业营销效果与质量安全控制，并不能有效提升传统村落开发效果。淘宝、拼多多、京东等平台虽然能够带来良好营销效果，但不能充分结合传统村落特色，更无法发挥传统村落交通物流资源优势。想要全面提升我国传统村落保护开发效果，还需要各村落努力搭建充分展现自身特色的营销与质量安全平台[122]。

目前我国大多数传统村落没有搭建这类平台，这主要因为营销与质量安全平台搭建是一项复杂工程，我国农村区域网络技术设施不完善，甚至部分偏远区域传统村落网络系统处于不稳定状态，这为营销与质量安全平台搭建与运行带来了一定挑战。

想要在传统村落发展中提升营销与质量安全平台建设效果，需要我国各地政府从以下几个方面改善传统村落的交通物流运营环境。

1. 适度开展传统村落网络基础建设

我国部分传统村落网络环境依然处于不佳状态，这主要由于这些传统村落区位偏远，网络建设难度大、成本高。但针对成功开发旅游产业、电商产业的传统村落，当地政府要加强网络基础设施建设，因为通畅的网络可以确保营销与质量安全平台发挥自身价值，传统村落各产业发展才能够提升。

2. 完善物流配送体系

传统村落的营销与质量安全平台需要高品质产品、高品质服务才能长期展现价值。这需要传统村落对旅游产业、电商产业进行严格品控，同时保障高效、便捷的物流服务，所以及时完善传统村落物流配送体系也是营销与质量安全平台长期发挥作用的基础。

3. 打造特色品牌

想要提升传统村落特色产业营销效果，及时打造特色品牌是关键。品牌塑造效果好能够直接带来传统村落特色产业溢价空间、市场空间提升，用户口碑才能够更具针对性，营销与质量安全平台的作用也会随之提升。

传统村落保护开发需要充分利用交通物流系统，而交通物流信息化发展是解决传统村落发展问题、增强传统村落发展效果的重要路径。目前，在信息化交通物流系统促进下，我国多个传统村落突破发展困境，顺利打造特色旅游产业与农产品电商产业。这些突破既是传统村落交通物流系统信息化发展的成果，更是我国"乡村振兴"战略取得的突出成就。

4.6 交通物流专业人才引进与培养

目前，传统村落交通物流人才匮乏问题影响着传统村落保护开发效果，虽然我国各地政府十分重视传统村落人才引进与培养，但依然无法全面满足传统村落保护开发需求。这主要因为人才引进与培养策略分析不到位，人才引入的实际难题无法得到针对性解决。

影响我国传统村落交通物流人才引进与培养的因素主要包括以下几点。

1. 传统村落经济发展缓慢，人才吸引力较低

我国大部分传统村落交通物流基础设施及村内经济产业与城市存在较大差距，所以交通物流人才在选择就业地点时会更多倾向于发展水平突出的城市。虽然我国多地政府制定了交通物流人才引入计划，发布了明确的人才补贴政策，并积极呼吁交通物流人才回乡发展，但效果并不明显。根本问题是传统村落经济发展存在滞后性，年轻人才无法匹配合理的薪资待遇，加之部分传统村落发展速度缓慢，年轻人才的发展规划受到影响，所以大多数优秀交通物流人才不会将传统村落作为就业地点的第一选择。

2. 传统村落居民缺乏交通物流意识

传统村落交通物流发展过程中，需要大量的专业技术人才及具备专业素养的应用型人才组成建设队伍，才能够高效、高质量完成交通物流建设发展任务。但我国传统村落居民普遍缺乏交通物流意识，甚至缺乏基本的交通物流常识，依靠传统村落力量很难满足交通物流发展需求，这直接导致传统村落交通物流实际建设受阻，人才无法发挥价值。这也是传统村落交通物流人才进不来、留不住的主要原因。

3. 传统村落交通物流人才培养存在诸多难点

我国当前交通物流人才主要通过各大高校培养，各高校每年会向社会输入大量具有较高专业素养的交通物流人才，但这些人才更多用于城市交通物流建设，不能够满足农村区域交通物流发展所需。

这种情况同时导致我国传统村落交通物流人才培养能力低下，缺少专业人才的引入，传统村落基础交通物流知识无法普及，本土人才培养难度不断提升。如果无法建立系统性交通物流知识培养系统，传统村落人才培养效果难以保障。

针对以上三种问题，我国各地政府近年来采取了多种人才引进、培养策略，通过分析多个传统村落人才引进和培养的成功案例，可以总结得出有效强化传统村落人才实力、针对人才引进和人才培养采取的不同策略。

4.6.1 交通物流专业人才的引进

传统村落交通物流人才引进不能仅着眼于传统村落当前发展需求，更应该系统性提前规划，充分增强自身人才吸引力，提前制定人才引进计划。具体方法有以下几种。

1. 提升自身人才吸引力

交通物流人才求职过程中，除薪资外还会注重发展条件与发展空间，所以传统村落可以针对交通物流人才具体需求，提升自身吸引力。

目前，我国部分传统村落为应届交通物流相关专业毕业生提供了优厚就业条件，大学生与传统村落签订劳动合同后，除享受各项社保之外，还能够每月领取一定金额的补贴。如果大学生在村创业，还能够获得资金、场地及其他设施的支持。如果大学生开展各种交通物流知识培训也能够获得相应奖励。如果大学生成功创业并带动村落其他村民增收，还能够获得专项发展基金。

通过各种政策与资金扶持，交通物流人才能够在传统村落获得良好的发展条件与创业环境，传统村落人才吸引力随之提高。

2. 积极建设传统村落本土产业

传统村落经济发展水平是决定人才吸引力的关键，如果传统村落不能及时开发农产品电商及旅游产业，传统村落发展会长期受限，单纯依靠政府补助很难吸引人才、留住人才。只有建立起成熟的本土产业，交通物流系统才能够充分发挥作用，交通物流人才才能够展现自身价值，人才才能拥有发展平台和空间。

3. 制定人才引进规划

传统村落可以积极与各大高校合作，为在校交通物流人才提供展示平台，借助在校学习人才提升交通物流发展效果，同时帮助在校学生了解农村交通发展的实际情况，以此吸引年轻人才到传统村落展现自身价值。

在我国大力推进"乡村振兴"战略背景下，传统村落交通物流人才引进决定了农村高质量发展的基础能力。人才引进不能单纯依靠政府调配，更多需要传统村落通过自我改善提升人才吸引力，只有人才到位发展才到位，只有人才充沛发展实力才雄厚。

4.6.2 交通物流专业人才的培养

传统村落交通物流发展除引进外部人才之外，及时培养内部专业人才同样重要。传统村落自有人才对当地交通物流需求更了解，他们能够充分利用自身技术优势提升交通物流系统建设效果。

不过我国传统村落交通物流人才培养难度较大，这体现在传统村落交通物流发展环境、专业领域师资力量及当地居民自身文化水平等方面。针对这些实际情况，传统村落需要从以下四方面进行努力，才能够培养出合格的交通物流人才。

1. 着力改造传统村落交通物流发展环境

传统村落交通物流发展环境决定了人才培养效果。如果传统村落交通物流基础设施落后，交通物流系统发展缓慢，则当地居民无法接触到专业的交通物流知识，对传统村落交通物流技术的学习也只能停留在理论层面。交通物流学是一门注重理论结合实践的学科，基于传统村落实际需求，将各种专业知识实践应用，能够加速交通物流人才培养速度。所以着力改善自身交通物流发展环境，是传统村落培养交通物流人才的第一步。

2. 构建多方参与、模式多样的交通物流人才培养体系

传统村落交通物流人才培养需要多方助力，其中包括政府为传统村落制定交通物流人才培养政策，当地交通物流协会为传统村落调配教学资源。传统村落自身还可以开展各种技能竞争，在多方合作下健全村内交通物流人才培养体系。

3. 强化交通物流师资力量

传统村落交通物流人才培养面临的主要问题正是师资力量不足。尤其交通物流基础知识水平低下的传统村落，单纯依靠政府和当地交通物流协会定期调配师资力量，并不能满足传统村落人才培养需要。解决这一问题的方法有两个：一是与高校交通物流相关专业进行合作，借助高校师资力量增加传统村落交通物流知识培训频次；二是借助引进的交通物流人才，通过各种奖励措施加大传统村落人才培养力度。

在政府和当地交通物流协会调配教育资源的基础上，匹配这两种方法，能够有效加强传统村落交通物流师资力量，提升教育培训效果。

4. 搭建"培训+实践+就业"的一体化人才培养平台

传统村落交通物流人才培养目的是强化当地交通物流发展效果，带动传

统村落经济发展，所以当地人才培养不能仅重视学识程度，还需要关注应用效果。为确保传统村落交通物流人才能够学以致用，当地政府需要基于传统村落交通物流发展情况搭建"培训＋实践＋就业"的一体化人才培养平台，这一平台既有提升人才培养速度的作用，又能够减少人才流失，可以为传统村落交通物流发展长期输出更匹配、更专业的人才力量。

传统村落交通物流系统发展，需要充足的人才队伍支撑。从交通物流系统建设到后期运营，只有匹配恰当的人才，交通物流系统才能发挥最大作用。我国传统村落交通物流人才队伍的实力雄厚，主要依靠外部引进、内部培养两种方法，提升引进和培养效果，在一定程度上能提升传统村落交通物流发展效果。

4.7　交通物流政策供给增加

传统村落作为文化资源突出但整体经济落后的特色村落，是我国"乡村振兴"战略发展的重点。近年来，我国各地政府在党中央、国务院以及交通运输部等部门发布的政策指引下，通过交通物流系统建设有效提升了传统村落发展水平，但也遇到了诸多问题。从这些发展问题中可以看出，整体依靠"三农""乡村振兴"等相关政策并不能全面解决传统村落的发展问题，根据传统村落自身特点，进行交通物流发展政策供给增加，是细化"乡村振兴"战略目标、针对性提升传统村落发展效果的有力措施。

4.7.1　制定区域物流产业政策

传统村落地域不同，交通物流发展环境则不同，各种物流产业发展政策的实施情况自然也存在差异。近年来，为确保我国农村交通物流系统发展效果，党中央、交通运输部先后发布了多项指导农村物流发展的政策[123]。各项政策对农村物流发展策略、发展措施、主要任务进行了明确规定，有效提升了我国农村物流发展效果。

国家层面发布的农村物流发展政策大多是立足我国农村物流产业整体发展、统筹各地综合发展目标之后进行的发展规划，各地政府想要深入贯彻政策指引，取得农村物流发展的突出成果，还需要结合自身实际情况，进行区域物流产业政策供给增加[124]。

总体而言，农村物流产业发展需要各地政府在国家政策指引下，根据自身情况增加区域政策供给加速我国农村物流发展速度。尤其对于特点突出、建设开发难度大的传统村落，制定目标明确、针对性强的区域政策，更能够保障其交通物流系统建设效果及物流产业发展效果。

4.7.2 制定构建传统村落交通物流经营网络的政策

近年来，党中央、国务院、交通运输部对农村交通物流系统建设运营密集出台了一系列扶持政策，其中包括税费减免、社保缓缴、金融支持等多领域扶持。这些政策发布的目的是增强我国农村交通物流运营效果，利用交通物流系统充分带动农村经济发展。

在各项政策扶持指引下，我国农村经济发展不断趋好，多个地区的交通物流经营网络顺利构建。不过现有政策大多针对农村整体发展，适合传统村落交通物流经营网络构建的针对性政策依然较少。为切实解决传统村落交通物流系统建设难题，确保传统村落交通物流系统充分带动村落经济产业发展，各地政府需要在国家政策指引下，制定构建传统村落交通物流经营网络的政策。而制定这类政策，需要充分结合传统村落以下两个特点，确保政策能够全面服务传统村落交通物流系统发展。

1. 解决传统村落交通物流系统运营难点

目前，我国传统村落交通物流系统存在多种运营难点，除技术人才匮乏因素外，其他难点主要源于传统村落自身因素。比如，传统村落电商产业无法形成规模，交通物流系统无法充分发挥自身作用，导致交通物流经营网络始终无法构建完成。这恰恰需要当地政府出台明确政策，为传统村落电商产业制定明确发展目标与发展规划，在政策指引下加速交通物流经营网络构建。所以，解决交通物流系统运营难点，是构建交通物流经营网络政策涉及的主要内容，解决这一难题才能确保传统村落交通物流经营网络顺利搭建。

2. 提升交通物流系统与传统村落产业融合度

传统村落交通物流经营网络无法顺利搭建主要因为交通物流系统与传统村落产业脱节，即传统村落特色产业不知道如何利用交通物流系统提升发展成果。比如，某些传统村落交通物流系统建设完成后，当地居民了解到家乡特色农产品在城市中可以卖出更高价格，于是纷纷乘坐公交车进入乡镇、县市销售农产品，虽然这种方法能够提升传统村落居民收入，但无法从根本上解决传统村落经济落后问题。因为传统村落居民不了解如何借助交通物流网络大幅提升农产品销售效果，如何借助电商平台将农产品销售到全国区域。

针对这种情况，当地政府及时出台相关政策进行指引，同时吸引更多社会力量进入传统村落共同开发，则传统村落交通物流经营网络能够快速构建。

传统村落交通物流经营网络是其产业全面进步、经济良好发展的主要运营载体，为传统村落构建交通物流经营网络能够充分激活传统村落发展潜力，同时确保交通物流系统最大化发挥自身价值。

4.7.3　引导绿色物流的发展

交通物流绿色发展是我国现行的重要强国战略，交通物流绿色化发展也是交通运输领域的重要发展目标。截至 2023 年，我国交通运输系统绿色化发展成果显著，但绿色物流建设还有待提升。

绿色物流是指利用先进物流技术，合理规划配送、分拣、仓储、包装、运输等各个物流环节，最大化降低对环境产生负面影响的物流运输方式。这是我国交通物流发展的重要方向，也是农村经济开发的主要方式。绿色物流的内涵包含五个方面（见图 4-8）。

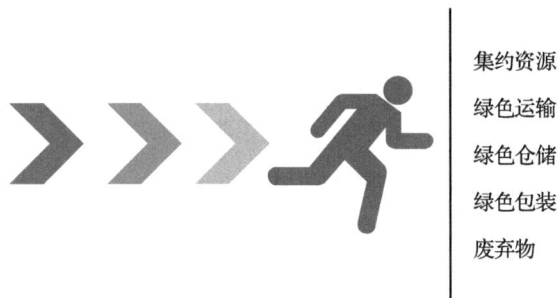

图 4-8　绿色物流的内涵

1.　集约资源

集约资源是绿色物流的发展思想，是指通过整合现有交通运输资源，优化物流系统配置，提高资源利用率，降低资源消耗的物流运输理念。

2.　绿色运输

绿色运输是指最大化减少物流运输中燃油消耗与尾气排放的运输策略。这需要物流运输部门合理规划运输路线，提高车辆装载率，最大化节能减排。另外绿色运输还体现为新能源交通工具的运输。

3.　绿色仓储

绿色仓储是指对仓储设施进行科学布局，实现最大化仓储面积利用率、降低仓储成本与运输成本的物流仓储理念。

4.　绿色包装

绿色包装是指在物流包装过程中提高包装材料回收利用率及材料绿色属性，有效控制资源消耗，降低环境污染。

5.　废弃物

废弃物是指利用物流系统将经济活动中失去原有价值的物品，进行搜集分类、加工包装，之后配送到专门处理场所的物流活动。

提升以上五个方面的绿色属性是引导物流行业绿色化转变的重要措施[125]。

4.7.4　鼓励物流研究与物流技术的开发

交通物流系统发展需要不断加深现代技术应用，借助新一代信息技术能够增强交通物流系统建设效果。目前，我国多地政府相继出台鼓励当地物流行业开展技术研究与开发的明确政策[126]。

在传统村落交通物流发展过程中，鼓励当地物流行业开展技术研究与开发的明确政策更为重要。传统村落交通物流行业普遍缺乏发展活力，增加这方面的政策供给，才能够充分调动传统村落交通物流创新的主动性与积极性。

从传统村落交通物流发展需求层面分析，鼓励当地物流行业开展技术研究与开发的政策需要包含两个重点。

1. 鼓励研究适合传统村落自身特点的物流模式

我国传统村落交通物流基础设施与乡镇、城市存在较大差异，所以当代主流的物流运输模式很多时候并不能在传统村落落地。比如，现代常见的第一方物流（自营物流）模式、第二方物流（用户物流）模式都不适用于交通条件落后、区位偏远的传统村落，这些村落也无法建立满足这类物流模式的交通物流系统。

目前，我国传统村落常见的物流模式为第三方物流，即将物流工作交给物流双方之外的物流企业，这种模式降低了传统村落物流系统建设成本与运营成本，但同时限制了传统村落产业发展的主动性。针对这种情况，我国各地政府可以出台相关政策，鼓励当地物流行业及传统村落交通物流人才，积极探索适用于传统村落发展的物流模式。

2. 鼓励开发充分带动传统村落产业发展的物流技术

当代常见物流技术在传统村落发展现状与物流模式类似，同样因为传统村落交通物流系统建设发展问题，导致无法全面落地。比如，我国大多数传统村落的交通物流系统数字化、智能化升级不到位，无法支持高端的智能化物流技术。针对这一情况，我国各地政府可以鼓励当地物流行业及传统村落交通物流人才，基于传统村落当前的交通物流基础条件，努力开发充分带动传统村落产业发展的物流技术。

以上两方面便是我国传统村落制定鼓励物流研究与物流技术开发政策的重点。

4.7.5 争取财政资金扶持力度

由于传统村落交通物流基础设施落后，所以传统村落交通物流发展需要更充足、更长期的财政资金扶持。近年来，我国不断加大农村交通物流建设资金扶持力度，大量传统村落在此期间获得交通物流技术设施全方位完善。但想要全面解决传统村落交通物流系统建设及运营问题，缩短传统村落与乡镇、城市的交通物流水平差距，还需要各地政府出台相关政策，为传统村落争取更多的财政资金扶持。

从我国传统村落成功开发的案例中可以总结得出，各地政府为传统村落争取财政资金扶持，需要在以下三方面做出承诺或表率，上级部门才会发布加大传统村落交通物流系统建设资金扶持力度的相关政策。

1. 紧抓机遇争取财政资金扶持

紧抓机遇争取财政资金扶持是指在某一背景或时机下，传统村落通过顺应形势发展，向上级政府申请更多财政资金扶持。比如，在"乡村振兴"政策发布初期，我国农村交通物流发展进入全面开花的蓬勃状态，多地政府根据当地农村交通物流建设实际情况申请更多财政资金扶持，当情况属实且通过上级部门认可后，便能够获得更多建设资金。

2. 做出成绩争取财政资金扶持

传统村落还可以通过交通物流系统建设带动特色产业发展，当发展成果突出时便可以申请更多发展资金用于扩大发展成果。这一模式适合特色产业开发效果突出、自身发展速度较快的传统村落。

3. 设立项目争取财政资金扶持

对于交通物流基础设施建设完善，但村内产业开发效果不明显的传统村落，可以通过根据自身资源优势设计发展项目，之后向上级部门申请专项发展资金。当项目发展成果显著时，传统村落还能够继续申请更多资金，用于扩大项目规模，加速当地产业发展。

政策是传统村落交通物流发展的重要保障，增强传统村落交通物流发展政策供给等于雄厚传统村落基础发展实力。伴随着各种政策的升级完善，我国传统村落保护开发将更具成效，"乡村振兴"战略的推动能力将更加突出。

4.8 小结

在现代社会的复杂和多元化背景下，传统村落正处于一个前所未有的历史时刻，既面临挑战，又蕴含着巨大的机遇。交通物流作为连接村落与现代社会的纽带，在这一转型过程中扮演着至关重要的角色。

传统村落不仅是中国文化和生态的重要代表，还是乡村振兴战略的核心组成部分。在保护和发展传统村落时，交通物流的发展不可或缺。通过建立高效、绿色、可持续的交通物流体系，传统村落可以更好地实现文化传承、生态保护和经济发展的平衡。

同时，传统村落在电子商务和现代交通物流的结合下，迎来了前所未有的机会。电子商务平台为村落产品的全球销售提供了便捷的途径，使得传统村落可以更广泛地与全球消费者进行互动。而现代交通物流体系，保证了产品的快速、安全和高效流通，从而满足了市场需求。

总体而言，传统村落交通物流系统发展需要充分结合当地实际情况，解决交通物流技术设施不完善、居民交通物流意识低下等问题，之后瞄准传统村落特色资源，充分激活当地经济产业发展，借助科技力量不断升级发展渠道，引进、培养更多人才，深厚当地发展底蕴，最后在政策主导与扶持下，强化传统村落保护开发效果，如此才能真正改善传统村落的开发保护效果，充分发挥传统村落独特的资源价值。

第5章
我国传统村落交通物流发展的实施策略

5.1 引言

  河北省石家庄市井陉县坐落在太行山深处，拥有悠久的历史文化遗产，尤其以保存完好的明清古建筑群闻名。然而，由于四面环山、交通闭塞，这里的传统村落如同"深山中的宝藏"，虽有丰富的资源，却长期无法开发利用。村民们依赖祖祖辈辈传下来的耕作方式，生产的红薯、土豆和其他农副产品只能靠人力或简单的农用车运输出村，日子过得十分清苦。

  井陉县的于家村（见图5-1）就是这些"沉睡"在山中的古村之一。这里有着上百座保存完好的明清古宅，蜿蜒的小路与古朴的村落交相辉映，但由于交通不便，外界的游客进出困难（见图5-2）。村里的农产品同样受制于交通问题，往往运不出去，村民们眼看着外面市场上的价格节节攀升，却只能将自家品质优良的产品贱卖给周边的商贩。

  2019年，随着国家"乡村振兴"战略的深入推进，井陉县决定投资修建一条贯穿山区的公路，彻底打破村落与外界之间的交通壁垒。这条长达60.4千米的"太行天路"经过22个月的艰苦建设，终于在崇山峻岭间开通。天路犹如一条巨大的玉带，将包括于家村在内的27个古村落串珠成链（见图5-3），带动了整个片区的交通物流和旅游经济发展。

图 5-1　于家村

图 5-2　于家村交通不便

图 5-3　串联起 27 个传统古村落的井陉县太行天路

太行天路的贯通，给于家村的村民们带来了难以想象的变化。霍力军是村里一位靠种红薯为生的农民，过去只能靠着三轮车在附近村子里贩卖红薯，收入微薄，家庭生活一直捉襟见肘。太行天路开通后，他再也不需要走村串巷叫卖，而是每天将成百上千斤的红薯运到"山货大集"，不到两小时就能卖掉大半车，年收入比过去翻了几倍。霍力军的成功不仅让他在村里获得了"红薯哥"的称号，还激励了更多村民加入特色农产品的种植和销售中。

随着游客的增加，村落周边的生态农业、民宿和文化体验产业也开始兴起。当地政府积极引导村民利用自身资源，发展以农家乐和生态采摘为主的旅游经济。村民们从过去靠天吃饭的日子，转而迎来了多渠道增收的新局面。井陉县的"山货大集"成为周边村民展示和销售自家农产品的重要平台，村里的红薯、玉米面等土特产成为游客们争相抢购的"网红"商品。

不仅如此，井陉县还利用太行天路，进一步推动了传统文化的活化与传承。大梁江村的 162 座明清古宅通过太行天路与外界的联系重新焕发了生机，村民梁福庆在家中开设了农家乐，吸引了大量游客前来品尝地道的农家菜。游客们不仅可以在这里体验农家生活，还能学习古法技艺，如压榨花生油、酿酒等，这些曾一度濒临消失的传统工艺如今因太行天路而得以重现。

井陉太行天路的建设，不仅带动了 27 个村落的经济复兴，更为当地年轻一代的创业者提供了广阔的舞台。年轻人赵磊辞去了城里的工作，在栾家窑村开办了民宿"栾家窑驿站"，依托太行天路带来的巨大客流，短短一年时间，这家民宿已小有名气，成为游客们途经太行天路的热门打卡地。赵磊说："井陉不缺文化底蕴和青山绿水，太行天路刚好将这些资源一举盘活。"他计划通过发展旅游和特色产业，为村民创造更多就业机会，吸引更多年轻人回乡创业。

井陉太行天路的开通，是交通基础设施改善如何彻底改变传统村落面貌的鲜活案例。这条道路的贯通，不仅实现了村落与外界的紧密联系，还为当地的产业发展提供了重要支撑。传统村落的旅游业、农产品销售和文化传承因此焕发新生。

日前，我国正处于乡村振兴战略的关键时刻，这一战略的实施对于促进农村地区的经济繁荣、社会稳定以及生态环境改善具有重大意义。乡村振兴战略的核心任务之一是优化和发展农村的交通物流体系，以满足不断增长的农产品和物资需求。传统村落作为中国农村文化和社会生活的代表，其交通物流发展具有特殊的重要性，这是因为传统村落既承载着丰富的历史文化底蕴，又需要适应现代经济的快速发展。

然而，传统村落在这一过程中面临许多挑战，其中之一是交通物流体系的滞后和不适应。传统村落的交通道路狭窄，基础设施老化，交通不便捷，这些因素限制了农村地区的产业发展和农产品的流通。因此，如何优化传统村落的交通物流成为当前乡村振兴战略中亟待解决的问题。

传统村落的交通物流发展，不仅是为了提高物流效率，更是为了实现农村地区的产业升级和可持续发展。随着城市化进程的推进，农村地区的劳动力逐渐外流，农产品流通和农村产业发展成为当务之急。因此，本书着眼于如何充分发挥村民主体作用，推进多方合作，以及构建高效的交通物流体系，为传统村落的发展提供有力支持。

一方面，通过党组织建设的引领，可以凝聚村民的发展共识，推动传统村落发展的内生动力。多产融合策略则有助于实现多方合作共赢，将资源、技术和市场有机结合，推动乡村产业升级。此外，多村联动发展模式能够形成区域连片发展格局，将村庄发展与周边地区协同推进。鼓励农村合作社的成立和规范化运营，则有助于提高农村产业的规模化和专业化水平。

另一方面，通过规划设计的引领作用，可以制定片区交通物流发展规划，以带动区域的集聚发展。同时，优化村落交通物流基础设施的设计和改造，以及既有物流设施的运营，将提高物流效率，降低运营成本。优化物流体系的联通和设计则有助于构建高效的物流网络，加速农产品的流通。

最后，推动区域物流融合发展是关键一步，这需要建设区域性交通物流中心，大力发展服务业，以及促使快递服务下乡。建设区域性交通物流中心将为整个地区提供高效的物流支持，促进乡村产业的发展。发展生产性服务业将会创造更多就业机会，提高乡村居民的生活水平。快递服务下乡则促进商流的发展，激发乡村经济的潜力。

因此，本书深入探讨了传统村落交通物流发展的实施策略，强调其对于乡村振兴战略的关键性作用。希望本书的研究为政府、企业和农村社区提供明智的政策建议，推动传统村落交通物流行业的创新和发展，为乡村振兴战略的推进带来助益。

5.2　发挥村民主体作用，统筹推进

传统村落面临着协作能力较差、信息系统缺乏、竞争意识不强、交通物流基础设施较差、交通运输衔接不畅、交通运输方式单一、交通道路通行能力不高、交通物流组织合作松散、交通运输渠道链条缺乏整合、生产组织竞争力不足、物流设施不完善、信息化程度较低、产品服务标准化不足、交通物流政策供给不足、交通物流双方信任不足等一系列问题，更需要党组织的全面引领。

5.2.1　以党组织建设为引领，凝聚村民发展共识

"支部建在连上"是我党取得新民主主义革命胜利的法宝之一。坚持党

的领导，是顺利实现"第一个百年奋斗目标"的有效保障。传统村落交通物流发展和实施当然也离不开党组织的领导、组织、参与和监督[127]。

党组织引领，更要凝聚村民的发展共识。"要想富，先修路"是一句老话，说明村民们有着一定的交通物流发展意识。但是，这些意识也不够强，常常受众多因素的影响[128]。

以党组织建设为引领，凝聚村民发展共识，要充分调动广大村民的积极性，就要先将发展意识、长远意识、主人翁意识根植于村民的心中。广大村民也能理解"要想富，先修路"这一朴素的道理，但囿于经济能力、信息闭塞、信任度不够等因素，往往不太容易形成发展共识。这就要求广大干部，要耐心、细心、真诚地为广大村民传达明白传统村落交通物流发展的具体益处，把交通物流发展的重大意义和具体措施跟村民讲清楚，增强农民发展乡村的自信心，将主人翁意识根植于村民的心中，要想群众之所想，解决个性问题，形成共性思想。

以党组织建设为引领，凝聚村民发展共识，要充分调动广大村民的积极性，就要广大干部以身作则，形成强有力的先锋模范带头作用。例如，河南省汤阴县白营镇花耳庄村的修路工程向村民发起捐资倡议，广大党员干部首先踊跃捐款，充分发挥了带头作用，这极大地提高了村民积极性，最终非常顺利地筹集到修路所需的资金。

以党组织建设为引领，凝聚村民发展共识，要充分调动广大村民的积极性，就要将村落交通物流发展与村实际相结合，创新性引导村民致富增收。让村民切切实实尝到交通物流发展的甜头，村民的积极性不用调动也会提升[129]。

以党组织建设为引领，凝聚村民发展共识，要充分调动广大村民的积极性，就要充分尊重村民意愿，量力而行，稳步推进。很多领导干部急于出成绩，因此在发展交通物流及其基础建设方面往往不考虑实际，大搞"一刀切"，常常遭到村民反对，结果适得其反。

比如，有些乡村在建设中喜欢生搬城市或者别的村落的模式，强行拆除村民门口建的围墙、农用机器棚、花圃等，村民对此很有意见。这种情况的出现，违背了发展交通物流的初衷，反而加重了村民的负担，要坚决反对。
村落交通物流建设应当进程有快慢、水平有高低、重点有不同，这才是稳妥
的做法。

总之，以党组织建设为引领，凝聚村民发展共识，只有把交通物流发展
的重大意义和具体措施跟村民讲清楚，增强农民发展乡村的自信心，将主人
翁意识根植于村民的心中，然后广大干部以身作则，发挥强有力的先锋模范
带头作用，将村落交通物流发展与村实际相结合，创新性引导村民致富增
收。要量力而行，稳步推进，让村民自己参与进来，成为建设实施者，才能
真正地把发展交通物流与改变交通落后面貌、促进百姓增收、改变城乡面
貌、促进乡风文明、提高生活质量、促进社会和谐真正结合起来，达到振兴
乡村的最终目的。

5.2.2 以多产融合为抓手，实现多方合作共赢

传统村落交通物流发展，正是要借鉴渭源县以多产融合为抓手，最终实
现多方合作共赢[130]。

乡村振兴要按照"延伸产业链，提升价值链，完善利益链"的思路，深
度推进乡村村落一、二、三产业融合发展[131]，利用第三产业发展带动第一、
二产业的升级。其最终目的也是提高村民的积极性，把农民收入的提高嵌入
农村产业链的每一个环节，构建村落的现代化体系，最终促进城乡一体化发
展。这就对村落交通物流的发展提出了新的要求。

积极实施传统村落交通物流发展，以多产融合为抓手，有助于实现第一
产业的优化发展。在交通物流不便的时候，很多农作物无法及时出售或者运
输成本巨大，在市场上没有竞争力。而农业的优化精品化就迫使交通物流要
贴合市场、贴合村民、贴合作物[132]。发展村落交通物流，以多产融合为抓手，
要做优第一产业、做强第二产业、做活第三产业，方能实现多方合作共赢。

1. 多产融合，要利用村落交通物流的发展做优第一产业

农业生产是第一产业，也是最基本的产业，是提供支撑国民经济建设与

发展的基础产业。交通物流产业发展缓慢，是农村农业经济发展缓慢的主要原因之一。特别是在买方市场下，消费者对农产品具有绝对的最终话语权。农业生产经营者只能主动或被动地最大限度满足消费者的需求，才能在竞争中处于有利地位。比如，很多消费者在农产品的选择上，往往更愿意选择那些质优价廉的产品，这不仅仅要求农产品品控严格、质量过硬、有味道、有营养，还有就是具有一定的价格竞争力。因此，降低农产品在销售过程中的物流运输成本成为农业经营者、生产者比较有效的措施。这就要求交通物流的发展，要跟得上农业产业发展的特点与要求。

比如，农产品生产销售物流有受市场驱动大、季节性强、物流难度大、品种杂，数量大等几个特点，特别是农产品中的水果、蔬菜、鲜奶、活禽等产品具有保鲜时间短、易腐烂、越新鲜越值钱等特点，对物流运输有着非常严格的要求。而一般农户的运输则以自驾运输为主，规模小、成本高，在市场上没有竞争力。

这就要求利用现有或改造现有的运输硬件，组建多元物流模式，提高物流过程效率，缩减运输物流成本，真真正正地助力农产品的销售。

具体措施包括加快村落交通的基础设施建设，不断提高完善道路的长度、货车的运力等，来推动农村运输网络的通达深度和覆盖密度不断优化。还可以兴建或利用农村物流园区，防止鲜品过早腐败，从而节省成本，将农产品进行统一存储、统一管理、统一出货甚至统一配送等，使现代物流为传统农村和农业服务，成为帮助农民致富的渠道。此外，采用协同物流，通过共同配送、共享物流网络等工具，以及定时、定量、合作运输等方式，对特定的季节性农产品，进行集约化的管理与销售。把分散的农产品经营者组织起来，增加相应的配套运输，能够在一定程度上降低流通成本，提升农产品的竞争力，提高农产品生产经营者的比较收益，从而切切实实地带动农民致富。

2. 多产融合，要利用村落交通物流的发展做强第二产业

推动物流发展，对第二产业的发展来说是降本增效的好事，有利于促进

两业深度融合[133]。

农村村落不比城市港口，但也有第二产业发展的需求，最突出的集中在手工业和加工业[134]。

3. 多产融合，要利用村落第一、第二产业的发展，做活第三产业[135]

随着互联网的兴起，网络购物成了现代人必备的技能。但部分偏远乡村由于基础交通设施发展相对落后，与外界特别是网络的交流较少，物流网络不通仍然会造成城乡二元化结构最大剪刀差。因此，在传统村落大力发展交通物流，把乡村第三产业做"活"，是实现"三产融合、发展一二产业"的关键所在。

利用村落第一、第二产业的发展，做活第三产业，还可以通过发展休闲农业和乡村旅游、农村电子商务等新兴的产业来相互促进。

实际上，多产业融合已经不止步于某一两个产业零散机械的结合，而是通过线上与线下、实体与虚拟、数字与智慧物流等方式在进行着深度的融合。

总之，发展交通物流产业，以多产业融合为抓手，进行产业升级与互通，最终不仅能实现多方合作共赢，还是振兴乡村的题中应有之义。

5.2.3 探索多村联动发展模式，形成区域连片发展

习近平总书记对全面小康有着非常深刻的论述[136]。而传统村落的发展恰恰遵循着其中的道理，需要探索多村联动的发展模式，形成区域连片发展[137]。

假如某一个村由于资源或者地理、水土原因而优先发展，优先发展的村落不顾及周边发展较慢的村落，不在交通及物流方面予以方便，最终会导致整个乡镇、整个县、整个市的交通不能成一个体系，只能成为零散的片段，最终也会导致发展好的村由于物流不畅而受到影响。我国是社会主义国家，讲究"先富带动后富"，所以在交通物流发展方面更要发挥集体的优势，探索属于整个大区域的协同协调发展，这样才能形成具有集体优势、制度优势

的交通物流新局面[138]。"四好农村路"的效益初步呈现,它不仅拓宽了农村经济发展的渠道,更重要的是一条条纵横交错的农村路相互贯通,将各个村落串起来,使乡村潜力得到了发挥,让乡村价值有了新的提升,最终撬动乡村振兴,赋能共同富裕,推动农业农村高质量发展。

5.2.4 鼓励成立农村合作社,规范化运营

农民专业合作社是在农村家庭承包经营基础上,同类农产品的生产经营者或者同类农业生产经营服务的提供者、利用者,自愿联合、民主管理的互助性经济组织。农村合作社在我国历史上有着特殊的地位。新中国成立初期,农民对社会主义改造的热情空前高涨,自愿将其土地、农具、耕畜等所有的生产资料投入集体所有,大家集体劳动,各尽所能,按劳分配,形成了一种新型的农业社会主义经济组织。农村合作社曾在社会主义大地上取得了空前的成功,后来因为各种原因一度淡出历史舞台。随着近年来新型农村建设,人们忽然发现,曾经这种互帮互助的模式,也适合多年后的今天。

鼓励成立农村合作社,不但是规范化运营的要求,更是要因地制宜、因时制宜、因人制宜,保障农村农民及其相关产业从业者各项利益的要求[139]。具体有以下几点要求。

1)要加强合作社建设指导服务。主管部门应该利用专访、受理咨询、线上课程、线下实操、发放宣传资料、开展专题活动等形式,组织相关从业人员深入农民专业合作社进行指导培训及答疑,从而加强管理、健全制度、完善章程、加强规范运营,以此来推动农村合作社的发展。

2)要加强合作社规范性管理。农村合作社组织首先要在法律的框架内运行,不能因为是合作组织,就抱着"法不责众"的老思想,以此来做出干扰市场、不正当竞争,甚至犯罪等行为。这些情况下,执法部门完全可以对这些行为进行相应的处理[140]。

3)要大力支持那些合作社组织内的贫苦个体,"先富带动后富"。主管部门要利用相关制度或者项目,合理地对于弱势的个体户进行政策倾斜或者培训扶持,这也要遵循公开公示、民主推荐、绩效评价等原则。要建立健全

相关制度及档案，确保合作社组织的利益不受侵犯，方能取得实效。

4）要抓好示范培育，特别是广大党员干部的先锋模范作用。农村合作社组织既然是一个组织，就要坚持党的领导。在组织内，广大党员干部的一言一行都会被群众看在眼里，从注册登记、筹措资金、发展组员、开发客户、完善规范章程和制度、组织培训、盈余分配等方面都要体现出党员干部的先锋与带动作用。此外还要调动组员的积极性，要树样板、培养或发现典型，以切实提高广大组员的积极性，从而将这份积极性与热情应用在组织的发展上[141]。

5.3 发挥规划设计引领作用，高质量推进集聚发展

5.3.1 以片区交通物流发展规划为引领，带动区域集聚发展

2007年开始的美国次贷危机，先后跨过大西洋波及欧洲，然后又影响了日本，将整个亚洲拉进经济危机的边缘。到2008年，美国次贷危机已演化为一场全球性的金融危机。整个国际金融危机也给我国带来了前所未有的困难和挑战。面对严峻局面，从2008年6月开始，党中央、国务院果断决策，及时调整宏观经济政策取向，提出实行积极的财政政策和适度宽松的货币政策，迅速出台稳定经济的"一揽子计划"。我国成为这场全球性经济危机中为数不多的，没有受到特别大冲击的国家。

2010年，非洲大陆又出现了社会动荡，从而引发了一系列全球性经济问题。虽然我国受到的直接影响较小，但是当时全球经济一体化正在快速推进，其他国家经济困难影响了中国的出口。同时其他国家，特别是发展中国家有大量的基础设施建设需求，但是因为资金问题，这一需求得不到有效满足。

在这种背景下，2013年习近平主席提出构建人类命运共同体理念并提出了共建"一带一路"倡议。

该倡议就是要发挥古代丝绸之路的桥梁作用，通过促进沿线地区的零散

的区域经济发展，实现互联互通，带动整个线路沿线经济的发展，最终形成一串、一片，使整个地区变得更加繁荣。倡议提出之后，得到了沿线各个国家的积极响应。自 2013 开始，我国对"一带一路"沿线国家的投资不断增长，累计超过 1100 亿美元，而我国和"一带一路"沿线国家的贸易额也已经超过了 7.5 万亿美元。

不仅如此，"一带一路"对促进我国国内经济增长方面的贡献也是非常显著的。北京大学国际关系学院教授翟崑自 2020 年 6 月开始，先后走访了国内多个"一带一路"合作项目，通过调查研究得出结论："一带一路"的原动力来自国内。

"一带一路"这样宏大的项目正是以片区交通物流发展规划为引领，带动了整个区域集聚发展最为经典的例证。同时也明确了，以片区交通物流发展规划为引领，带动区域集聚发展，有以下四个方面的要求。

第一，以片区交通物流发展规划为引领，带动区域集聚发展，要统筹区域交通物流发展的硬件基础，加强交通基础设施的全局性、长远性改造升级规划。

加强基础设施改造升级涉及对所在片区交通运输通道开发、运输枢纽建设、片区之间的交通网络联通等。可以发挥所处村落与片区的区位优势，对现有的交通通道进行摸底，对亟待解决的问题，结合实际进行规划，以畅通综合交通运输通道为目的，将整个片区纳入统筹发展。

运输枢纽建设也同样如此，要推动片区综合客运枢纽的统一规划、同步建设和一体运营，同时也要将提高其服务水平纳入规划内。比如，围绕县级物流枢纽布局，密切推进县、乡、村三级交通物流枢纽的打造和信息系统建设，从而联通各个片区的公路网，加强乡镇、村之间互联互通，带动特色农产品与旅游等沿线产业建设，有效推动乡村振兴。

第二，以片区交通物流发展规划为引领，带动区域集聚发展，要将持续提升片区运输服务能力与区域的全盘规划协调，打造快捷出行服务体系、现代货物物流体系、农贸旅游畅行体系。

打造快捷出行服务体系需要加快构筑大容量、提高效率包括以公交、巴士、私家车等出行方式为代表的快速客运，进而带动城乡客运服务一体化、发展一体化。打造现代货物物流体系，则需要大力发展多式联运，一方面，以碳中和、碳达标等环保理念为指引发展新型节能环保型或者低碳型物流；另一方面，构建现代智慧物流网络，更便捷地为买卖双方服务。

快捷出行服务体系、现代货物物流体系在规划下顺利推进，那么以此为工具服务农贸旅游畅行体系，从而带动旅游交通服务设施改造，完善农贸运输的信息化、智能化技术，更好地促进村落发展，推动乡村振兴。

第三，以片区交通物流发展规划为引领，带动区域集聚发展，要以新型科学技术的应用为指导，规划中植入智慧物流交通体系的理念，再以此为牵引，更有效地协调区域级发展。

近年来，5G、物联网、大数据、AI、AR、无人驾驶等新兴科技与交通运输行业不断"碰撞"，最终也在基础设施、交通装备、运输服务等方面促进了"智慧交通"的发展。以片区交通物流发展规划为引领，带动区域集聚发展，不能忘记现代科技的"鬼斧神工"之作用，要拥抱新技术，尤其在偏远乡村，利用新兴技术可以解决很多线下无法很好解决的难题。比如，这些新技术在提高交通安全防护水平，尤其在提高安全风险预警与管控水平方面，通过视频监控、智能报警等配备网络，起到了事半功倍的效果。

第四，以片区交通物流发展规划为引领，带动区域集聚发展，要有绿色交通的发展意识。"绿水青山就是金山银山"，发展区域交通，不能以牺牲环境为代价。特别是在规划之初，要严守生态保护红线，开展生态公路创建，因地制宜建设绿色交通。可以协调文旅部门，多个部门协作，在规划之初就考虑到道路交通物流发展对生态和旅游的积极影响，也要考虑到由此是否带来某些破坏，以及这些破坏是否有修复的方案等 [142]。

5.3.2　优化村落交通物流基础设施设计改造

从我国政府几十年来先后颁布的关于乡村发展的重要文件 [143] 中可以看出，优化村落交通物流基础设施设计改造应该从推动基础设施建设稳步提升、加速城乡客运体系完善、县乡村物流节点服务、农村物流跨业融合等方面进行设计改造（见图5-4）。

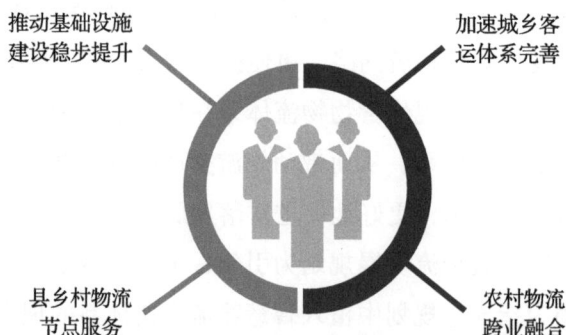

图5-4 优化村落交通物流基础设施设计改造的措施

首先，优化村落交通物流基础设施设计改造应该从推动基础设施建设方面进行。推动基础设施建设，就要以农村公路特别是村村通硬化路为抓手，以现行的公路数量与特点，考虑未来发展，进行新建或修缮，以此打造农村公路路网结构。除此以外，还要坚持交通基础设施先行，将站点的丰富、车辆的数量、从业人员的服务水平等都纳入其中。

其次，优化村落交通物流基础设施设计改造应该从加速城乡客运体系完善方面进行。客运是发展交通的引擎，优化村落交通物流基础设施设计改造的同时也要加速城乡客运体系完善。这就要以实现城乡公共服务均等化为目标，结合实际，从投入公交车辆、开通城乡公交线路、搭建公交信息网络等方面规划，优化客运资源配置，推进城乡客运公交化改造，真正服务农民。

再次，优化村落交通物流基础设施设计改造应该从县乡村物流节点服务方面进行。从县、乡、村三级物流节点服务方面规划，就要村级物流站点、乡镇综合服务站点、县区物流中心同步规划，切合实际，将物流交通的发展与产业的发展相结合，加快推进乡镇综合物流运营中心建设，确保村落交通物流基础设施能层层递进、层层获益。

最后，优化村落交通物流基础设施设计改造应该从农村物流跨业融合方面进行。从农村物流跨业融合角度考虑，以交通物流的搭建，促进各个产业的融合。比如，通过提升冷链设施设备水平，强化冷藏保温车运输管理，将绿色时蔬更快地送达消费者手中。同时，通过完善农村邮政快递服务网络，一方面，能让更多的农村产品走出去；另一方面，也能让农民像城市市民那样，不出村就能享受便捷的快递服务[144]。

优化村落交通物流基础设施设计改造就是要在结合实际的前提下，充分规划，做到村、乡、县、市的全盘考虑与有效联动，有的放矢。对于确实有需要的基础设施进行新建，对于不能满足人民群众出行及贸易要求的基础设施进行修缮，对于落后的予以升级改造。同时，更重要的是，将优化村落交通物流基础设施设计改造与农村协同发展，比如将第一第二产业的融合纳入全盘考虑，最终才能以交通物流的发展，带动区域经济的发展，使得农村振兴、农民增收。

5.3.3 抓好既有交通物流设施的运营

传统村落交通物流发展的实施，要抓好既有交通物流设施的运营，一方面将资源更合理更有效地利用，另一方面要防止借助传统村落交通物流发展而进行的"大拆大建"[145]。

在农村建设的全局如此，在交通物流基础设施的运营上更是如此。由于急功近利的政绩观在作祟，导致很多负责交通物流基础设施建设运营的人或部门，都抱有能拆则拆、能弃则弃的陈旧思想。这更加凸显了抓好既有交通物流设施运营的重要性。

虽然，目前相当一部分村落还存在建设资金投入不足、设施较为薄弱、交通运输环境不优等客观问题，但是，相关部门要更加强调抓好既有交通物流设施运营的重要性。这些问题已经在持续一步步改善中，问题不能成为不重视既有交通物流设施运营的挡箭牌。道路交通物流基础设施事关人民通行环境、交通安全和经济发展，各相关部门一定要高度重视，主动作为，重视既有交通物流设施运营，全力打造安全、畅通、有序的道路交通环境。具体有以下几点要求。

首先，抓好既有交通物流设施的运营要做到全面排查。要做到对辖区内公路里程、道路养护、运载车辆、从业人员、中转站点，甚至包括路段交通标志标线的施划、交通信号灯的设置和电子警察的使用都要清楚。只有在充分掌握了这些设施的数量、使用程度、存在问题，才能"对症施治"。比如，对明显面临短缺、人民群众急需的交通基础设施，要通过新建扩建全力满足需求；对于陈旧设施需要改造升级的，也要根据具体情况，在全盘考虑的基础上，进行针对性的改造，更好地服务于群众；对于交通安全设施隐患早发现、早消除，减少交通拥堵和交通事故，特别是在大风大雨等恶劣天气发生的时候，更要加大巡逻密度和维护力度，及时发现道路交通基础设施隐患，做到发现问题及时整改修复。

其次，抓好既有交通物流设施的运营要做到完善农村道路交通管理服务机制、完善道路交通建设规划实施细则，将现有的交通物流设施纳入统一的规划中。要将既有的交通物流设施的运营按照排查的具体信息，进行分门别类，然后按照管理服务机制，发挥其效用。这需要主管部门根据道路交通建设的需求，按照先充分利用已有物流设施，根据已有设施的辐射范围，进行全域交通道网规划和建设，按照先急后缓的原则，逐步解决旅游快速交通和群众出行难的问题。同时，需要建议根据最新的建设标准要求，对交通物流设施（如乡村道路）建设进行测算，统一交通、移民、发改等部门道路建设标准，避免重复建设造成的资源浪费。

对于完善道路交通建设规划实施细则，可以顺势构建"内外通畅"的交通体系，从外部联通将点状的乡村运输网点融入整个区域，以区域的大通道促进村落的大开放、大融入。从内部畅通方面，加快推进现有破损道路修复，积极拓展重点路段提档升级和路面改造，为产业发展和乡村振兴提供坚实交通保障。

再次，抓好既有交通物流设施的运营要做到严格落实责任，强化要素保障，强化部门协作配合，提高日常小修保养的质量和效率，解决乡村道路小修小补经费不足、前修后毁的问题。

要严格落实责任，需要相关主管部门做好交通物流设施管理相关责任的具体分工，认真抓好日常运营的谋划、组织和推进。要强化要素保障，按照上级对于交通物流的相关规划，积极将交通物流设施管理与社会资本融合，以多元投入推进交通事业发展，促进交通物流设施更好地发挥作用。此外，还应该增强乡村交通物流设施的运营水平，从完善项目管理、道路设施维护、巡查巡检、人员培训等制度出发，应用最新技术，打造智慧交通物流，切实提高"四好农村路"比例。在道路养护方面，需要建立并完善道路养护资金投入机制，融入社会资本，向上争取农村道路维修经费，推行预防性养护、机械化养护，提高以道路为代表的道路设施的使用率，达到高水平运营。在从业人员培训方面，要加强技术性培训和服务性培训同步，加强乡镇有关工作人员的相关意识，让其掌握相应的技术与意识。还要利用 5G 定位技术，提高对破坏乡村交通物流的监管和惩处力度等。

最后，抓好既有交通物流设施的运营要做到创新宣传方式方法，深入贯彻交通为民的思想。不管是畅通各项交通物流动态信息，确保设施维修及时，还是明确责任，保障交通设施正常运作，或者将交通物流与农业手工业结合，都是一个目的，那就是交通物流的发展要以服务人民为根本，要提高农民的收入，要通过交通事业的发展促进乡村振兴。在交通物流设施的运营上也是如此。一方面要加强道路交通物流设施的运营水平的培训与宣传，努力提高社会公众对物流的有效利用，营造舒适安全和谐的交通环境；另一方面，也要有服务于产业发展、服务于农民增收的长远考虑和大局观。所以，具体在既有交通物流设施的运营上，就要发掘既有交通物流设施的深层次的价值，比如把既有交通物流设施与电商快递、乡村交通与特色产业、乡村交通与农村各项事业融合，打通县域、城际交通的"最后一公里"，充分发挥引领和保证作用，让现代的交通产业为满足人们日益增长的美好需求发挥更大的作用[146]。

5.3.4　优化物流体系的联通、设计

农村物流具有配送量大、配送范围广、配送方式多、配送品种差异性大等特点，导致农村物流发展过于分散、不成规模，以及配送质量低、满意度不高等缺陷。这都反映出农村物流体系的联通、设计出现了一些问题，亟待

优化。

21世纪是信息化的世纪，特别是随着互联网、5G、人工智能等技术的发展与大数据的应用，现代的物流早已经更新迭代数次，智能分拣、无人配送等新的方式也如火如荼。随着农村电子商务的发展，对物流的智能化与现代化也有着新的要求。在迅速崛起的农村市场，应用高新技术，优化物流体系的联通设计，也成为题中之义。物流配送信息化、智能化、互联网化，物流的全周期全方位发展，除了对技术的呼唤，还有来自基础设施和人才的困境。

比如在绝大多数农村实现村村通公路交通外，还有一些偏远地方的交通和通信网络还不够发达，导致物流成本居高不下，因此物流发展缓慢，尚处在初级阶段。特别是农村物流的配送环节较多，但农民对于农业物资及生活必需品需求相对旺盛的时候，这些产品往往要经历多个环节，逐层产生了更多的成本，造成人为的损耗浪费，最终转嫁到农村消费者手上。

农村物流还有人才短缺的问题。由于经济的飞速发展，越来越多的青年涌入城市，部分农村日常从事生产活动的大多是中老年人。这一群体文化程度较低、体力有限甚至行动不便，不会成为农村物流的消费者，更不会成为传统村落物流的从业者。越是缺少消费者，越是制约着农村物流的发展，农村物流越是发展缓慢，其成本则越高，就这样陷入了一种恶性循环。

没有了令人愁苦的贫困，乡愁就会越来越浓[147]。乡愁浓了，就会吸引大量外出农民工返乡创业，发展就越来越好。所以，农村物流交通的发展，有着极高的战略地位。

优化物流体系的联通、设计，首先要着力解决目前农村物流信息化程度低、配送乱、集成度不够等问题。要满足农民的切实需求，从需求出发，对整个物流通道的各个环节进行深度联通、针对性设计，满足农民季节性的农用物资、农产品的需求。要以互联网的快速发展为契机，在及时性、高效性上大力提升服务水平与细节，要整合现有的资源，结合本地的实际情况来扩大配送规模等。具体有以下几点要求。

第一，优化物流体系的联通、设计，需要把农村物流体系、商贸流通体系、农村消费体系结合起来，联通农商，推动农产品进城与工业品下乡，形成强有力的内循环。为此，要完善农产品的源头化生产机制，打造拳头产品，对接物流，使之成为现代农业项目。还要发挥市场主体作用，分类推进快递进村，利用国家基础物流（如邮政）的网络优势，拓展覆盖区域，服务农村农民，满足村民健康合理的消费需求。在国家的号召和市场的驱使下，以顺丰、菜鸟、苏宁等为代表的物流企业利用建设共配项目，不断探索和加码布局农村物流体系建设，推动了农村物流事业的发展。

其中，菜鸟智能物流控股有限公司利用其旗下的"菜鸟驿站"对全国超过1000个县城、3万个乡村服务网点覆盖，在一些县域进行共配网点的探索，个别网点还深入村镇，建立起了乡村版的"菜鸟驿站"。在这里，农民完全可以享受丝毫不亚于城市居民的便捷取收件服务。更重要的是，基于菜鸟智能物流快捷的共同配送体系，在乡村农产品的主产区设立网点，打通物流线路与消费市场，让农村的农产品也实现了产运销一体化，给农民带来切实的帮助。顺丰则利用驿加易在全国500多个县域开展"县域共配中心＋村级服务站"的县、乡、村三级物流体系。顺丰通过支线共配、分拨共用、配送集约、终端共享等技术，不但极大降低了相关经营成本，而且通过"快递进村"打造了"物流＋农产品电商"的模式，促进双方共同获利。苏宁物流一方面依托"产地仓＋区域中心仓群＋前行仓群＋前置仓群"的四级仓网布局，实现快速送达；另一方面，还联合邮政、顺丰等携手推进快递进村业务，在农村地区灵活运用共同配送等多元化配送模式。

第二，优化物流体系的联通、设计，需要利用政策优势，简化农村物流网点的相关手续，加强寄递物流基础设施建设。由于农村地区物流基础设施的薄弱，造成农村物流产业经营成本高、收入少，这些地区的物流企业及个人大多盈利能力不足，很难常态化发展。为此，优化物流体系的联通、设计时要以点带面，考虑到各个村落产业及从业人员的状态，进行合理的设计；再针对设计，联通多个村落，推动资源共享和整合，使整个片区的物流事业做大做强[148]。

第三，优化物流体系的联通、设计，需要强化发展导向，利用科技手段，构建县、乡、村三级物流配送新格局。强化发展导向的重点之一是强化市场导向。要在宏观政策的引导下，充分发挥市场的主导作用，按照农民消费升级需求，发挥市场的调配作用，利用物流发展，进行配套设施的相关设计与联通，促进相关产业的发展与融合。强化发展导向的另一个重点是强化融合导向。以产业的融合和城乡的融合为突破，进行城乡物流运输体系的一体化设计，推动农产品全程物流体系监管与运输，实现农产品从种植、采摘、生产加工到销售全过程的支持。此外，优化物流体系的联通、设计还应该利用互联网的飞速发展，推动配送资源共享，推进"多站合一、一点多能、一网多用"局面的形成，让整个物流体系的发展更符合市场要求和群众需求[149]。

5.4 推动区域物流融合发展，产生联动效应

5.4.1 建设区域性交通物流中心

世界发达国家的历史经验表明，功能齐全、层次丰富、集散性强、辐射宽广的区域物流中心在整个地区经济发展中有着极其重要的推动作用。地区经济的发展也会进一步滋养整个区域物流中心，最终达到地区和区域的共赢[150]。

建设区域性交通物流中心，首先需要发掘地区地理优势、历史文化优势和产业优势，利用这些优势，做好战略定位与明确的细则规划，争取各方支持。

一般区域性交通物流中心都会有一些地理优势，比如处在交通要道或者城市群的核心位置，铁路、公路纵横交错、四通八达。优越的区位交通优势，才能将周边地区的人流、物流、资金流、技术流、信息流齐聚，打造成交通物流中心后又辐射周边城市、省份。农村区域性交通物流中心也是如此，一般是来自交通的有利位置，在历史长河中的很长一段时间内扮演着中转物流的角色。随着城市化的发展，很多村落的交通枢纽功能丧失，渐渐退

出历史舞台。

随着乡村振兴战略的发展，这些退出舞台的村落或区域，都有必要根据自己的地理与历史条件，在一定区域内找到自己交通物流中心的定位，发展自己的产业。将物流交通运输的发展与农业产业相结合，从而更好地推动产业发展，带动农民致富，实现全面小康。

建设区域性交通物流中心，还需要政府强力支持和主导，市场参与，共建共治。近年来，多个城市和地区先后下发了《现代物流业发展三年行动计划》，明确提出了要打造区域性交通物流中心的决心。从执行层面上来看，这需要政府强力支持和主导，通过政策性文件，综合协调各行业各部门，积极引导相关企业参与，按照市场规律与相关法律，在市场准入、财税支持、建设用地、运输管理、产运衔接、资金保障等方面支持现代物流业加快发展，加强物流基础设施建设，并积极研究解决商贸物流业发展中遇到的困难和问题。比如充分利用现有物流资源，坚持传统市场与新兴市场相结合，注重城乡的联动与结合，将产业与电子商务结合，与现代物流结合。有了政府强力支持，还需要完善物流的法律法规和标准，规范行业发展秩序。特别是物流中心建设参与的相关行业标准，能保证运输的品质，还能在一定程度上节省成本。

建设区域性交通物流中心，也需要加强物流基础设施建设与加强"互联网＋物流"等技术结合，做到"软"和"硬"的结合。其中，优化物流交通网络及公路道路设施是前提。要优化物流基础设施布局，根据交通物流体系的建设要求，完善城乡综合运输通道和交通枢纽节点布局。同时要利用以"互联网＋"为代表的新型应用型技术，健全物流信息网。还要利用现代化的信息化技术、运输、装卸、搬运技术、仓储技术、自动化技术、智能识别系统等，不断提升物流设施，让物流装备现代化和智能化起来，也是智慧物流的要求。将线下的基础物流设施形成网络布局，线上的智慧化应用技术使物流的网络触手纵深到每个乡村，使之成为服务农业农村发展的微型"毛细血管"。

建设区域性交通物流中心，更需要创新驱动，利用自身优势不断探索新模式，才能发挥区域性交通物流中心最大的效用。创新驱动要储备物流相关人才，对人才提供培训、提供机会，树立其责任感、使命感，让其发挥主观能动性，在交通物流中心相关岗位上创造性地创造价值。

创新驱动还要积极引入企业，发挥企业对市场的感知能力，对产品的需求捕捉能力。特别是支持有一定实力的物流企业打破投资、行业，甚至区域界限，进行大物流事业的创新，不断提升一体化配套服务能力。各个企业如果发挥其市场主体的作用，打通消费者到生产者之间的通道，应用或创造出共同存储、越库作业、联合运输、协同配送、多供应商 MVC（模型、视图、控制器）等新型配送组织模式，不但可以从源头上减少中心城区货运车辆交通流量，更重要的是减少投入、节省成本、提高效率。

创新驱动还要发挥农民主观能动性，充分发挥供销社"指导农民种，引导农民调，帮助农民销"的主体责任，将农民的物流需要与企业对接交互。在此过程中，将农民的感受、需要、观察纳入物流模式。此外，还要加大力度推动物流业与农村农业及其相关产业的融合，积极推进"农业生产资料、农民生活资料下乡"和农产品进城的双向物流体系建设[151]。

5.4.2 大力发展完善生产性服务业

生产性服务业顾名思义，就是为生产性企业提供服务的行业，具体来说就是指为保持工业生产过程的连续性，促进工业技术进步、产业升级和提高生产效率提供保障服务的服务行业。从其定义也可以看出，生产性服务业依附于制造业企业而存在，贯穿于企业生产的上游、中游和下游诸环节中，是推动工业进步与水平提升的最重要的行业。据经合组织（OECD）相关数据，近十年来，工业生产性服务业是世界经济中增长幅度最快的行业。因此，生产性服务业[152]的概念与应用渐渐普及开来[153]。

按照国家统计局最新发布的行业分类，生产性服务业分为 10 个大类、35 个中类、171 个小类，包括通用航空、仓储和邮政快递、生产性租赁、人力资源管理、职业教育培训、批发与贸易经纪代理、信息服务、金融服务、研发设计与其他技术服务等。

大力发展完善生产性服务业，促进生产性服务业发展，就要提高信息技术服务水平，创新生产性服务业态、提升效率，促进工业生产流程再造和优化。这就要求加快农村互联网基础设施建设，同时也要求将新一代信息技术、计算机技术、数字技术、人工智能技术循序渐进、结合实际引入到农村的生产性服务业。这样既能坚固农村的生产性服务业基础设施建设基础，又能提升增强生产性服务业的基础实力。

现在以5G、人工智能等为代表的高新技术方兴未艾，可以利用这些技术，服务生产性服务业，创新生产性服务产品，增强服务产品功能，多方位满足生产型企业的需求，降低生产制造和社会交易成本，最终优化整个产业链的运转。

大力发展完善生产性服务业，促进生产性服务业发展，就要向结构调整要动力，优化生产性服务业结构。生产性服务业的发展水平决定着产业结构，进而影响着国民经济的可持续性。产品的核心价值集中在研发和市场，而生产性服务业恰恰把研发和市场二者都包含在内，是目前农村产业升级最急需的。在不大拆大建、不采取大规模刺激措施的前提下，发展农村的交通物流事业，就是要大力发展生产性服务业，通过向结构调整要动力来实现稳增长。

优化生产性服务业结构，可以先重点强化信息技术和数字技术对生产性服务的引领。在产品研发、生产设计、物流通信等环节突破，特别是在现代物流、线上电子商务、软件开发、人力资源管理等领域，利用新技术的指引，创新产品与服务，实现生产性服务业结构的产品调整、技术调整，从而优化产业结构。优化生产性服务业结构，还可以通过培育信誉好、服务质量高的生产性服务企业，扶持就业人员围绕产品设计、生产、消费过程所需进行大胆创新，提高生产性服务产品供给质量，研发推出普通与专业相结合、一般与特殊相结合的多元服务产品，延伸制造业产业链。

大力发展完善生产性服务业，促进生产性服务业发展，还要"以点带面"，大力培养生产性服务业急需的高端人才和创新团队，推动生产性服务业集群式发展。

推动生产性服务业集群式发展，就要以市场为导向，首先大力培养生产性服务业急需的高端人才。再通过政策引导，鼓励公司为主体与高等院校、研究机构、政府机关开展深入合作进行团队的创新。而后，利用企业的创新优势与成功经验，复制发展更多的生产性服务企业，产生集群效应。鼓励支持这些生产性服务企业依托孵化器、创新科技园区，实现生产与服务的同步驱动，建成设备先进、设施完善、服务水平一流的生产性服务业产业集群。

大力发展完善生产性服务业，促进生产性服务业发展，最后还应该加快生产性服务业向重点和薄弱环节发展，促进生产性服务业与先进制造业、战略性新兴产业深度融合。

随着近年来我国生产的重点放在先进制造业、战略性新兴产业，那生产性服务业也理应重点为这些企业做好服务。这就要求紧跟全球先进制造业发展大势，了解世界产业发展的特点，结合国内的实际及相关政策，将重点放在战略性新兴产业、先进制造业及相关产业。在做好产品研发设计时，与先进制造业进行合作与交融，扩大服务市场的需求，实现产品价值链的延伸和发展 [154]。

5.4.3 "物流"拉动"商流"，促使快递下乡

近年来，在相关政策指引下，[155] 我国农村寄递物流体系建设取得了长足进步，与农村电子商务协同发展效应显著，但仍存在末端服务能力不足、可持续性较差、基础设施薄弱等一系列突出问题，与群众的期待尚有一定差距。为加快农村寄递物流体系建设，国务院办公厅提出了多项措施，包括：强化农村邮政体系作用，加强邮政网点建设，加快邮政网络覆盖推进，提升农村邮政基本公共服务能力；健全农村配送体系，鼓励邮政、快递、交通、供销、商贸流通等多种配送方式共同发挥作用，实现有效衔接，提升农村寄递物流体系信息化服务能力；强化农村寄递物流与农村电商、交通运输等融合发展、构建冷链寄递体系等 [156]。

从快递下乡到快递进村，表述的不同，体现的是大变化。快递进村不仅

让消费品下乡有了落脚点，还将为农产品上行接通专快线，同时也能就地创造更多的就业机会，促进经济的稳步复苏与发展。

促使快递下乡、实现"快递进村"，说起来容易，施行起来不得不面对一些共性的难题。首先就是农村快递物流基础设施薄弱，网点少、相对比较零散、缺少有效利用等，都是比较突出的问题[157]。"快递进村"难，还难在农村群众的消费需求目前还不足以支撑快递行业所需要的"规模效应"和"网络效应"。但是，从相关数据中仍然可以看出，农村群众对于快递购物的需求增长明显，据统计，2020年发出的835亿件快递中，30%是从城市发往农村，农村快递数量的增长率比城市地区还高出10个百分点。

"快递进村"难，目前还面临着成本相对较高、很多企业积极性不高的问题。不少企业反映，农村快递价格与成本存在倒挂，也就是说快递公司送一单、赔一单。所以，很少有企业愿意把触角伸到农村地区。

即使"快递进村"面临着一定困难，但农民占我国人口的绝大多数，农民的消费也以远高于城市局面的增长率飞速发展，只要把眼光放得足够长远，就会得出"广阔农村、大有可为"的结论。因此，一些大的连锁性的快递物流公司也已经开始布局农村市场。

比如菜鸟与申通、中通、韵达等快递公司合资成立了溪鸟物流科技公司，利用自身在物流快递行业的深耕，研发出一套能够联通各快递公司包裹信息处理系统的信息端口，将原来零散的快递进行统一数字化管理。应用在基层，就是县一级的快递物流公司加上乡镇一级的网点，可以将农村地区零散的快递进行流水线处理，将原来各自为政的分散局面变成成本核算、收益共享、风险共担的局面。这不但节约了成本，而且扩大了辐射的范围，提高了企业的收益。据相关数据显示，目前菜鸟的这个项目已经覆盖超过1000个县城和30000个乡村服务网点，有了一定的影响力。通过这套商业模式，一些县域共配网店已经深入乡镇，让村民实现送件上门，也可以上门取件。

由此可见，促使快递下乡，关键在于将物流与电商结合，让企业和消费者双方都获利。也就是说，农村村民需要消费的同时，城市的广阔市场也需要来自乡村田园的高品质生鲜农产品，这其中都需要物流快递的支撑。这就要求做到，通过"物流"拉动"商流"，即将物流快递的发展与农村产业结合，与村民需求结合，利用城市的物流模式及基础设施，创造出更高的效益，带动村民致富，刺激村民合理消费，振兴乡村经济。

"物流"拉动"商流"，促使快递下乡，需要做到利用"快递下乡"的广覆盖优势和农村交通物流基础设施优势，进行物流的覆盖提升与服务提升。"物流"要拉动"商流"，首先就要加快农村寄递物流基础设施建设。比如，现在大多数农村地区缺少冷链物流基地建设，而新鲜的农产品要通过物流走向城市乃至全国，冷链运输相关设施是必不可少的。特别是农村的生鲜产品，不仅对保质期有着较短的要求，还对口感有着较为挑剔的要求。要大力发展或利用相关城乡冷链物流设施，补齐短板，比如县域协调配合支持或者应用企业角色介入以租赁或者其他形式展开合作，提升区域冷链物流水平和运输服务水平，推动城乡居民消费升级。

"物流"拉动"商流"，促使快递下乡，还需要做到因地制宜开发农村相关特色产业，将农村的好东西通过快递物流源源不断地输送到城市，到达消费者手里。需要鼓励支持农村立足县域，挖掘特色农产品，适应现代农业发展需要，建立农业示范项目，为农产品的消费者供应链寄递服务，推动"互联网＋农产品"出村进城。比如，有些地方相关企业正在积极打造"一县一品"特色项目，通过线上线下的联通，实现"工业品下乡，农产品进城"的双向互通。

"物流"拉动"商流"，促使快递下乡，更需要调动广大村民的积极性和消费热情。一方面，满足村民日常所需的正常消费与从事生产所缺的大宗商品需求；另一方面，必须调动其积极性，让其有意愿主动参与快递物流在乡村的建设，为快递下乡吸纳人才，拓宽渠道。

最后，"物流"拉动"商流"，促使快递下乡，也离不开目前日新月异的智慧技术的支持。比如，物联网、大数据、人工智能等技术与农村实际结合，在县级或者乡镇级的物流中心进行应用，提升效率，降低成本，提高满意度。可以引导、鼓励相关企业利用邮政技术优势，发挥邮政服务在农村末端寄递中的基础性作用，提升"快递进村"服务水平，以及与产业融合的深度[158]。

5.5　小结

传统村落交通物流发展的实施主要靠发挥村民主体作用，统筹推进，发挥规划设计引领作用，高质量推进集聚发展，推动区域物流融合发展，产生联动效应等方面进行。

具体到发挥村民主体作用，统筹推进方面，要以党组织建设为引领，凝聚村民发展共识，以多产融合为抓手，实现多方合作共赢，探索多村联动发展模式，形成区域连片发展，鼓励成立农村合作社，规范化运营。

发挥规划设计引领作用，高质量推进集聚发展方面，需要做到以片区交通物流发展规划为引领，带动区域集聚发展，优化村落交通物流基础设施设计改造，抓好既有交通物流设施的运营，优化物流体系的联通、设计。其中，以片区交通物流发展规划为引领，带动区域集聚发展，要以新型科学技术的应用为指导，规划中植入智慧物流交通体系的理念，再以此为牵引，更有效率地协调区域级发展。

在推动区域物流融合发展、产生联动效应方面，则需要建设区域性交通物流中心，大力发展完善生产性服务业，用"物流"拉动"商流"，促使快递下乡。

世界发达国家的历史经验表明，功能齐全、层次丰富、集散性强、辐射宽广的区域物流中心在整个地区经济发展中有着极其重要的推动作用。地区经济的发展也会进一步滋养整个区域物流中心，最终达到地区和区域的共赢。而近十年来，工业生产性服务业是世界经济中增长幅度最快的行业。为了"物流"拉动"商流"，促使快递下乡，应该大力发展完善生产性服务业，促进生产性服务业发展，就要向结构调整要动力，优化生产性服务业结构。

同时，发展农村交通物流，还可以研究欧美、亚洲地区发达国家的经验，构建完善的物流网络体系，设置农村交易驿站，发掘自身文化和特色农业产品。这是农村交通物流发展的一个新思路。

第6章
我国传统村落交通物流的未来展望

6.1 引言

在过去的十余年间，贵州大地发生了翻天覆地的变化，尤其是在交通基础设施建设上，贵州通过"四好农村路"建设，不仅打通了村民的出行路，还为农村的产业发展铺就了致富的康庄大道。

近十年来，贵州省累计投入 1593 亿元，新改建农村公路 9.2 万千米，实现了所有 30 户以上自然村寨全部通硬化路，让曾经封闭的村庄与外界紧密相连。

位于贵州省毕节市黔西市的化屋村（见图 6-1），曾经是一个苗族聚居的"悬崖村"，因为交通不便，村民们不得不沿着村后的悬崖攀爬，走"手扒岩"出村。村里生产的特色农产品、手工艺品很难运出去，村民们生活艰难。2004 年，随着一条 14 千米长的乡村公路打通，化屋村终于连接上了"外面的世界"。这条乡村公路不仅带来了物资的流通，还将游客源源不断地吸引到这个大山深处的村落。

十年间，贵州通过"四好农村路"建设，实现了从"出行难"到"路路通"的历史性跨越。到 2023 年年底，全省农村公路总里程达 18.5 万千米，基本覆盖了所有 30 户以上的自然村寨。交通基础设施的改善并不仅仅带来了便捷的出行，更为传统村落未来的交通物流发展铺平了道路，开启了更广阔的发展空间。化屋村道路见图6-2。

图6-1　化屋村

图6-2　化屋村道路

随着交通的改善，化屋村依托其独特的自然风光（见图6-3），逐步发展起山水观光、休闲度假等乡村旅游业。闲置的民房变成了农家乐和民宿，传统的手工艺品如刺绣和黄粑也逐渐成为游客争相购买的热销商品。曾经深藏于乌江源头的古老村寨，如今已成为百里画廊中的热门景区。

图6-3　化屋村景色

化屋村的发展并非个例。在贵州，像化屋村这样的故事遍地开花。位于铜仁市的云舍村，因为莲花大道的建设，不仅通上了石板路，还被评为4A级旅游景区，成为"中国土家第一村"。村里的42家民宿和52家农家乐依托交通便利迅速发展，村民们不再需要外出打工，而是通过发展旅游产业，实现了在家创业的梦想。

贵州的农村交通建设，连接的不仅是道路，还承载着无数村民对美好生活的希望。从大规模的农村公路建设，到快递、电商等物流体系的逐步完善，贵州的农特产业、乡村旅游等逐渐驶上了发展的"快车道"。例如，贵阳市修文县的赤松茸种植户李福贵通过无缝衔接的物流系统，将新鲜的松茸菌从田间直接送到全国各大城市的商超货架上，确保了36小时内的黄金口感。这样的物流速度和精准度，是以前贵州农村无法想象的，而这些交通物流的改变也让这些村落、这里的人民生活发生了天翻地覆的变化。

从贵州这十余年的农村交通发展中可以看出，交通物流系统的发展对农村经济、旅游业和居民生活的巨大推动作用，对传统村落的保护、传承与开发有着极大的促进效果。通过完善交通网络，村落与外界的联系变得更加紧密，农村产业也得到了前所未有的发展，传统村落的特色得以被更多人见识、喜爱、传承，其价值体现获得了更广阔的空间。

传统村落是中华文化的重要载体，具有深厚的历史、文化和生态价值。这些村落往往有着几百年甚至上千年的历史，保存了丰富的古建筑、传统习俗和生活方式。它们不仅是文化遗产，还是生活在其中的村民的家园，承载了代代传承的情感和记忆。然而，这些村落的发展面临着许多挑战，其中之一就是交通物流问题。

目前，我国传统村落的开发保护已经受到了政府的强烈重视，在交通物流发展方面取得了良好的成果，虽然其中还存在一些问题，但整体区域已在不断趋好。高速公路、高铁和现代物流系统，已经改变了物流和供应链管理的格局，使得传统村落的交通模式发生质变。

基于此，本书从现状出发展望我国传统村落交通物流的未来，深入探讨传统村落乡村振兴的具体面貌，同时考虑如何在未来更全面地开发传统文化中的这一瑰宝。希望通过这项研究能够为传统村落的可持续发展提供有益的思路，以便这些村落在未来能够继续繁荣、传承，并在我国社会发展之中展现更大价值。

6.2 传统村落交通物流的未来发展展望

人类面貌的革新与出行效率的提高都是拜技术进步所赐。近一百年来，随着科学技术的不断革新，人们在交通出行及物流方面取得了巨大的进步。进入21世纪，科学技术的革新是以十年计的，每一项新技术的创新与应用周期都越来越短，发挥的作用却越来越大。大数据、人工智能、物联网这些技术真正走上舞台被应用也是近十几年的事情。

6.2.1　未来 15 年：交通网络更畅达，农产品更畅销

早在两千多年前的战国时代，庄子就在《逍遥游》中写到过"列子御风"的故事。在庄子的笔下，"夫列子御风而行，泠然善也"，塑造出一副凭借"神力"超级洒脱的真人的形象。春秋时代鲁班和西汉王莽时代的飞人试验都是古人努力探索飞行的实践。科学家们经过几千年的努力，终于使幻想成为现实。现在人们不仅可以乘坐飞机在高空飞行，还有热气球、飞艇等形式的飞行器，甚至宇宙飞船早已实现"可上九天揽月"的畅想。

今天，我国的交通建设也正在快速发展，交通网络不断提升，极大地推动了社会经济的进步。根据交通运输部《2021 年交通运输行业发展统计公报》的数据显示，2021 年全年，我国完成交通固定资产投资 3.6 万亿元，比上年增长 4.1%，两年平均增长 5.6%。截至 2021 年末，全国高铁营业里程达到 4 万千米，高速公路里程 16.9 万千米，农村公路里程 446.6 万千米，全国铁路营业里程达到 15 万千米，西部地区公路总里程占全国公路总里程的比重达 42.9%，并呈现稳步增长的趋势。与道路建设同步推进的，还有运输装备，尤其是大型装备数量的不断提升。

如果未来 15 年我国的交通网络发展保持这一增速，必将迎来全国交通网络的巨大完善。到那时，交通网络将像毛细血管一样，深入每个城市、县区乃至每个乡村，极大地促进农产品流通，助力新农村建设和经济增长。这样畅通无阻的交通物流体系将为农业发展注入新动能，让农产品更加畅销。

交通网络更畅达首先会体现在农村乡镇间的公共交通覆盖[159]，还体现在区域交通网络的不断延展[160]。

交通网络的畅达，势必会助力农产品的畅销。交通运输不发达的时候，山里的特产运不出。随着交通网络的畅达，多种运输方式深入各个村落的田间地头，交通枢纽及物流节点的星罗棋布，能保障特色农产品大量快速到达消费者的手中。借着区域得天独厚的地理优势，孕育出茶叶等有地标性、质量可靠的产品，农产品的畅销几乎已成定局。

6.2.2 未来 30 年：绿色智能交通物流网络更完善

绿色发展是我国现代交通物流网络建设的一大主题[161]。未来 30 年，我国的绿色交通物流事业将全面建成，首先是完全实现基础设施的建设环境友好、协调发展。比如，交通建设项目生态选线选址将以对环境的影响为重要的考量，避开具有重要生态功能的国土空间。在能源应用上，实现以油电混合、氢燃料、氨燃料、甲醇动力为代表的新能源和清洁能源的普遍应用，出租车、公交车等公共出行体系完成清洁能源全覆盖，构建低碳交通运输体系。最终，建成以绿色公路、绿色港口、绿色材料、绿色基础设施为代表，交通基础设施废旧材料、设施设备、施工材料等综合利用，具有浓烈地方文化特色和旅游特色的绿色出行物流网络系统。

值得一提的是，在交通基础设施废旧材料、设施设备、施工材料等综合利用方面，甘肃省交通规划勘察设计院股份有限公司下属畅陇公司走出了成功的探索之路。面对我国钢渣、废石膏等大宗固废利用率仍相对较低，大多露天堆放不仅造成浪费还造成环境污染等问题，畅陇公司独辟蹊径，用实验验证了钢渣在干旱与半干旱地区高等级公路路面结构层中的路用性能，证明包括矿废石、粉煤灰、废弃岩土、废旧轮胎等在内的工业废弃物，都能在交通公路工程中全资源化应用，为交通基础设施废旧材料的新应用指明了方向。可以畅想，再过 30 年，这项技术已经非常成熟，应用非常广泛，不但极大节省了公路设施的建造成本，而且对于环境的保护、资源的利用起到很大的作用。

不出门，点点手机就能看到周边出租车、私家车、共享单车的数量，对道路状况、出行路线、出行成本等都一清二楚，这是城市居民日常出行的写照。在大数据、互联网、人工智能、区块链等新技术的加持下，基于大数据和 5G 通信的普及，日常便捷的出行也在渐渐覆盖到各级乡村。在未来，特别是 30 年后，随着新兴技术的成熟应用，智慧交通和智慧物流将会得到极大普及，人们的出行及物流形式将会发生翻天覆地的变化。

首先，交通物流和数字技术、大数据技术结合，运用各种算法，有效协调海陆空多种形式交通运输方式的结合结构，统筹道路交通，带动车辆运行智能化，扩展到整个交通行业智慧化。

其次，未来的交通物流将自动化与通信技术相结合，丰富车辆的驾驶形式，让交通物流的设备更加智能。交通基础设施智能化、交通运输装备智能化、智能运输组织服务智能化，交通运输管理者对各种运输要素的掌握更加详细、及时、准确，出行效率、安全性极大提高。比如，现在还处于试运行的自动驾驶技术，随着时间的推移、技术的革新，会与互联网技术相结合，让智能网联汽车成为出行的新潮流。这背后都体现着车载传感器、控制器、执行器等装置的智能化、自动化以及信息技术的共享与融合。

最后，未来的交通物流与电子信息技术结合，让信息的收集、处理、发布、交换、分析及利用实现快速化、准确化、智能化。以智慧道路、智慧出行、智慧停泊、智慧装备、智慧物流、智慧管理为主要内容，将电子信息技术与自动控制技术、无线传感技术和数据通信等技术运用到每个交通系统的节点，完成智慧交通的系统性、实时性，以及信息交流的交互性和服务的广泛性[162]。

由此可见，未来30年，随着数字经济、人工智能等新技术、新业态的发展，绿色智能交通物流网络将更完善，城乡交通物流进一步缩小差距，更加便捷通畅。

6.2.3　未来50年：农业定制化进入元宇宙时代

农业是第一产业，是提供支撑国民经济建设与发展的基础产业。数千年的发展，农业也跟随着科学技术的进步而不断迭代。近代以来的科学技术革命让农业进入机器化运营时代。随着当代技术的发展，农业进入现代化的运营时代。机器化运营就是利用机器介入到农业生产的各个环节，本质上还是粗放式运营。而现代农业则是在农业生产的各个环节中利用先进技术进行精细化运作。随着智能化时代，特别是元宇宙[163]概念被反复提及，农业生产、加工、运输、销售、售后的全过程都会随之进行数字化升级。

比如，涉及农产品销售的电商平台，将农产品从田间地头到用户餐桌都生成了一套比较便利的，包括生产、分拣加工、冷链运输、配送的溯源系统，将农产品的所有信息都集中在一个小小的二维码上。

随着农业的数字化升级，农作物在培育时对包括土壤温度、湿度、pH值、各种养分肥力等数据的采集分析，对包括农具、保险、自然灾害、病虫害等数据的遥控，都被纳入算法中，通过 AI 算法的运算，最终进行"一网统管"。

如果 50 年后，农业的发展注入元宇宙的系统，那么势必走进定制化时代。

农业定制化进入元宇宙时代首先借助大数据的运算，精准地把控农作物的生长，使农产品的发芽、育苗、开花、结果、打浆、成熟始终保持在最佳状态。比如，利用监控系统对植物本身的数量、生长状态进行全程跟踪，对不符合该植物生长趋势的植株做预警提醒；还可以根据经营者及消费者的需求在农产品的生长场景中不断运用数据运算进行指导，将水肥等各种生产要素精准化，降低成本与能耗的同时，有效提高农产品的产量。

农业定制化进入元宇宙时代还可以通过自动化等技术，保存最佳种植决策方案，将农作物定制化生产的过程按照算法决策自动化，让植物生长方式无限趋近于自然最优，降低运营成本。比如，自动化系统会事先对土壤、空气、气象等情况进行数据采集，然后当作物进行非正常生长时，系统自动检测当下温度、湿度是否满足作物所需，未来两小时内是否降雨，以及水肥的位置与存量等数据后，会自动通过对应电磁阀、水泵开关和病虫害治理等系列操作。这一切的计算都可以依靠元宇宙系统精准自动化实现，不用生产者再去劳心劳力。

农业定制化进入元宇宙时代还可以利用数据建模和人工智能等技术，分析归纳农业生产经营面临的诸如病虫害、自然灾害等风险，提前提出应对方案。比如，通过图片识别技术，建立植物的基础模型，然后通过云主机进行分析比对，识别植物是否有病变，及病变位置、营养状态，是否有病虫害、有害生物入侵，对病虫害、有害生物入侵发出警示、生物入侵识别预警，从而提高种植植物的可控性，将损失降到最低。

农业定制化进入元宇宙时代最终还是通过元宇宙建立整个农业产品的全系统，根据市场规划、消费者偏好以及产品生产的过程特点，找到动植物最佳的生产途径，指导种子基因筛选培育与研发；通过科技手段定制产品，保存农业生产的最优匹配方式，最终使农业生产的市场价值趋近于甚至大于以往从来没有过的稳定性和合理性。

农业定制化进入元宇宙时代的要义还是通过一系列诸如 5G、互联网、VR 技术将原本与消费者相隔甚远的田间地头种植场景，以及冷链物流的过程，变成随时随地可以参与和融入其中并可以接触的生动化现实。这样消费者可以按照自己的喜好和需求进行订购或者认领，真正做到了定制化。不但如此，通过元宇宙，消费者可以实现从播种到吃进嘴里的全程参与，以及随时随地的参与，让农民和消费者直接交互，省略了大量的中间环节，让农产品更打动人、更真实、品质更有保障。这不亚于一场巨大的革命。

当然，元宇宙可探索农业定制化的道路远不止于此，相信在未来还会创造更多无法估量的价值。

6.3 传统村落乡村振兴的面貌

交通物流的发展与农业经营体系是相辅相成的关系。换言之，交通物流是促进农业和农村经济发展的重要基础设施和保障，而交通物流发展缓慢或者基础薄弱则是导致农业和农村经济发展缓慢的重要因素。

6.3.1 交通物流与农业经营体系相辅相成

农业的发展有很多限制因素，比如农产品具有季节性强、物流难度大、运输规模小、品种杂、数量大、销售单一等缺点，特别是农业的经营体系涉及农产品的生产、运输物流、市场销售等环节，运输与销售特别依靠交通物流。建立完善的农产品生产销售物流体系对农产品生产销售有巨大影响，所以，现代化的农业经营体系把交通物流的发展放在比较重要的位置。为此进行加强农村物流基础设施建设并提高覆盖密度、建立现代化农村物流园区扩大配送区域、组建多元物流模式协同物流共享物流网络、多种运输方式结合提高物流过程效率等措施，都是希望借助交通物流的发展，为现代农业赋能[164]。

无论是交通运输部门还是联合农业农村部的政策[165]，或者地方的发展，都可以从中看出交通物流的发展与农业经营体系是相辅相成的关系。也就是说，交通物流已经实实在在成为促进农业和农村经济发展的重要保障。而交通物流发展缓慢或者基础薄弱则是导致农业和农村经济发展缓慢的重要因素。为了现代化的农业经营体系的推进建设，为了乡村振兴，为了百姓致富，优先发展交通物流是毫无争议的。在未来，随着乡村的全面振兴，交通物流与农业经营体系则会相辅相成、相互成就，共同助力国民经济健康有序发展。

6.3.2 传统村落规划与基础设施建设更全面精细

振兴乡村、实现美丽乡村，是人人皆有的愿望，但是传统村落在进行现代建设时难免会遇到各种各样的问题，使得我国在乡村的规划与基础设施建设时，要更全面和精细。

首先，传统村落规划与基础设施建设时可能会出现规划管理协同性不足。传统村落规划与基础设施建设方案一般是多个部门联合制定、联合实施。比如，住建部门监管村庄房屋建设，国土部门负责乡村农田、建设用地的审批，农业部门负责农业的产业布局，林业部门则关心生态保护，水利部门关注农业用水及水旱灾害等。这种安排看起来是非常理想、非常成熟的，但是在施行过程中，往往会因为各个部门站位不同、看问题的角度不同，而产生不同的矛盾，这往往会造成工作上互相掣肘的局面，也会造成效率低下、资源浪费。如果是整个乡村要整合成一个区域统筹发展，那村与村之间为了土地、作物等问题而产生内耗的事情也是比较多见的。这也是传统村落规划与基础设施建设时可能会出现的协同性不足问题。

其次，传统村落规划与基础设施建设时可能会出现脱离村落发展实际的

"千篇一律"。传统村落规划与基础设施建设模式基本为自上而下,这其实是被动的,很多时间与农村、村民结合稍显不足。更有甚者,不但在农村建设的过程中没有延续村落原有的特色,而且存在盲目套用城市规划标准或者其他村落规划的方案,最终形成千村一面、城乡一貌。这通常是由于建设过程中忽略了农村的人、对农民根本权益的关注度不够高而产生的。这既硬生生改变了农民的生活习惯,又达不到"留住乡愁"的目的。

最后,传统村落规划与基础设施建设时可能会出现参与度不高而形成"烂尾"的现象。传统村落规划与基础设施建设虽然由政府主导,但是如果不鼓动村民积极参与,只是机械通知或者不广泛动员甚至硬性安排村民,有的时候不仅得不到村民的支持,还会引来反对,致使进行的建设项目不得不遗憾终止,形成未完全完成的"烂尾"工程。因此,村民在新农村建设中参与度不高也是一个需要解决的问题。

那么,针对上面的问题,传统村落规划与基础设施建设怎样才能做到全面精细呢?

首先,传统村落规划与基础设施建设做到全面精细,需要广泛调研、全员参与、切实可行。没有调查就没有发言权。想要全面精细打造传统村落,那么调查村庄人口、自然条件、发展历史、文化传承、现有设施、土地资源条件、农村土地承包经营权确权登记、相关规划和政策等资料一个也不能少。传统村落规划与基础设施建设虽然由政府主导,但是也需要广大干部在实施的过程中充分调动村民的积极性,让他们无论是在方案建议、施工保障还是入住反馈等环节都参与进来,发挥其主人翁的精神[166]。通过调研了解村民的想法与诉求,收集和参考的资料会更细、更全,在实施的时候,将这些意见进行及时反馈,那么村民参与的积极性将会更高。

其次,传统村落规划与基础设施建设做到全面精细,需要向个性化、实用化和全局化转变。在传统村落规划与基础设施建设中,要挖掘乡村的自身文化与历史特点,再结合村庄人口变化、区位条件,按照不大拆大建的原则,尽可能地在原有村庄形态上进行个性化特色挖掘与设计,解决"千村一面"等突出问题。

农村的设施是给人用的，所以必须根据村民的需要，设计实用性的基础设施。这要求统筹村庄发展目标、耕地、住房、产业、生态等因素，充分考虑设施的使用场景及人群，还要用长远的眼光看待乡村基础设施的建设，充分把握村庄发展空间布局的合理性与秩序性，确定未来用地需求，适当"留白"，从而根据产业发展、宅基地、设施配套、生态保护的需求进行提前设计。

最后，需要在制度前提下，用全局思维破局。过去，传统村庄规划大多是以扩张为主的方式，这样虽然能尽快提升村庄的硬件设施和建设速度，但是缺点也是显而易见的，比如，迅速地改造推翻，甚至出现农业生产用地的荒废等不应该出现的现象。

而全局化的好处是显而易见的。既能对乡村建设有具体的指导，在指导下统一工作底图，坚持底线思维、保护优先的原则，全面开展相关工作，又能统筹乡村土地整治、耕地保护、生态修复，将各个乡村连接起来，以区域的视角进行全面性的建设，最终建成个性化、接地气、很实用的新型农村[167]。乡村建设是实施乡村振兴战略的重要任务，传统村落规划与基础设施建设做到全面精细也是题中应有之义[168]，传统村落规划与基础设施建设的全面精细化发展正在一步步向未来靠近，成为现实。

6.3.3 传统村落消费潜力开发更充分

随着互联网技术的普及，互联网经济开始从大城市向县、镇甚至乡村"下沉"，随之而来的是让人们看到消费增长潜力巨大的乡村消费。根据阿里巴巴披露的2019财年财报数据，在这一年新增的一亿新用户中，有77%来自下沉市场，也就是广大乡镇农村地区。据2019年天猫发布的数据显示，"618"期间，天猫3C数码在三至六线城市的成交增速比一二线城市高出40%。不仅如此，京东发布的数据也显示低线级市场消费爆发，京东给出的数据是，在"618"期间，全平台低线级市场下单金额增幅为200%。奇瑞汽车、美的空调以及电动剃须刀、电动牙刷与苹果系列产品都广受乡镇农村消费者的欢迎。这些企业的数据，充分体现中国经济发展红利的溢出效应日益明显，显示出中国农村的强大消费力量，其背后是中国广阔的农村消费人群及中国经济的强大韧性。

据国家统计局官方网站发布的我国 2021 年居民收入和消费支出情况来看，2021 年，我国城镇居民人均可支配收入 47412 元，增长 8.2%，而农村居民人均可支配收入 18931 元，增长 10.5%；城镇居民人均消费支出 30307元，增长 12.2%。农村居民人均消费支出 15916 元，增长 16.1%。农村消费者释放出持续增长的消费热情，背后是其收入的不断上升，而这一切，都是得益于乡村振兴的伟大战略和脱贫攻坚的刻苦努力。

我国地大物博，幅员辽阔，经济的发展不能仅靠一线城市一枝独秀。作为带动内需的三驾马车之一，通过相关企业的大数据可以看出，我国的购物热情和消费力正从一二线大城市向三到六线城市下沉，并迅速蔓延向城镇乡村地区。而促成这种情况持续发展、良性发展、全面发展，也是全面推进乡村振兴的重要举措。现在看来，建设规范的农村消费市场，已经具备不少有利条件。

收入是决定农民消费意愿的关键。可喜的是，随着在中华大地上彻底消灭绝对贫困和一系列防止"返贫"措施的出台与实施，近年来，我国农村居民收入增速一直高于城镇居民收入增速，农村和城镇居民之间的收入差距不断缩小。随着乡村现代化的建设、电商与短视频兴起，农村居民也在不断探索着增收的新途径。农村居民的收入稳步增长，这是农村地区消费不断上涨的前提。

硬件建设是农民可以消费的基础。随着新农村的建设，"四好农村路"的修建、物流网点的逐步完善，"快递进村"的政策支持，乡镇农村级的相关软硬件设施虽然没有达到完备，但是也初具规模。这些设施的兴建，包括运输保障体系的建立，都是农村居民便利消费不可或缺的条件。

消费升级态势是农民消费自由的愿景。从目前来看，农村地区还广泛存在"未被满足"的消费需求。这既源于硬件基础设施没有尽善尽美导致的农村消费市场优质供给依然相对欠缺，又有监管相对松散导致的假冒伪劣产品较多的影响。同时，客观地说，我国城乡统一市场还未完全形成，部分地区仍然存在着"壁垒",使得正常的商品流通会受到不同程度的行政阻碍,这既增加了额外的交易成本,又导致农村地区因商品的价格问题使消费潜力释放受阻。

从这三点看,进一步激发农村消费者的潜力,既要完善促进农村居民消费的"硬设施"[169],又要打造满足农村居民消费的"软环境"。

首先,随着传统村落乡村振兴,相关"硬设施"会充分到位,充分满足传统村落的消费潜力。随着乡村振兴的推进,健全的运输保障体系建成,商品流通的成本与速度极大提升,农村地区的物流快递商业网点基本覆盖到位;随着市场监管力度的提升,严重影响农村居民购物体验的假冒伪劣产品被严格惩处……传统村落的居民消费潜力将会迎来再一次爆发。

其次,随着传统村落乡村振兴,相关"软件"会充分到位,充分满足传统村落的消费潜力。随着乡村振兴的推进,包括以消费金融服务、产品售后服务、基层维权体系等为代表的保障传统村落的居民消费的一系列政策支持与服务,也会逐步到位,让农村消费者放心消费、舒心购买,更好激发其消费热情。同时,农村广阔的市场会让一些生产企业、电商平台更多关注农村消费者的消费需求,根据农村生活特征进行商品数字化、智能化改造,让广大农村消费者也能享受到不亚于城市消费者的个性化、智能化服务。

再次,随着传统村落乡村振兴,消费下沉得到政策支持,充分满足传统村落的消费潜力[170]。可以说,农村地区的消费升级、先进产品的更新换代等,在政策层面得到了支持。随着乡村振兴的推进,特别是网络购物、移动支付等消费新业态的发展,农村居民消费意愿势必会得到极大满足。

最后,随着传统村落乡村振兴,全国统一大市场形成,城乡一体化加快,城乡交流联通无障碍,乡村居民走出去转转,充分满足传统村落的消费潜力。

2022年4月10日,《中共中央 国务院关于加快建设全国统一大市场的意见》发布。加快建立全国统一大市场制度规则,是为了打破地方保护和市场分割,打通制约经济循环的关键堵点,促进商品要素资源在更大范围内畅通流动。这样能减少各种人为的市场障碍,降低产品价格,促进消费活力,对农村地区居民的消费也起到积极的作用。随着交通运输各种设施及相关网络的发达，城市和乡村直接的交流会极大便利，乡村居民更加愿意走出去旅游，感受城市风光，也能提升乡村居民的消费意愿。

总之，随着传统村落乡村振兴，农村消费扩大、潜力释放，广大农村居民美好生活的需要被极大满足，还能为国家构建新发展格局提供更加有力的支撑。

6.3.4　传统村落文化传承与发扬

机器一声轰鸣，旧的土墙轻松倒下，座座新房平地起，村民们住上了现代化的房子；伴随着旧的习俗消逝，新的文化氛围没有形成，部分村民会有空虚感、落寞感，感觉没有了"根"。这是在乡村改造、现代化中常遇到的问题，虽然不是经常出现，但也折射出在乡村致富过程中传统村落文化没有很好地得到传承与发扬的现实。

传统村落文化是传统村落的"根"与"魂"，党和国家领导人多次强调，要传承文化，发展有历史记忆、地域特色、民族特点的美丽城镇，更要保护和弘扬优秀传统文化，延续城市历史文脉。特别是随着我国脱贫攻坚任务的圆满完成和绝对贫困问题的消除，广大农村居民对美好精神文化生活的需求比以往更加强烈，乡村文化的传承与发扬应当成为乡村全面振兴不可或缺的内容[171]。在党中央、国务院的引领下，乡村振兴正在全面推进，乡村文化的传承与发扬总体取得了可喜的成果。相信随着美丽乡村的全面建设、全面振兴，传统村落文化传承与发扬会成为普遍的状态。

习近平总书记指出："要坚持古为今用、以古鉴今，坚持有鉴别的对待、有扬弃的继承，而不能搞厚古薄今、以古非今，努力实现传统文化的创造性转化、创新性发展，使之与现实文化相融相通，共同服务以文化人的时代任务。"

从实践来看，一些地区地方对于传统村落文化传承与发扬的相关措施，值得学习，也将让未来传统村落文化传承与发扬成为普遍的场景[172]。

传统村落文化传承与发扬还有"文化和旅游融合"的新模式[173]。在实践中，很多旅游资源丰富的乡村借助民宿、餐饮、采摘、旅游等形式，也有效地带动了传统村落文化保护传承。

除了文化礼堂、县志编纂、"文化和旅游融合"的新模式，传统村落文化传承与发扬还有研究乡村的姓氏迁徙、古建筑、老民俗、传统工艺、先贤故事、地方掌故、名人题咏记述等途径，以此来进行乡村历史文化的挖掘和整理。特别是对于那些被列为文化保护对象和非物质文化遗产名录的乡村文化的研究与保护必须特别重视。

习近平总书记指出："要加强对中华优秀传统文化的挖掘和阐发，使中华民族最基本的文化基因与当代文化相适应、与现代社会相协调，把跨越时空、超越国界、富有永恒魅力、具有当代价值的文化精神弘扬起来。"

相信随着乡村的全面振兴，对乡村文化传统发扬的重视，乡村地区的优秀传统文化一定会得到传承并在村民手里发扬光大。

6.4 小结

随着全国对传统村落振兴的战略推进，交通物流发展显得尤为关键。在本章，我们深入探讨了我国传统村落交通物流的未来发展展望，明确了发展的主要方向。

传统村落的交通物流现状正在迅速改善。无论是乡村道路运输的互联率提升，还是物流配送系统的强化，或者是邮政快递和电商产业的蓬勃发展，都预示着一个事实：传统村落正处于一个交通物流转型的关键时期，既面临巨大的机遇，又伴随一定的挑战。

交通物流不仅助力了农业经营体系完善优化，还推动了传统村落的基础设施建设，开发了消费潜力，传承和发扬了村落文化，以及促进了农产品销售。这种综合性的推动作用预示着，交通物流在传统村落的发展中将持续发挥核心和关键的作用。

但相关人士也必须看到，交通物流在传统村落的发展中仍然面临一些挑战，例如，如何平衡快速发展和村落文化保护的关系、如何确保物流建设的绿色可持续等问题。这需要各级政府、企业和村落共同努力、综合施策，确保交通物流能够真正服务于传统村落的全面振兴。

总之，交通物流在传统村落的发展中扮演着举足轻重的角色。只有确保其健康、快速、高效、可持续地发展，才能真正推动传统村落走向现代化，同时保护和传承其宝贵的文化遗产。期待在不久的将来，通过交通物流的发展，每一个传统村落都能够焕发新的活力，成为国家乃至世界的一块文化瑰宝。

参考文献

[1] 张航. 乡村振兴视角下传统村落保护发展研究 [J]. 城市建设理论研究（电子版），2023（29）：14-16.

[2] 张经纬. 加强传统村落保护与发展的路径研究：以河南省安阳市为例 [J]. 农村·农业·农民（A 版），2023（19）：51-53.

[3] 刘卫珍. 成都地区传统村落文化遗产保护发展研究：以六个国家级传统村落为例 [J]. 四川戏剧，2023（8）：140-144.

[4] 李国庆，朱捷，黄微，等. 传统村落的景观基因评价研究：以重庆市石柱土家族自治县土家族传统村落为例 [J]. 中国城市林业，2023，21（5）：27-33.

[5] 赵小刚，王昱瑶，魏广龙. 近 20 年乡村旅游对我国传统村落发展影响相关研究述评 [J]. 河北工业大学学报（社会科学版），2023，15（3）：85-95.

[6] 黄明珠，越剑，薛婧. 传统村落保护公众参与模式构建：以贵州云山屯遗产保护工作营为例 [J]. 中国文化遗产，2023，117（5）：76-81.

[7] 刘悦德. 国土空间规划体系下村庄规划与传统村落保护发展规划两规合一联合编制方法的探讨 [J]. 福建建设科技，2023（5）：1-5.

[8] 周晓琴，李松，官秀娟. 旅游视域下云南传统村落保护与发展路径研究 [J]. 智慧农业导刊，2023，3（18）：106-110.

[9] 刘湘君，李兵营. 乡村振兴视角下翼城县传统村落旅游发展对策研究 [J]. 城市建筑，2023，20（18）：133-135.

[10] 范明琛，谭溪鑫，刘强. 两山理念中产业生态化发展在传统村落中的实践保护研究：以海南黎族传统村落为例 [J]. 产业创新研究，2023（17）：96-98.

[11] 王莎莎，塞尔江. 乡村振兴背景下传统村落保护和发展策略研究：以新疆木垒哈萨克自治县月亮地村为例 [J]. 华中建筑，2023，41（9）：119-123.

[12] 桑邓旺姆. 乡愁留得住 发展看得见 [N]. 西藏日报（汉），2023-09-07（5）.

[13] 李晓颖，赵静. 地域文化景观视角下苏南传统村落发展策略研究 [J]. 园林，2023，40（9）：66-73.

［14］田方舟.论传统村落保护发展的困境与出路：以乡村振兴中的风险社会治理为视角［J］.吉首大学学报（社会科学版），2023，44（5）：151-160.

［15］张晓东，王丽娜，彭昌容.井陉县传统村落产业发展与村民创收路径研究［J］.山西农经，2023（16）：118-120.

［16］谢瑜珠.客家山区传统村落保护与发展利用的对策建议：基于梅州市传统村落保护与利用现状的研究［J］.村委主任，2023（8）：115-117，122.

［17］王旭，韩凯舟.文化生态视角下山东沿黄流域传统村落保护策略探析［J］.中共济南市委党校学报，2023（4）：93-96.

［18］刘志根，余凌云，沈华恒，等.基于 GIS 的怀化市传统村落时空演变及发展路径研究［J］.绿色科技，2023，25（15）：187-191.

［19］张鹤蓝.关于传统村落保护与发展的困境和路径［J］.城市建设理论研究（电子版），2023（22）：4-6.

［20］岳慧，郑绍江.保山传统村落水环境景观空间保护与发展研究［J］.山西建筑，2023，49（16）：28-30.

［21］唐衡璇，冯凤举，陈建国，等.传统村落景观生态智慧的传承与发展研究：艺术乡建赋能民族地区乡村振兴研究系列论文之四［J］.文化创新比较研究，2023，7（22）：95-100.

［22］刘雪冬.传统村落与老年康养产业协同发展的价值和策略分析［J］.住宅与房地产，2023（21）：92-94.

［23］凡来，刘洋，张大玉.中国传统村落旅游发展空间格局及其影响因素［J］.经济地理，2023，43（7）：203-214.

［24］卢佳辰，刘爱利.传统村落非物质文化遗产发展的共生模式研究：以江西省寒信村为例［J］.资源科学，2023，45（7）：1396-1409.

［25］吴樱.传统村落文化保护与乡村旅游的文旅融合协同发展研究［J］.齐齐哈尔大学学报（哲学社会科学版），2023（7）：81-84.

［26］尹少丰，卓建南，陈洪武.定向赛事与传统村落旅游融合发展的动力与实现路径研究：以南粤古驿道定向大赛为中心［J］.武术研究，2023，8（7）：81-85.

［27］把传统村落保护好发展好［N］.经济日报，2023-07-19（11）.

［28］林莉，缪易洋.从资本逻辑到文化逻辑：传统村落空间生产的中国式现代化发

传统村落交通物流管理

展：基于苏州 W 古村落的调查［J］. 学习论坛，2023（4）：86-93.

［29］刘沛林，叶芳羽，刘瑞瑞，等. 乡村振兴视域下乡村旅游高质量发展的理论逻辑与战略路径［J］. 旅游导刊，2023，7（3）：1-22.

［30］包亚芳，孙治，蒋晗静. 旅游发展型传统村落地方文化活力的维度探测与量表开发［J］. 四川师范大学学报（社会科学版），2023，50（4）：89-98.

［31］徐琴倩，王文广，周子群，等. 精明收缩理论视角下传统村落的保护与发展研究：以湖南省张家界市马头溪村为例［J］. 农村·农业·农民（A 版），2023（13）：52-54.

［32］朱祥贵，张雯杏. 传统村落保护与发展地方立法的新路径［J］. 湖北民族大学学报（哲学社会科学版），2023，41（4）：110-120.

［33］李逸，邓小娟，杨凌鹏. 滇西南传统村落旅游经济发展现状与发展路径建构［J］. 四川旅游学院学报，2023（4）：52-56.

［34］赵明辉. 南京市江宁区传统村落文化景观保护与旅游开发协同发展潜力评价研究［D］. 南京：南京林业大学，2023.

［35］孙小亮. 传统村落保护与可持续旅游协同发展策略研究：以新疆木垒县水磨沟村为例［D］. 阿拉尔：塔里木大学，2023.

［36］皮鸿文. 广西传统村落旅游可持续发展评价研究［D］. 南宁：广西民族大学，2023.

［37］石松平，程晓丽，沈姗姗. 皖南传统村落保护与发展的村民主体性作用研究：基于扎根理论的分析［J］. 池州学院学报，2023，37（3）：34-38.

［38］陈晓华，吴仕嫱. 区域传统村落网络化保护发展格局、机制及引导策略：以安徽省绩溪县为例［J］. 安徽农业大学学报，2023，50（3）：473-483.

［39］赵子晴. 北京门头沟区传统村落保护发展策略研究［J］. 城市建筑空间，2023，30（A1）：84-86.

［40］刘雅婷. 基于文化遗产保护的侗族传统村落整体性保护与发展规划设计研究［J］. 城市建筑空间，2023，30（A1）：103-104.

［41］李田冉，段炼孺. 乡村振兴视域下传统村落保护与发展路径探析：以榆林市沙坪上村为例［J］. 建设科技，2023（12）：105-108.

［42］胡欣，韦胜文，胡炀. 非物质文化遗产型传统村落的保护与发展研究［J］. 知

识文库，2023（12）：5-8.

[43] 刘祖斌，曹梦雨，李港澳，等. 河南省黄河流域传统村落空间格局调查与发展策略研究 [J]. 农村·农业·农民（B版），2023（12）：35-38.

[44] 燕蓓蕾. 共生理论视角下传统村落保护与发展的策略研究：以富平县莲湖村为例 [J]. 工业设计，2023（6）：142-144.

[45] 余汇芸，石洁琼，毕忠松. 乡村振兴背景下徽州传统村落保护和发展研究 [J]. 安徽农业科学，2023，51（12）：237-240.

[46] 促进西山永定河文化带传统村落保护与发展 [J]. 北京观察，2023（6）：21.

[47] 汪雨，陈才. 海南传统村落保护与发展策略研究：以博鳌镇留客村为例 [J]. 农村经济与科技，2023，34（11）：179-183.

[48] 贺溪，廖健，黄佳，等. 元宇宙视域下传统村落数字博物馆构建策略与发展研究：以长沙段湘江古镇群为例 [J]. 衡阳师范学院学报，2023，44（3）：24-29.

[49] 郭海燕，张武桥. 聚落"双修"视角下传统村落转型发展的内生逻辑与路径探索：基于黔东南台江县交密村的实地调研 [J]. 六盘水师范学院学报，2023，35（3）：14-22.

[50] 罗艺晴. "三生"空间视角下赣西北传统村落分类引导策略研究 [J]. 农村经济与科技，2023，34（11）：52-57.

[51] 高健康. 郑州传统村落景观保护与更新设计研究 [D]. 郑州：河南农业大学，2023.

[52] 化晨肖. 郑州市传统村落景观基因图谱研究 [D]. 郑州：河南农业大学，2023.

[53] 薛国宇. 乡村振兴视角下传统村落景观规划设计研究：以孟津县横水村为例 [D]. 郑州：河南农业大学，2023.

[54] 张娅，刘晓青，张继之. 旅游发展背景下的传统村落空间耦合研究：以南京市石塘村为例 [J]. 城市建筑，2023，20（11）：99-102.

[55] 谷雨，王超，戚利平，等. 湖南省湘西地区传统村落乡土文化传承与乡村旅游协同发展研究 [J]. 西部旅游，2023（11）：12-14.

[56] 李海洁. 广西传统村落文化与旅游产业高质量发展耦合机制研究 [J]. 西部旅游，2023（11）：33-35.

［57］乔莉. 牟平河北崖村空间演变、保护和发展研究［D］. 北京：北方工业大学，2023.

［58］高明烨. 智媒时代河南传统村落文化传播研究［D］. 郑州：中原工学院，2023.

［59］祖萧. 包容性发展视角下的传统村落旅游发展研究［D］. 贵阳：贵州师范大学，2023.

［60］谌妹. 乡村旅游背景下安化县唐家观传统村落保护与发展策略研究［D］. 景德镇：景德镇陶瓷大学，2023.

［61］解怡宁. 景观基因视角下传统村落数字化保护路径研究［D］. 大连：辽宁师范大学，2023.

［62］王舰君. 黄河流域河南段传统村落文化的传承与发展研究［D］. 郑州：郑州轻工业大学，2023.

［63］吴双琳. 鲁中山地型传统村落景观基因识别与图谱构建研究［D］. 济南：山东建筑大学，2023.

［64］朱煜. 自组织视角下传统村落更新策略研究：以东小龙堂村为例［D］. 济南：山东建筑大学，2023.

［65］杜佳馨. 民间信仰空间对聚落发展的价值研究：以蔚县传统村落为例［D］. 北京：北京建筑大学，2023.

［66］张德欢. 基于人地关系的川西山区传统村落演变及对比研究［D］. 北京：北京建筑大学，2023.

［67］徐乾益. 蔚县传统村落礼俗文化活动空间解析与活化利用研究［D］. 张家口：河北建筑工程学院，2023.

［68］尹艺芝. 蔚县传统村落空间形态解析与保护研究［D］. 张家口：河北建筑工程学院，2023.

［69］刘加成. 文化生态系统视角下徽州传统村落保护发展研究：以绩溪县26个传统村落为例［D］. 合肥：安徽建筑大学，2023.

［70］邓维龙. 文化传承视角下传统村落空间活化利用研究：以歙县许村为例［D］. 合肥：安徽建筑大学，2023.

［71］章君吉. 基于图式语言的徽州传统村落空间韧性研究［D］. 合肥：安徽建筑大学，2023.

［72］王欢. 旅游视阈下的传统村落保护与发展研究［D］. 长春：吉林建筑大学，2023.

［73］杨冬雪. 中方县传统村落空间演变及优化策略研究［D］. 长春：吉林建筑大学，2023.

［74］陈旭辉. 社会转型下延边地区朝鲜族传统村落保护发展研究：以图们市水南村为例［D］. 长春：吉林建筑大学，2023.

［75］张家齐. 基于点云大数据的吉林省传统村落风貌体积漫游构建：以三道阳岔村为例［D］. 长春：吉林建筑大学，2023.

［76］洪陈. 南通林梓村传统村落景观保护与改造设计研究［D］. 南京：南京林业大学，2023.

［77］张文君. 集群视角下传统村落保护模式研究：以河北井径为例［D］. 北京：北京建筑大学，2023.

［78］王阳华. 传统村落旅游地"三生"空间重构的游客满意度研究：基于三个案例地的比较［D］. 太原：太原师范学院，2023.

［79］熊益鸣. 江西省南丰县传统村落景观基因识别及图谱研究［D］. 南昌：南昌大学，2023.

［80］赵晓俊. 乡村振兴视角下山西省传统村落联动发展研究［J］. 山西农经，2023（10）：44-47.

［81］王健. 马克思主义文化观视域下大理州云龙县诺邓传统白族村落保护性发展研究［D］. 大理：大理大学，2023.

［82］王晶玥，冀自杰，陈帆. 乡村振兴战略视角下传统村落保护与发展［J］. 城市建设理论研究（电子版），2023（15）：13-15.

［83］王叶芹. 乡村振兴战略背景下传统村落文化旅游资源开发研究：以昆明市晋宁区夕阳彝族乡为个案［D］. 昆明：云南财经大学，2023.

［84］贾琴琪. 基于空间句法分析的绵阳市传统村落空间形态研究［D］. 绵阳：西南科技大学，2023

［85］李华东. 活化文化基因是传统村落保护发展的重要任务［J］. 城乡建设，2023（10）：20-21.

［86］张其悦. 重庆：加强传统村落保护发展 建设宜居宜业和美乡村［J］. 城乡建设，

2023（10）：31-33.

［87］大理白族自治州住房和城乡建设局．大理州 建设"一带三道十八廊"聚力传统村落整体保护发展［J］．城乡建设，2023（10）：66-69.

［88］黄南藏族自治州村镇建设规划服务中心．黄南州 党建引领"5+3"促进传统村落可持续发展［J］．城乡建设，2023（10）：70-73.

［89］传统村落保护与发展大事记［J］．城乡建设，2023（10）：10-11.

［90］渭南市住房和城乡建设局．渭南市"传统村落＋特色资源"模式赋能连片发展［J］．城乡建设，2023（10）：46-49.

［91］黔东南住房和城乡建设局．黔东南州 探索"传统村落＋"多元发展路径［J］．城乡建设，2023（10）：62-65.

［92］郭晶，王宇阳，李琴．生态美学视域下艺术介入传统村落可持续发展研究：以云南城子古村为例［J］．城市建筑，2023，20（10）：5-8.

［93］张超．乡村振兴背景下传统村落文化保护性开发研究：以一字格村为例［D］．昆明：云南财经大学，2023.

［94］吕恒．乡村振兴背景下传统村落旅游发展问题及对策：以泾县查济村为例［J］．旅游纵览，2023（10）：77-79.

［95］周嫱，欧阳文，周迦瑜，等．北京令公村：产业发展视角下传统村落公共空间活力提升设计策略［J］．北京规划建设，2023（3）：117-122.

［96］刘飞，黄智燕，程宝飞．文旅融合发展背景下传统村落的"非遗—空间"耦合机制探究：基于渼陂村下元宵民俗的实证［J］．井冈山大学学报（自然科学版），2023，44（3）：91-100.

［97］赵兵，孙立极，向子丰．保护利用发展并重 传统村落焕发生机［N］．人民日报，2023-05-08（7）.

［98］刘鑫．基于分形理论的绵阳市传统村落空间形态特征研究［D］．绵阳：西南科技大学，2023.

［99］肖倩．传统村落保护立法优化研究［D］．恩施：湖北民族大学，2023.

［100］ 冯骥才．传统村落的困境与出路：兼谈传统村落是另一类文化遗产［J］．民间文化论坛，2013（1）：7-12.

［101］ 田玉萍，汪雷，何超，等．安徽省传统村落空间分布特征及影响因素分析

［J］.重庆文理学院学报（社会科学版），2021，40（1）：12-25.

［102］ 王超，李芬芬，刘俊霞，等.乡村振兴战略背景下全域旅游反贫困的路径研究：以贵州省为例［J］.广西师范学院学报（哲学社会科学版），2019，40（3）：82-89.

［103］ 李江苏，王晓蕊，李小建.中国传统村落空间分布特征与影响因素分析［J］.经济地理，2020，40（2）：143-153.

［104］ 周越.贵州人地关系的历史朔源与可持续发展研究［J］.太原师范学院学报（自然科学版），2006（3）：107-111.

［105］ 梁远，毕文泰.乡村振兴背景下特色农产品电商发展模式研究［J］.农业科学研究，2020，41（2）：45-47.

［106］ 吴海燕，弓永华，杨爱平.促进城乡生产消费对接的现代物流体系优化研究［J］.农业经济，2022（6）：136-137.

［107］ 陆心悦.共享经济视角下农村"最后一公里"物流问题分析与对策［J］.物流技术，2022，41（5）：58-61.

［108］ 胡霞，周旭海.日本公路特色驿站助力乡村振兴的经验与启示［J］.现代日本经济，2021，40（1）：56-71.

［109］ LEVESQUE M.Governance models for rural accessible transportation：insights from Atlantic Canada［J］.Disability& Society，2020（2）：1-27.

［110］ OLAGUNJU O.Impact of rural transportation networks on farmers income in Ilaje Local Government Area of Ondo State，Nigeria［J］.Agricultura tropica et subtropica，2022，55（1）：9-18.

注　释

1　我国知名绿茶——龙井，就是地方特色农副产品。这一产品正是以传统村落为载体，且获得了全球通行的地域商标。龙井为我国市场经济带来的发展充分证明现代经济与传统村落能够紧密结合，形成健康循环的绿色经济模式，这种富有成效的农业发展模式在我国已经衍生了无数知名品牌，这一模式也是当前乡村振兴的主要方式。

2　全球知名的法国香槟酒，这类产品主要来源于法国香槟主产区农户家中的发泡果子酒，而主产区的传统村落堪称高档香槟酒生产基地，这不仅因为传统村落居民掌握了更地道的香槟酒加工工艺，更因为这些传统村落已成为香槟酒的知名品牌，让当地香槟酒的价值与知名度极大提升。

3　英国知名传统村落拜伯里是一个一年四季游客不断的旅游小镇，这里风景宜人、环境幽雅，数百年的古朴气息充斥着整个小镇。英国对拜伯里的开发理念非常明确，以旅游产业带动区域发展，所以拜伯里内不仅有政府修旧如旧的保护工程，还有大量旅游企业的商业资源。

不过这些元素思考没有影响拜伯里的原始风貌，以拜伯里知名景点天鹅酒店为例，这是一家设施和服务居全球一流的星级酒店，是当地实实在在的旅游产业设施，但这家酒店的开发建设完全没有对拜伯里的造成丝毫影响，酒店原址是拜伯里 17 世纪修建的一家马车驿站，酒店开发商按照拜伯里的村落风格对酒店进行了修缮装修，将酒店与周围环境融为一体，甚至打造成了拜伯里"原汁原味"的特色景点。

韩国旅游业是该国经济重要组成部分。从 20 世纪 90 年代开始，韩国旅游行业发展放缓，部分区域甚至出现倒退状况。韩国政府认真反思后发现，这主要因为韩国经济发展过程中开展了大量传统村落新建活动，大量钢筋水泥建筑物打破了传统村落的本来面貌，导致珍贵的旅游资源丧失。明确问题所在后，韩国政府在 2000 年以后更改了农村建设方式，彻底放弃大拆大建的"新农村"发展模式，转而进行保护传统村落的农村美化建设。这一策略让韩国传统村落格局得到彻底保护，独特的建筑风格、文化传统、特色美食得到强化，同时又将传统村落民俗活动与当地特色文化全面融合到旅游产业中，进而吸引全球各地大批游客到访，当地经济持续增长。

4　浙江省著名的传统村落诸葛八卦村是全球知名的文化旅游景点。诸葛八卦村原名高隆村，因诸葛亮后裔群集，村落按照"八阵图"样式建造而得名"诸葛八卦村"。这一传统村落是诸葛亮后裔的最大聚居地，村中保存着大量明清古民居，是全国乃至全球知名的古文化村落。

诸葛八卦村的发展不只是因为自身特点，更是文化与旅游产业结合的结果。诸葛八卦村被旅游行业宣传时被冠以"中国第一奇村"的名号，这是因为旅游企业将诸葛八卦村三点奇特之处进行总结，并结合当地文化进行渲染。

诸葛八卦村的第一个奇特之处在于"人奇"，该村居民主要是三国时期蜀国丞相诸葛亮的后代，全村数千人几乎全部姓诸葛。据诸葛亮学术研讨会统计，诸葛八卦村现居村民4000多人，几乎全部是诸葛亮的后裔，这一人数占全国诸葛亮后裔总人数的四分之一。

诸葛八卦村的第二个奇特之处在于"格局奇"，该村房屋、街道按照八卦布局。全村房屋分布与诸葛亮研发的九宫八卦阵暗合，尤其该村落鸟瞰图能够充分凸显该村布局特色，并带给人一种神秘感。

诸葛八卦村的第三个奇特之处在于"历史奇"，该村房屋建筑距今已有700多年的历史。数百年的历史更迭中，该村犹如世外桃源，一直远离天灾人祸，全村建筑保护十分完整。

在诸葛八卦村的奇特之处上，旅游行业还将当地民俗进行发扬宣传，增强了当地的旅游吸引力。在悠久的历史文化中，诸葛八卦村形成了与众不同的生活方式，村中的生活习俗妙趣横生。诸葛八卦村流传一种"门不当，户不对"的生活习俗，这一习俗表现为村中窄巷里相对的两户人家的门的设计是错开的。据当地人讲，这种建筑格局利于邻里间友好相处，减少邻里矛盾。窄巷空间有限，如果"门当户对"，日常进进出出难免出现不便，容易引发邻里矛盾，而采用这种错开布置的方法可以避免很多问题。这一建筑智慧也是一种文化传承。

从诸葛八卦村的振兴发展中可以看出，传统村落文化价值可以有效带动当地经济发展，同时将传统村落的历史文明、特色文化进行发扬。

5   我国沿海地区就曾提出过"小岛迁大岛建"的发展主张，这种发展模式导致部分长期有人居住的小岛变成了无人岛，可能会削弱我国在领土与领海争端中的决定性话语权。这是我国传统村落保护、发展过程中应当重视的问题。

6   据相关部门统计，1986—2011 年我国行政村数量减少了 258020 个，自然村数量减少了 3380500 个，其中包含大量传统村落。

中南大学中国村落文化研究中心考察组调查，仅 2004—2010 年间，我国长江、黄河流域及西北、西南地区的 17 个省、117 个县中，具有较高研究价值的传统村落数量从 9707 个锐减到 5709 个。这代表 6 年时间内，平均每天有 1.6 个传统村落消亡。

这一调查结果引起了我国文化部门重视，但未能及时采取相关保护措施，只是加大了对传统村落的调查力度。2014 年，中南大学中国村落文化研究中心再次对该地区传统村落展开跟踪式调查，并对遗留的 5709 个传统中的 1033 个进行回访调研。调查结果显示，2010—2014 年间，1033 个传统村落中有 461 个消失。传统村落消失比例高达 44.6%，平均每 3 天就有 1 个传统村落消亡。这一数据仅是 1033 个调查对象的最终结果，我国传统村落的实际消亡速度极有可能远超这一数据。

7   2012 年 4 月，住房和城乡建设部、文化部、国家文物局、财政部联合启动中国传统村落的调查与认定，这是我国首次在全国范围内展开传统村落的详细调查。

2012 年 12 月，住房和城乡建设部、文化部、国家文物局、财政部等部门联合下发了《关于加强传统村落保护发展工作的指导意见》，其中明确提出："传统村落是指拥有物质形态和非物质形态文化遗产，具有较高的历史、文化、科学、艺术、社会、经济价值的村落。传统村落承载着中华传统文化的精华，是农耕文明不可再生的文化遗产。传统村落凝聚着中华民族精神，是维系华夏子孙文化认同的纽带。传统村落保留着民族文化的多样性，是繁荣发展民族文化的根基。但随着工业化、城镇化的快速发展，传统村落衰落、消失的现象日益加剧，加强传统村落保护发展刻不容缓。"这是我国首次从国家层面指导传统村落的保护工作。

同月，我国第一批《中国传统村落名录》正式公布，首批名录中评选了 646

个传统村落，并根据后期调查进行后续增加。截至 2023 年，《中国传统村落名录》又展开了 4 次评选，先后共有 8155 个传统村落入选。

8 2021 年一位辽宁省葫芦岛市的 93 岁离休干部向媒体发出求助，希望借助媒体力量呼吁更多人拯救他的家乡。这位老人的家乡位于葫芦岛市建昌县西碱厂乡，附近有 3 个 600 多年历史的传统村落。这些村落早在明朝时代就已存在，近年来，居民不断减少，村落消亡近在眼前。

造成这一情况的主要原因是村落中很多传统建筑已有 200 多年的历史，房屋因年久失修，安全情况与居住体验大幅下降。这类传统建筑按原貌翻修是一项大工程，花费资金与新建一栋房屋相差无几，而当地的政策又只允许一家拥有一处宅基地，所以有经济条件的村民大多选择拆除老建筑直接翻盖新房，部分村民直接选择迁到城市。最终导致这些传统村落原始面貌被破坏，年轻劳动力不断流失。

针对这一情况当地政府也出台了相应措施，并发放保护资金对传统村落按照修旧如旧的方式进行翻建维修。这虽然解决了传统村落原貌被破坏等问题，但年轻劳动力流失问题依然没能得到改善。当地相关负责人表示，传统村落翻建维修的确能够为乡村旅游开发带来良好契机，但还有一个关键问题便是交通物流，只有交通物流系统建设完善，传统村落自身的价值才能充分展现，当地经济才能全面盘活，传统村落自我保护能力、后续发展能力才能全面增强。

9 2021 年 12 月 6 日，国务院新闻办公室召开农村人居环境整治提升五年行动新闻发布会，会上住房和城乡建设部村镇建设司司长秦海翔介绍：

截至 2019 年，住房和城乡建设部已分五批将 6819 个有重要保护价值的村落列入了中国传统村落保护名录，建立了挂牌保护制度。

住房和城乡建设部在 10 个市州实施集中连片保护利用示范，建设了中国传统村落数字博物馆。通过几年的努力，扭转了传统村落快速消失的局面，增强了中华优秀传统文化的影响力。同时，住房和城乡建设部推进设计下乡活动，指导各地在农房和村庄建设中注重保护乡村特色风貌，提高乡村设计和建设水平。

随后，秦海翔还对中央办公厅、国务院办公厅印发的《农村人居环境整治提升五年行动方案（2021—2025 年）》（以下简称《行动方案》）进行了详细解读。秦海翔根据《行动方案》的具体要求，强调我国住房和城乡建设部将重点加强以下传统村落保护工作。

一是加强传统村落保护利用。继续开展中国传统村落的调查认定，指导各地完善省级传统村落名录，将有重要保护价值的村落纳入名录的管理。健全传统村落评估和警示退出的机制，加强动态的监管。继续推进传统村落保护利用试点示范，统筹保护利用传统村落和自然山水、历史文化、田园风光等资源，发展乡村旅游、文化创意等产业，让传统村落焕发出新的活力。

二是提升乡村特色风貌。指导各地以农房为主体，整治提升村容村貌，塑造具有乡土特色的自然景观和乡村生境，构建乡村建设的营建要点，在农房的设计建造、环境整治和公共空间建设、特色风貌保护等方面提出基本的要求，营造留住乡愁的村庄环境。持续开展设计下乡，加强乡村建设工匠的培训管理，培育乡村建设的人才队伍。

三是完善相关法律法规和政策机制。完善乡村建设相关法律法规，为加强传统村落和乡村特色风貌保护提供法治保障。建立共建共治共享的工作机制，发挥基层党建引领作用，充分调动农民群众共同保护优秀传统文化，共建美好家园的积极性、主动性。全面开展乡村建设评价，将传统村落和乡村特色风貌保护作为重要内容，整体提升乡村建设水平，建设美丽宜居乡村。

10 2019 年第五批入选中国传统村落的河南鹤壁西顶村本是一座藏在深山中的传统村落，距今已有 700 多年的历史。由于交通闭塞、生产生活方式落后，2015 年时西顶村已沦为人口结构以 70 岁留守老人为主的贫困村。

面对这一情况，当地政府决定借助西顶村传统文化资源进行旅游开发，彻底解决西顶村的贫困问题和发展问题。随后一段时间内，当地政府开始启动交通道路改造、西顶村传统建筑修复工程。项目完工后，西顶村迅速从寂寂无闻的小山村发展成河南鹤壁知名旅游胜地，当地经济得到全面发展。2019 年西顶村正式入选中国传统村落后，其旅游知名度再次增长，当地经济发展实力不断增强。

11 2018 年，中共中央、国务院印发了《乡村振兴战略规划（2018—2022 年）》，这项政策是中央农村工作领导小组办公室针对"乡村振兴"战略提出的明确规划。《乡村振兴战略规划（2018—2022 年）》第九章第三节"特色保护类村庄"中明确提到，"历史文化名村、传统村落、少数民族特色村寨、特色景观旅游名村等自然历史文化特色资源丰富的村庄，是彰显和传承中华优秀传统文化的重要载体。统筹保护、利用与发展的关系，努力保持村庄的完整性、真实性和延续性"。加强对传统村落的保护，既有利于保持农村特色和提升农村魅力，又有利于增强国家和民族的文化自信，保持中华文化的完整多样，对实现乡村振兴、建设美丽中国具有重要意义。

12 2014—2019 年，中央财政对列入保护名录的 4350 个中国传统村落给予每个村 300 万元补助。在乡村振兴发展过程中，各地政府利用这些补助有效强化传统村落保护效果与交通运输发展效果，进而撬动社会资金，吸引更多社会力量参与到传统村落保护与发展当中，传统村落人居环境、保护效果、资源开发得到明显加强。

福建屏南县龙潭村在 2017 年之前一直处于劳动力大幅流失、传统村落原始面貌不断恶化的状态。自我国开展"乡村振兴"战略之后，龙潭村在政府资金支撑下大力发展生态农业、文创旅游项目，不但让传统村落面貌得到修复、保护，而且两年时间内 300 多名外出打工的年轻劳动力全部返乡，在家开展旅游服务行业。该村年接待游客可达 20 多万人次，龙潭村一举成为当地乡村振兴项目的标杆。

据住房和城乡建设部负责人介绍，2020 年我国被列入国家保护名录的传统村落展现出极大旅游价值，全年传统村落接待游客数量超 3.6 亿人。传统村落已成为乡村振兴战略中农民增收、区域致富的宝贵资源。未来，传统村落保护、开发工作将进入新阶段，传统村落将在乡村振兴战略中展现更大价值。2020 年安徽黄山地区开展了一项传统村落集中连片保护利用示范项目，该项目有效吸引了大量社会资本投入，并建立起传统村落长效开发保护机制，这对我国传统村落保护及"乡村振兴"战略推进都起到助益作用。

13 美国虽然是世界强国，但其历史仅有几百年的时间，北美大陆的原住民被殖民者野蛮践踏，该地区传统村落遭到毁灭性的破坏。截至 2023 年，美国被评为"世界遗产"的原住民社区仅有一个——陶斯印第安村，目前这一村落已经被开发为旅游景点，虽然交通物流系统建设完整，但当地的印第安文化并没有得到所有美国人的认同。

14 2022 年 6 月 10 日，交通运输部副部长徐成光在新闻发布会上从四个方面介绍了十年来我国"四好农村路"的建设成果。

一是农村公路网络基本形成。十年来，中央在农村公路领域累计投入车购税资金 7433 亿元，其中用于贫困（脱贫）地区 5068 亿元。交通运输部累计新建改建农村公路约 253 万千米，解决了 1040 个乡镇、10.5 万个建制村通硬化路难题，农村公路总里程从 2011 年年底的 356.4 万千米增至 2021 年年底的 446.6 万千米。

二是管养责任不断落实。建立覆盖县、乡、村道的"路长制"，截至 2021 年年底，农村公路路面铺装率、列养率、优良中等路率分别增至 89.8%、99.5% 和 87.4%。

三是运输服务水平大幅提升。新增 5 万多个建制村通客车，具备条件的建制村 100% 通客车，群众"抬脚上客车"已成为现实。农村客货邮融合发展水平明显提升，基本实现运有所达。

四是脱贫致富带动作用显著。"交通 + 电商"融合发展，"山货进城、城货下乡"，加速了城乡间的人流、物流、资金流，有力带动了农村增收致富。全国设置农村公路就业岗位 77.4 万个，平均年收入达 1.3 万元，吸收脱贫户 38.1 万人。

15 2021 年，山东省菏泽市巨野县传统村落前王庄的手艺制品与义乌市场商家签订常年供货合同，这代表承载当地传统文化的手工艺制品借助物流渠道已能够触达全国各地。据当地乡政府负责人表示，自前王庄认证国家级传统村落和历史文化名村后，乡镇旅游产业便得到大力发展，但真正带领当地群众走上小康生活的还是当地的传统手工艺制品。代表当地特色文化的手工艺制品如今已成为当地重要经济产业，在物流行业支撑下有效带动着当地经济发展。

16 贵州黔西南布依族苗族自治州的板万村作为传统村落，虽然为山村，但整体建设并没有对山体进行明显破坏与改造，而是完美借助地势将村落融入自然环境当中，且村落交通、排水系统均基于山体自然环境设计，设计理念与设计思维至今仍具有研究意义。

17 2021 年获得"世界最佳旅游乡村"的传统村落西递村就曾遇到开发不善的情况。2015 年，西递村旅游项目开发过程中，虽然开发部门保护了西递村内部原貌，但村口荷塘与村边溪流整体外貌被彻底改变，完全以现代花木园景替代，并将外部文化"抛绣球"招亲引入到西递村。这一开发策略受到徽州文化保护者的强烈质疑，且西递村自身的保护开发没有起到经济带动效果，最终在政府主导下，西递村重新规划文化旅游开发策略，并大力建设交通资源，这一传统村落才逐渐展现风采，并吸引了来自全球的旅客游览。

18 2021年10月，丹尼尔·克雷格主演的动作电影《007：无暇赴死》全球上映，赢得票房与口碑双丰收。这部电影中开场部分汽车追逐大战的选景正是意大利旅游胜地马泰拉，画面中西方文化韵味十足的美景让电影增色不少，而马泰拉正是被列入世界文化遗产名录的传统村镇。

事实上，马泰拉险些消失在意大利的近代历史中，这主要因为马泰拉的传统建筑因年久失修多次被意大利当局列为危旧区域，并计划拆除。好在马泰拉传承的各种文化特色受到意大利政府重视，这一小镇才被开发为全球知名的旅游胜地。

马泰拉展示出的历史、民俗、艺术、文化价值让世界再次看到了传统村落的巨大价值，也引发传统村落交通物流发展的思考。

19 根据教育部、人力资源和社会保障部、工业和信息化部联合印发的《制造业人才发展规划指南》数据统计，截至2025年，我国交通、农业、电力、新一代信息技术、医疗等重点领域的人才总量预计达6191.7万人，而人才缺口约为2985.7万人，缺口率高达48.2%。而传统村落交通物流发展恰需要交通及农业人才支撑，这代表我国传统村落交通物流学领域人才未来一段时间内依然处于匮乏状态。

20 浙江省玉环市干江镇炮台村作为传统村落，近年来旅游资源得到大力开发。当地传统农耕文化被开发成生态采摘、休闲文旅的亮点，旅游产业有效带动区域经济发展。如今，炮台村年轻劳动力外流情况已经彻底消除，附近区域就业情况也被大幅带动。

21 河南省三门峡市传统村落庙上村流传着一种"天井院"文化（又称"地下四合院"文化），这一文化被视为豫西居住文化代表符号，反映着当地一定历史时期的宗教信仰及经济发展水平。随着庙上村交通物流系统建设，当地文化被越来越多人认知，文化保护及研究价值开始被重视。2019 年 1 月，庙上村入选中国历史文化名村，数十座代表性原始建筑得到全方位保护。

22　青海省民和回族土族自治县的传统村落芒拉村具有独特的自然环境与地域文化，高山冷凉气候与回族文化在当地催生了琳琅满目的特色农产品。但这一传统村落处于偏远山区，数百年的发展中当地居民不断减少，村落渐显颓朽，生活环境越发冷清破旧。在芒拉村被评为传统村落之后，当地政府开始大力开展芒拉村的交通物流系统建设。2021 年当地政府工作报告显示，芒拉村交通已经实现对外畅通，健全的物流系统带动该村电商发展，并成功打造了"幸福超市"电商平台。

"幸福超市"电商平台建设完成后，芒拉村通过特色文化已与当地农产品结合，顺利打开电商销售渠道，每月都会有大量蔬菜水果与特色农产品成批销往全国各地，当地农村经济发展与居民精神面貌得到显著改善，芒拉村自我保护能力也在不断提升。

23　2018 年中央一号文件中明确提出："乡村振兴，乡风文明是保障。必须坚持物质文明和精神文明一起抓，提升农民精神风貌，培育文明乡风、良好家风、淳朴民风，不断提高乡村社会文明程度。"

24　福建省宁德市周宁县泗桥乡的赤岩村是 2019 年被认证的传统村落，这一村落传承了悠久的历史文化，但乡风陋习同样十分明显，以赤岩村为代表的周边乡镇都受到这些乡村陋习的影响。

这主要因为赤岩村是泗桥乡的第一大村，多年历史发展中这一村落流行着一种大办喜事和丧事的陋习，攀比之风盛行。该村最著名的陋习名为"送神饭"，是指女儿出嫁后，如父母过世三年则需要在中元节当天大摆宴席，请亲朋好友、乡村邻里吃饭，参加宴席的亲朋好友、乡村邻里需要携带纸钱才能够出席。多年来这一陋习为当代村民带来了极大经济负担，因为传统村落乡村邻里关系紧密，"送神饭"最少要摆一二十桌，这一活动让很多贫困家庭雪上加霜。

该村评为中国传统村落之后，当地政府开始大力开发赤岩村，交通物流系统建设更是重中之重。该村交通发达之后，当代流行的文明乡风开始传播到赤岩村。该村村委借助文明乡风大力开展宣传工作，带动村民整治陋习，并将传统村落特色发展成多种产业。在交通物流系统支撑下，赤岩村村民全面见识到其他传统村落移风易俗的发展成果，积极响应政府倡导将更多精力投入到当地产业建设发展中。如今的赤岩村已没有"送神饭"的铺张浪费，也没有乱撒纸钱的环境污染，全村已经发展成农业、旅游业兴旺的生态宜居乡村，带动了泗桥乡的整体发展，当地乡风及乡镇面貌得到全面改善。

25 2021年在"乡村振兴"战略指引下，我国各地开展多种传统村落开发活动，其中"培养传统村落乡土人才"的发展策略效果显著。这主要因为传统村落本土居民对当地文化、当地特色更为了解，当传统村落交通物流系统建设后，乡村人才能够更深入、巧妙地诠释传统村落特点，传统村落旅游价值、文化价值能够被深度开发，当地居民收入水平、生活质量提升效果更为明显。

26 2021年，国务院办公厅为强化乡村物流体系建设效果，发布了《关于加快农村寄递物流体系建设的意见》，其中明确提出以下内容。

"以习近平新时代中国特色社会主义思想为指导，深入贯彻党的十九大和十九届二中、三中、四中、五中全会精神，认真落实党中央、国务院决策部署，立足新发展阶段、贯彻新发展理念、构建新发展格局，坚持以人民为中心的发展思想，健全县、乡、村寄递服务体系，补齐农村寄递物流基础设施短板，推动农村地区流通体系建设，促进群众就业创业，更好满足农村生产生活和消费升级需求，为全面推进乡村振兴、畅通国内大循环作出重要贡献。"

另外，《关于加快农村寄递物流体系建设的意见》中还提出了四项体系建设的具体任务，这四项任务能够促使传统村落交通物流系统充分展现价值，其具体内容如下。

（一）强化农村邮政体系作用。在保证邮政普遍服务和特殊服务质量的前提下，加强农村邮政基础设施和服务网络共享，强化邮政网络节点重要作用。创新乡镇邮政网点运营模式，承接代收代办代缴等各类农村公共服务，实现"一点多能"，提升农村邮政基本公共服务能力。发挥邮政网络在边远地区的基础支撑作用，鼓励邮政快递企业整合末端投递资源，满足边远地区群众基本寄递需求。支持邮政企业公平参与农村寄递服务市场竞争，以市场化方式为农村电商提供寄递、仓储、金融一体化服务。（国家邮政局牵头，国家发展改革委、财政部、商务部、国家乡村振兴局、中国邮政集团有限公司等相关单位及各地区按

职责分工负责）

（二）健全末端共同配送体系。统筹农村地区寄递物流资源，鼓励邮政、快递、交通、供销、商贸流通等物流平台采取多种方式合作共用末端配送网络，加快推广农村寄递物流共同配送模式，有效降低农村末端寄递成本。推进不同主体之间标准互认和服务互补，在设施建设、运营维护、安全责任等方面实现有效衔接，探索相应的投资方式、服务规范和收益分配机制。鼓励企业通过数据共享、信息互联互通，提升农村寄递物流体系信息化服务能力。（商务部、交通运输部、国家邮政局牵头，国家发展改革委、农业农村部、国家乡村振兴局、供销合作总社、中国邮政集团有限公司等相关单位及各地区按职责分工负责）

（三）优化协同发展体系。强化农村寄递物流与农村电商、交通运输等融合发展。继续发挥邮政快递服务农村电商的主渠道作用，推动运输集约化、设备标准化和流程信息化，2022年6月底前在全国建设100个农村电商快递协同发展示范区，带动提升寄递物流对农村电商的定制化服务能力。鼓励各地区深入推进"四好农村路"和城乡交通运输一体化建设，合理配置城乡交通资源，完善农村客运班车代运邮件快件合作机制，宣传推广农村物流服务品牌。（交通运输部、商务部、国家邮政局、中国邮政集团有限公司等相关单位及各地区按职责分工负责）

（四）构建冷链寄递体系。鼓励邮政快递企业、供销合作社和其他社会资本在农产品田头市场合作建设预冷保鲜、低温分拣、冷藏仓储等设施，缩短流通时间，减少产品损耗，提升农产品流通效率和效益。引导支持邮政快递企业依托快递物流园区建设冷链仓储设施，增加冷链运输车辆，提升末端冷链配送能力，逐步建立覆盖生产流通各环节的冷链寄递物流体系。支持行业协会制定推广电商快递冷链服务标准规范，提升冷链寄递安全监管水平。邮政快递企业参与冷链物流基地建设，可按规定享受相关支持政策。（国家发展改革委、财政部、交通运输部、农业农村部、商务部、国家邮政局、国家乡村振兴局、供销合作总社、中国邮政集团有限公司等相关单位及各地区按职责分工负责）

在传统村落完成这四项体系建设任务后，传统村落文化价值、农业价值可以被深度挖掘，物流运营效果将大幅提升。

27 我国《关于加快农村寄递物流体系建设的意见》中明确提出"优化协同发展体系，强化农村寄递物流与农村电商、交通运输等融合发展"。

28 法国政府在传统村落旅游资源开发过程中发现，现代交通物流系统建设必然会对传统村落造成影响和破坏，为此法国政府出台了《传统村落保护与复兴计划》，并给予高额资金扶持，以确保传统村落开发与保护效果。在政府高额补贴下，法国传统村落在交通物流系统建设过程中得到了充分保护，政府同时鼓励当地居民和民间组织参与到传统村落保护工作中。这种高成本的传统村落交通物流建设方法的确为法国带来了良好效果，截至 2023 年，法国已经成功开发超 1000 个著名传统村落，这些具有浓厚西方传统文化底蕴的村落大力促进了法国旅游经济发展。

29 山东省淄河镇的梦泉村是我国首批认证的传统村落，这一村落三面环山，地理位置独特，生态环境极佳。近年来随着梦泉村交通物流系统发展，该村开创了一种特色生态旅游模式，游客不仅能够观赏独特的天然美景，还能够与当地环境深度融合，充分享受世外桃源般的健康生活。

如今，梦泉村的古建筑石楼已经全面整修，为提高旅游服务水平，村内古老的四合院也按照修旧如旧的方式进行修缮，梦泉村将旅游开发和传统村落保护、生态保护巧妙维持平衡，"空山不见人，但闻人笑语声"的旅游体验极大提升了梦泉村的旅游口碑。

30 为确保传统村落协同保护、开发效果，2020 年 5 月，我国财政部、住房和城乡建设部印发《关于组织申报 2020 年传统村落集中连片保护利用示范市的通知》，其中明确指出，在传统村落保护过程中需要完善以下工作机制。

1．建立工作细则，明确传统村落保护的责任清单、工作要求、考核及奖惩机制等。落实相关部门职责分工，建立协调机制，有专职部门统筹协调好日常工作，住房和城乡建设、财政、文化和旅游、文物、自然资源、农业农村等相关部门的职责分工明晰，有支持工程实施等相关制度和办法等。建立定期例会、调度等工作机制并有工作痕迹。

2．建立奖惩机制，传统村落工作纳入政府对部门及对各区（县）人民政府的考核体系。

3．建立共同参与机制，运用美好环境与幸福生活共同缔造理念，充分发挥政府、社会和村民力量。

4．完善工程质量监管机制，有严格的工程质量监控措施，包括材质检验、施工过程监理、工程验收、移交等制度，并有严格施行的工作记录。

5. 建立用地等保障机制。创新和优化审批流程，对工程招投标、项目报建、审批提供绿色通道。

6. 建立统筹推进传统村落与乡村振兴战略、人居环境整治、美丽乡村建设等工作机制或工作计划，预期综合效益突出。

通过对以上六种工作机制进行分析，可以看出交通物流发展是实现上述工作机制的重要保障。这主要表现为交通物流系统是连接各传统乡村文化资源、农业资源、特色产业资源的主要渠道，只有完善交通物流系统，多个传统村落才能从发展政策、发展理念、发展方式上得到统一，并建立相同的发展机制，统一发展标准，传统村落保护、开发效果才能够有保障。

31　传统村落白哈巴村位于新疆的阿尔泰山南麓，额尔齐斯河北岸，这一地段正是中国与哈萨克斯坦接壤的边境线。白哈巴村传承的历史文化有两国特色，从建筑风格到人居习惯都十分有特点，这一村落一直受到中国与哈萨克斯坦的共同关注，是两国和谐友好的重要见证，也是两个文化交流互融的重要载体。在白哈巴村交通物流系统得到升级后，两国文化交流在这个小村庄更为密切，边境关系更加融洽。

32　北京著名的传统村落灵水村流传着一种"秋粥节"，这一节日是为了纪念清朝举人刘懋恒父子在荒年赈灾济民的善举，本是一种积极倡导向善的文化。300多年来，灵水村依然保持着举行"秋粥节"活动的习惯，也一直将向善文化传扬为节日主要目的。但灵水村与旅游产业结合后，部分旅游产业开发商将"秋粥节"作为商业活动噱头，力求吸引更多游客，导致"秋粥节"原始内涵受到影响，逐渐偏向商业狂欢。发现这一趋势后政府部门立即进行相关活动整改，着重强化"秋粥节"的文化内涵，更将向善文化打造成灵水村的文化符号，使灵水村传统文化在动态发展中得到传承。

33　2022年4月25日，中共中央宣传部举行了"中国这十年"系列主题新闻发布会。发布会上交通运输部相关负责人对我国十年来交通运输发展进行了信息总结，提到截至2023年，我国已经全面完成"具备条件的乡镇和建制村通硬化路、通客车"的发展目标，实现"小康路上不让任何一地因交通而掉队"

的发展承诺，脱贫攻坚战和乡村振兴战略得到有效推进，我国乡村交通发展已经达到全球先进水平。从交通运输部相关负责人的概述中可以看出，我国乡村交通系统整体发展近十年来取得了良好成果，其中包括作为乡村振兴重点的传统村落。

34 从 2000 年开始，国务院和交通运输部先后出台了《关于印发加快农村公路发展若干意见的通知》《农村公路建设规划》《农村公路建设管理办法》等多项政策，我国农村公路建设逐渐体现出规模化、统一化、现代化特点。

35 2014 年，中共中央总书记、国家主席习近平提出了"四好农村路"建设目标，要求农村公路建设要因地制宜、以人为本，与优化村镇布局、农村经济发展和广大农民安全便捷出行相适应，要进一步把农村公路建好、管好、护好、运营好，逐步消除制约农村发展的交通瓶颈，为广大农民脱贫致富奔小康提供更好的保障。

这项发展战略确定后，我国传统农村交通情况开始大幅改善，交通建设开始有效开发传统村落特色资源。

36 2003 年，交通运输部根据"三农"要求，提出了"修好农村路，服务城镇化，让农民走上柏油路和水泥路"的建设目标，在这段时间我国传统村落公路规模显著提升。在"四好农村路"建设过程中，传统村落能够充分展现自身价值，成为"农民脱贫致富奔小康"的重要表率，所以这段时间我国传统村落交通建设效果更为显著。

37 交通运输部根据"四好农村路"发展要求制定了《关于推进"四好农村路"建设的意见》，并在全国组织开展了各种"四好农村路"建设活动。随后交通运输部又制定了《全面建成小康社会交通运输发展目标和指标体系》，对"四好农村路"建设提出了明确建设目标。

在 2015 年和 2016 年两年内，交通运输部先后公布了"交通运输更加贴近民生 10 件工作实事"和"交通运输更加贴近民生 13 件工作实事"，两次公布内容中共有 10 件实事与传统乡村交通建设有关。

38 2017 年 10 月，中共中央总书记习近平在党的十九大报告中正式提出了"乡村振兴"战略，这项战略确定了"实施乡村振兴战略，要坚持党管农村工作，坚持农业农村优先发展，坚持农民主体地位，坚持乡村全面振兴，坚持城乡融合发展，坚持人与自然和谐共生，坚持因地制宜、循序渐进。巩固和完善农村基本经营制度，保持土地承包关系稳定并长久不变，第二轮土地承包到期后再延长三十年。确保国家粮食安全，把中国人的饭碗牢牢端在自己手中。加强农村基层基础工作，培养造就一支懂农业、爱农村、爱农民的'三农'工作队伍"的明确原则。这一战略原则对我国传统村落保护、开发、发展起到了重要指引作用，我国传统村落交通发展由此开始从注重建设效果阶段转向注重开发效果阶段。

同年12月，习近平总书记又对"四好农村路"建设工作作出重要指示，在确定"四好农村路"建设效果的同时，又提出"交通运输部等有关部门和各地区要认真贯彻落实党的十九大精神，从实施乡村振兴战略、打赢脱贫攻坚战的高度，进一步深化对建设农村公路重要意义的认识，聚焦突出问题，完善政策机制，既要把农村公路建好，更要管好、护好、运营好，为广大农民致富奔小康、为加快推进农业农村现代化提供更好保障"。这再次强化了传统村落交通发展应当注重开发效果与经济效益的目标指引。

在"四好农村路"和"乡村振兴"双重战略指引下，我国传统村落交通发展进入了高质量、高成效、高水平的新阶段。

39 2019年，山西省确定了新改建"四好农村路"12623千米的建设目标，计划投资超160亿元，其中包括贫困地区续建高速公路157千米、省干线公路建设315千米，在黄河、长城、太行三大板块建设旅游公路1416千米。山西省的这一农村交通建设目标与传统村落关系密切，因为传统村落正是扶贫和旅游开发的交通建设重点，这一交通建设规划对山西省传统村落交通发展带来了极大促进。

2021年，新疆维吾尔自治区为强化"四好农村路"建设效果，编制了《新疆维吾尔自治区农村公路"十四五"发展规划》，积极部署各种交通运输带动乡村脱贫攻坚工作，全面推进乡村振兴。各项实际工作开展过程中，传统村落交通发展、经济开发得到带动，尤其传统乡村的旅游产业发展成了新疆乡村脱贫攻坚项目的重要成果。

40 据商务部发布的《2012中国电子商务报告》数据显示，截至2012年年底，我国农村地区注册的网店数量已经达到 163.26 万个，注册地在村镇的网店数为 59.57 万个，其中就包含一部分传统村落网店。

41 国务院和交通运输部先后出台了《关于印发加快农村公路发展若干意见的通知》《农村公路建设规划》《农村公路建设管理办法》等多项政策，我国农村公路开始规模化、统一化、现代化建设。

42 2021 年，交通运输部、农业农村部、国家乡村振兴局等九部门联合印发了《关于推动农村客运高质量发展的指导意见》，其中提出的"主要任务"明确指出，我国农村客运发展要"推动农村地区公路提档升级，加大对农村道路、桥梁安全隐患排查和整治力度，加大农村公路危桥改造力度，在混合交通流量大、事故多发的农村道路平交路口按要求增设信号灯、减速带等设施，进一步完善农村道路交通安全和管理设施，改善农村客运安全通行条件。鼓励在交通便利、人员集中的区域规划建设乡镇综合运输服务站，加强对既有乡镇客运站、交管站、公路养护站等设施的升级改造，打造具备客运、货运物流、邮政快递、供销、电商、旅游、养护管理等综合服务功能的节点设施。新建、改扩建公路要按照'同步规划、同步设计、同步建设'的原则合理设置农村客运停靠站点，鼓励在具备条件的地区建设港湾式停靠站，鼓励依托村级综合服务设施建设完善村级客运站亭（牌），加强农村客运站点管理养护，改善农村客运候车环境"。

从这项涉及农村道路建设、农村公共交通发展的政策中可以看出，农村交通出行方式如今存在多种问题，虽然大部分农村交通水平已经达标，但出行便捷度依然无法全方位提升，这也是我国农村经济发展的一个难点。这一情况目前在我国传统村落中普遍存在，出现这一情况与农村交通出行变革历程也有密切关系。

43 山西的一位孙师傅在 2002 年买了一辆中巴车，与妻子二人开始经营农村客运。孙师傅回忆那段经历时讲到，当时农村客运手续办理简单，只需要在运管站登记备案便可以获得一条客运线，每年管理费仅为几千元，除买车成本外，其他运营成本并不高。

当时孙师傅每天可以在一条 30 多千米的客运线上跑几个来回，沿途经过十几个村庄，单人全程票价不过 5 元，但当时的客运线没有固定站点，乘客可以随时招手上车下车。孙师傅称全天客运过程几乎时时满员，除去油费等成本外一天收入可达 100 元以上。

2006 年之后，孙师傅感觉客运收入开始降低，客运状态开始出现变化，除周末与节假日外，孙师傅的客运过程中满员的情况很难出现。孙师傅称，这主要因为大部分年轻人都到城里打工，只有周末和节假日才回家，农村人员流动大幅降低。

2008 年之后，孙师傅卖掉了自己的客运车，转入其他行业打工，因为客流减少的情况仍在加重，这条客运班线的收入已经无法支撑他继续运营。

44　交通运输部等九部门联合印发了《关于推动农村客运高质量发展的指导意见》，其目的是确保农村交通发展、农村居民出行便捷的同时，带动农村经济同步进步，而不是造成农村劳动力大幅流失。在这项政策指引下，截至 2023 年，我国农村通过客运模式调节已经取得了一些突出成果，最主要的表现是在保障农村居民出行便捷前提下进行客运成本调整，同时将交通发展准确对接农村产业，对农村经济发展起到积极带动作用。

45　2021 年，中国互联网络信息中心发布了第 48 次《中国互联网络发展状况统计报告》，报告数据显示截至 2021 年 6 月，全国乡镇快递网点覆盖率达到 98%，全国农产品网络零售规模已达 2088.2 亿元。这是我国交通物流系统整体发展取得的喜人成效。

46　在中国邮政邮票博物馆中，有个意义深厚的纪念品——马鞍，这一纪念品代表着我国邮政行业发展的重要历程，也代表着一代代邮政人的用心与汗水。这个马鞍的主人名为王顺友，是四川省凉山彝族自治州木里县的一名乡村邮递员。这个马鞍陪伴王顺友度过 12 年时间，这 12 年也代表着中国从 20 世纪 90 年代到 21 世纪初的农村物流水平。

王顺友从 1985 年开始进入四川省邮政公司凉山州分公司，主要负责木里县至白碉乡、三桷桠乡、倮波乡、卡拉乡、李子坪乡的邮件投递工作。29 年的工作时间里，王顺友每年需要派送报纸 8000 多份、杂志 700 多份、函件 1500 多份、包裹 600 多件，截至王顺友离职他的准确率都保证 100%。

在 2005 年之前，王顺友的配送方式就是农村邮政的代表方式——人力为主，各种交通工具因地制宜。2005 年之前，四川省凉山州木里县交通状况依然处于落后水平，县乡之间没有公路，为完成物流配送工作，王顺友每次都需要翻越海拔 5000 米，一年数月被冰雪覆盖的山峰，再下降到海拔 1000 米，最高气温能达 40 摄氏度的雅砻江河谷，一路上途经数十个原始森林、山峰、沟梁，而唯一的交通工具是一匹马。这就是我国农村物流的最初形态。

2009 年，我国出台的《中华人民共和国邮政法》中明确规定民营快递从此合法，"四通一达"、顺丰等快递企业开始在广大城乡发展，这是我国农村物流变革的重要起点。随着农村公路系统的建设完成，电子商务与物流行业开始深入农村。从这时开始，农村淘宝用户开始出现，虽然没有形成规模，但农村物流网点开始零星出现。

47 新疆维吾尔自治区阿勒泰地区哈巴河县铁热克提乡的白哈巴村是全国知名的传统村落，而这一村落至今沿用这种乡村物流模式。白哈巴村已经发展成"西北第一村"，每天有大量游客出入，也有大量特色产品通过物流系统集成，正是交通物流系统的发展才让这个村落有了今天的景象。

48 英国传统村落保护开发的首要任务同样是完善交通物流系统。但英国对传统村落的保护力度十分突出，交通物流建设很少进入传统村落内部，而是增强外部设施建设，最大化保留传统村落原始风貌与生活习惯。目前，英国知名传统村落，如库姆堡、拉科克、拜伯里、水上伯顿以及百老汇镇，都已发展成为全球知名的旅游景点。这些传统村落的发展效果比我国知名传统村落更为突出，但这些传统村落的交通物流建设并没有想象中的发达，大多以连接传统村落为主，不会影响传统村落原始风貌，甚至这些村落为了保存最原始的特点，放弃增加路灯、停车场等基础交通设施，不过整体开发效果并没有受到影响。

从英国传统村落交通物流发展现状中可以看出，传统村落开发并非交通物流系统建设越深入、越发达，效果越好，而应该充分结合传统村落自身特点与文化，将传统村落资源优势通过交通物流系统最大化展现。

49 日本"乡村振兴"战略为我国传统村落交通建设发展带来了借鉴作用。因为日本的乡村发展与我国乡村发展存在诸多相似之处，且日本"乡村振兴"实施较早，所以借助其发展经验，我国传统村落的交通建设、开发保护能够取得更突出的成果。

通过分析日本"乡村振兴"战略的实施方法，可以看出日本在传统村落保护开发中同样采取优先建设交通物流系统，充分激活传统村落内在资源的方式。在20多年的建设过程中，日本传统乡村交通物流建设水平已经超过了众多亚洲国家，尤其对比农村交通系统落后的韩国，日本传统村落交通发展成果更为显著。

50 2016年，交通运输部出台了《关于稳步推进城乡交通运输一体化提升公共服务水平的指导意见》，其中明确提出了加快推进城乡客运服务一体化建设。

一是完善城乡客运价格形成机制。综合考虑社会承受能力、财政保障水平、企业运营成本、运输产品服务质量差异、交通供求和竞争状况等因素，完善城乡客运价格形成机制，合理确定票制票价，建立多层次、差异化的价格体系，更好满足城乡居民出行需求。

二是提升乡村旅游交通保障能力。加大交通运输支持乡村旅游发展力度，积极拓展'运游一体'服务。加快改善农村特色产业、休闲农业和乡村旅游等的交通条件，进一步提升交通服务旅游的保障能力。积极支持传统村落、休闲农业聚集村、休闲农园、特色景观旅游名村、"农家乐"等乡村特色旅游区域开通乡村旅游客运线路。加快农村旅游景区、人口密集区域的停车场、充电桩等基础设施建设。

三是保障城乡交通运输安全。发挥县乡人民政府的组织领导作用，健全农村交通安全防控网络，大力推进乡镇交管站（办）、农村交通安全劝导站和乡镇交通安全员、农村交通安全劝导员建设、培训，切实履行好安全监管、监督责任。强化部门联动，密切分工协作，督促企业严格落实安全生产主体责任，加大安全投入，加强从业人员培训教育，切实提高安全服务水平。积极推广应用乡村营运客车标准化车型。加强渡口渡船安全管理。建立完善道路通行条件和农村客运线路联合审查机制。加强农村公路设施巡查，及早发现农村公路设施隐患，妥善处置。

从政策中可以看出，交通运输部门对传统村落交通建设的细节正在提高重视，对交通建设效果也在进行深度思考，这也是我国传统村落交通建设的当前原则，是确保传统村落优质开发、发展的重要保障。

51 2022年2月28日，国务院新闻办在京召开新闻发布会，会上交通运输部部长李小鹏总结了2021年我国交通运输取得的发展成果，其中包括交通发展的整体情况、农村交通新改建情况，以及贫困地区公路投资情况。李小鹏总结的这些数据反映了我国农村交通发展的现状及趋势。

李小鹏表示，2021年在党中央、国务院的决策部署下，交通运输部按照"十四五"规划纲要指引，致力于推进服务各项国家重大战略，以加强交通基础设施建设为重要方式为"十四五"规划营造良好开局。未来，交通运输部将以"6轴7廊8通道"的国家综合立体交通网主骨架为主要建设目标，通过交通路网完善加快形成"全国123交通出行圈"和"全球123快货物流圈"，促进交通强国战略推进，积极实现"人享其行、物畅其流"的交通发展效果，以"人民满意、保障有力、世界前列"的建设水平交出合格答卷。

在交通运输部2021年的工作当中，建设安全、稳定、畅通、高效物流系统是一大重要任务。物流系统是保障经济运行、推进各产业高质量发展、构建市场新格局的重要保障。虽然2020年、2021年我国经受了新冠疫情冲击，但在国家指导下，物流系统通过加强运输调度、挖掘经济内循环潜力，有效保障了民生，并取得了突出的经济发展效果。其中，多项农村产业在我国经济发展中起到了积极带动作用，为我国经济稳定提供了重要支撑。

2021年，交通运输部在农村交通建设方面，不断提高农村交通基础设施建设力度，努力降低农村物流成本，并落实"绿色通道"等一系列政策，规范农产品物流运输收费。据交通运输部统计，2021年交通运输部通过全面规范、清理运输涉企收费，年减费总额达到了1000亿元。可见2021年我国农业物流运输获得了多么大的减费扶持。

另外，交通运输部不断将农村交通建设项目细化，以"进村入户"为目标，推进"四好农村路"战略发展，2021年全年新改建农村公路超过16万千米，实施农村公路修复性养护工程19.1万千米。在这项细化建设政策实施过程中，我国传统村落交通道路水平显著提升，与特色产业连接效果不断增强。

除做好农村交通运输细致化建设之外，2021年交通运输部还加强了农村交通运输保障工作，以服务农村经济发展为目标不断完善农村交通网络，推进农村基础设施的现代化水平。据交通运输部相关负责人表示，2021年交通运输部在固定交通资产方面的投资为3.6万亿元，在农村交通建设及保障方面，交通运输部不仅保障了各农村与全国交通路网的准确连接性，更强化了农村交通联动模式效果。这主要表现为交通运输部加大了农村交通网络中公转铁、公转空、公转水的建设，切实保障了农村经济发展效率。

52 贵州省黔西南布依族苗族自治州册亨县丫他镇的板万村是 2014 年第三批被列入"中国传统村落保护名录"的传统村落，2017 年板万村建立了"中国传统村落数字博物馆优秀村落馆"，2021 年被选为贵州"第三批全省乡村旅游重点村"。

在 2014 年之前，板万村不但是一个经济落后的偏远乡村，而且村内村外的交通道路质量极其低下，板万村大量年轻劳动力外流，这一传统村落处于消亡的边缘。2014 年之后，册亨县各乡在国家政策指引下大力开展交通建设，随后的 5 年时间里，册亨县各条通乡、通村道路上随处可见热火朝天的交通建设场面。在册亨县完成"乡乡通"交通建设工程后，各级政府又先后投入 5.32 亿元用于建设通村公路，截至 2017 年年底，册亨县全面完成"村村通"交通建设工程，共建设通村公路 35 条，总里程 449.71 千米。板万村就是在这段时间被开发为贵州省知名旅游景点。

不过 2017 年仅仅是板万村经济发展的起点。在册亨县完成"村村通"交通建设工程后，各级政府又先后投入 3.91 亿元资金，用于细化册亨县农村交通路网，同时提升交通路网建设质量，将"村村通"升级为"组组通"。2018 年年底，册亨县共建设"组组通"公路 168 条，累计长度达 600.07 千米。

在册亨县高质量、全覆盖、高效率的交通路网支撑下，册亨县林业、农业、旅游业充分展现价值，板万村作为当地知名旅游景点更是进入"飞速"发展阶段。根据《2018 年贵州省中国传统村落保护发展示范村验收评估分析报告》显示，板万村已经发展成为贵州省传统村落保护开发示范村落及亮点村落，发展成效显著，给贵州省传统村落保护开发及农业经济发展带来了极大促进。

贵州省中国传统村落保护发展示范村评估专家小组在《2018 年贵州省中国传统村落保护发展示范村验收评估分村报告》中对板万村的亮点与成效进行了详细论述，其中多处亮点体现着交通发展对传统村落带来的开发保护成效。

53 "大山小爱"支教团队在板万村梦想家小学开展支教活动，累计人次 100 余人，并将梦想家小学作为"大山小爱"以后每期志愿者的永久性培训基地，逐步加入其日常教学活动。这一策略有效增强了板万村教育实力与教育水平。

54 精心策划乡村公益体验、乡村创客扶贫、乡村民族文化传承与发展、乡村创意改造、乡村亲子体验五大核心项目，加快板万乡村发展的同时给予参与者良好的乡村体验。这一策略增加了板万村旅游亮点。

55 为整理留存板万村传统文化，更好地传播与传承做出了努力，将板万乡村博物馆重新整理，查阅资料完成乡村博物馆的介绍，并带领游客进行参观介绍，同时组织板万乡村环保公益活动。为板万村进行清洁工作，并为以后环保工作提出建议和规划。另外，改建修缮古法熬糖体验坊、木工坊、美食坊、板万梦想小卖部、板万餐厅等多栋民俗体验坊，向板万村村民承租 10 亩地，试验开发农产品，指导村民科学种植，带动传统村落经济发展。

56 板万村借助媒体打响传统村落文化名片之后，通过与东方卫视合作，推出基于自身布依族特色的大型纪录片后，在社会上引起了广泛关注。随后又与"梦想改造家"栏目合作，拍摄册亨县丫他镇板万村的专题宣传纪录片，该纪录片网络点击量高达 3000 万余次，使得板万村为大众所熟知和向往。节目播出后，板万村在春节、五一、国庆等节假日迎来了数千人次的参观和体验，进一步加强了对板万村的宣传工作，为板万村在保护传统建筑、文化的同时迎来了发展旅游的新契机。

57 板万村结合地方实际，积极发展坝区种植产业，先后种植了甘蔗、"广东菜心"、玉米等一系列农作物。其中甘蔗种植产业最为亮眼，引资建设了土法红糖加工点，利用闲置传统建筑打造红糖坊，形成集加工、体验、展销为一体的产业结构，延伸了甘蔗产业链，加快了农村经济发展和农民的增收。

58 在借助自身资源优势提升发展效果过程中，板万村引进黔西南州北岸农业发展有限公司入驻，采用"企业＋合作社＋农户"的模式共同打造 830 亩板万村供港蔬菜示范基地。基地的发展在带动农户增收的同时，为板万村探索"农旅结合"的发展思路奠定了坚实的基础，促进了板万村传统村落保护和发展工作。

另外，板万村还积极发展民俗旅游，在不破坏传统吊脚楼原状的前提下，对室内进行精细化提升装修，打造乡村旅游高标准民宿，为游客提供干净卫生的居住条件；改造青年旅行营地，引入网红经济，提升板万村整体形象；在村内改造具有布依族风情的民族文化餐厅，整合各类资金建设土陶人家、酿酒坊等传统文化展示体验场所，丰富乡土特色产业，带动村民脱贫致富。

59　除开展常规旅游产业之外，板万村还与国内知名旅游研学团队合作开发乡村各类体验线路产品十余条。目前，板万村已开发包含非遗文化体验营、亲子教育营、独立成长营、公益支教营、乡村创客营、乡村建设营等深度体验项目线路数十条，累计成团人次近万人，长期合作机构十余家，与贵州趣游吧、贵州游侠客、贵州五行侠、北京自然学堂、上海小永哥 1+1 留学、重庆 1Tour、深圳爱馨幼儿园集团、广州三米学院、上海千亦等数十家旅游研学教育机构达成长期合作，为板万村稳定输送团队游客和中高端研学定制团队。

60　板万村将自身发展特色与各大平台、互联网平台对接，充分提升自身宣传效果及整体影响力，借此成功发展为全国知名的旅游景点。与媒体成功合作案例主要包括以下三个。

（1）与贵州省电视台合作拍摄《板万村》纪录片，于 2021 年 2 月在贵州 6 频道《记忆贵州》栏目播出。节目中详细记录了板万村传统民族文化相关传承，让观众充分意识到只有保护生态及生产环境才能保护文化传统，才能让非物质文化遗产世代相传，才能让中国文化传统获得自在与安详。纪录片播出后，板万村文化形象、发展态度在全国观众眼中获得极大提升。

（2）与央视 12 套《见证》栏目合作，邀请栏目组走进板万村，拍摄专题片《铸魂板万村》，并于 2021 年 9 月 11 日播出，时长 30 余分钟，以板万村传统村落保护的现实案例充分展现中华美育文化的乡村魅力。专题片播出后，板万村文化魅力及乡村魅力在全国观众面前展现，极大提升了自身吸引力。

（3）与《多彩贵州》等多个新闻节目合作，进行板万村传统村落建设效果宣传，与黔西南州日报、天眼新闻合作，多次报道板万村非遗文化传承资源。同时，与 BiliBili 等网络平台博主合作，邀请自媒体达人在各自媒体平台展现板万村布依族文化生活内容。通过多渠道宣传，板万村旅游知名度大幅提升。

从板万村的发展中可以看出，传统村落交通道路建设决定了传统村落发展效果与发展质量，交通道路建设越畅通、越细致，传统村落发展模式越丰富，资源开发效果越突出。

另外，板万村交通道路情况也反映了我国传统村落交通道路建设现状。目前，我国传统村落交通道路建设发展已经进入"村村通"的成熟阶段，正在向"组组通""家家通"的更高水平迈进。随着传统村落交通道路建设质量的提高，我国传统村落将展现更大魅力，发展效果也将更加突出。

61 2022年2月，中央发布了一号文件《中共中央　国务院关于做好2022年全面推进乡村振兴重点工作的意见》，其中明确提到我国"乡村振兴"战略的推进要聚焦当下产业促进乡村发展，扎实稳妥推进乡村建设。同时在交通强国的目标指引下充分发挥我国铁路基建的强大动能，让铁路资源优势注入地区发展活力当中，增强"乡村振兴"战略推进效果。在这项政策指引下，我国传统乡村也成了铁路路网重点结合发展的对象，传统村落铁路交通连接程度开始显著提升。

62 据交通运输部统计显示，2021年我国铁路系统再次延伸至25个县区，铁路网的密织对农村交通发展带来了强化作用。其中张吉怀高铁、杭台高铁、日兰高铁等纵横交错的高铁网络沿途惠及多个传统村落，旅游产业发展在沿线交通网络内成果更为显著。

63 在很长一段时间内，广西、云贵等地的传统村落发展一直处于受限状态。这些区域传统村落不仅传承了特色文化，更拥有大量特色农业资源，以云南省茶叶、水果为例，由于铁路交通发展水平低，大部分传统村落虽然开通了空中交通，有效促进了旅游产业发展，但缺乏铁路运输导致大量农产品走不出去、卖不出去，产业资源长期处于浪费状态。随着我国"八纵八横"四通八达的铁路网修建完成后，传统村落区域交通网与铁路线直接对接，特色产品销售有了保障，传统村落经济发展被充分激活。这正是我国传统村落铁路交通发展的现状。

64 江苏省水网密布、湖泊众多，水运交通不仅连接县市，很多传统村落还与江苏水路交通网相连，所以水运交通在江苏省不只是传统村落的经济发展渠道，还代表着诸多传统村落文化。

65 江苏省于2017年发布了《江苏省干线航道网规划（2017—2035年）》，

这项政策有效改善了江苏省农村水运交通中存在的薄弱环节，促进了江苏省农村发展。

66 2016 年，交通运输部联合十八个相关部门发布了《交通运输部等十八个部门关于进一步鼓励开展多式联运工作的通知》，由此开始多联式交通正式成为我国国家发展战略，并集中多方力量支持高速发展。随后的 3 年时间里，我国海铁、公铁、陆空等多联式交通网络越发健全，尤其在物流运输行业中，以集装箱联运为主的运输网络作用凸显，物流运输系统运作效率大幅提升。

67 2019 年 11 月，交通运输部召开了第十一次例行新闻发布会。在这次新闻发布会上，交通运输部对 2019 年计划的 64 项供给侧结构性改革任务建设成果进行了详细汇报，其中对我国交通多联式发展取得的成效进行了重点说明。这是我国多联式交通发展近年来最详细的一次发展现状展示。

交通运输部相关负责人在发布会上首先提到，2019 年我国新改建农村公路总里程达到 25.4 万千米，以 127.1% 的超额标准完成既定建设额目标，更为贫困地区新增 6501 个建制村通硬化路。

2019 年，在农村交通运输建设发展层面，交通运输部大力推进多联式交通网络发展，从国、省干线公路干线建设改造，到农村公路新改建，再到旅游景区交通网络建设，交通运输部注重联程运输发展，深化交通运输"放管服"改革等，有效增强了农村交通联运网络的完整性，大幅提升农村居民交通出行便利度。

68 北京市门头沟区斋堂镇的爨底下村是第一批入选我国"传统村落名录"的文化村落，虽然位于山区，但近年来旅游产业发展成果十分突出。这主要因为爨底下村与北京综合立体网络紧密连接，随着北京地区多联交通网络高速发展，爨底下村旅游便捷度不断提高，且村落电商发展也在多联交通支撑下发展效果越发明显。

69 2022 年 1 月，国务院印发了《推进多式联运发展优化调整运输结构工作方案（2021—2025 年）》，这项政策提出的多项明确意见代表着我国传统村落道路联运的发展现状及发展目标，这些政策主要包括以下内容。

一是完善多式联运骨干通道。强化规划统筹引领，提高交通基础设施一体化布局和建设水平，加快建设以"6轴7廊8通道"主骨架为重点的综合立体交通网，提升京沪、陆桥、沪昆、广昆等综合运输通道功能，加快推进西部陆海新通道、长江黄金水道、西江水运通道等建设，补齐出疆入藏和中西部地区、沿江沿海沿边骨干通道基础设施短板，挖掘既有干线铁路运能，加快铁路干线瓶颈路段扩能改造。

二是加快货运枢纽布局建设。加快港口物流枢纽建设，完善港口多式联运、便捷通关等服务功能，合理布局内陆无水港。完善铁路物流基地布局，优化管理模式，加强与综合货运枢纽衔接，推动铁路场站向重点港口、枢纽机场、产业集聚区、大宗物资主产区延伸。有序推进专业性货运枢纽机场建设，强化枢纽机场货物转运、保税监管、邮政快递、冷链物流等综合服务功能，鼓励发展与重点枢纽机场联通配套的轨道交通。依托国家物流枢纽、综合货运枢纽布局建设国际寄递枢纽和邮政快递集散分拨中心。

三是健全港区、园区等集疏运体系。加快推动铁路直通主要港口的规模化港区，各主要港口在编制港口规划或集疏运规划时，原则上要明确联通铁路，确定集疏运目标，同步做好铁路用地规划预留控制；在新建或改扩建集装箱、大宗干散货作业区时，原则上要同步建设进港铁路，配足到发线、装卸线，实现铁路深入码头堆场。加快推进港口集疏运公路扩能改造。新建或迁建煤炭、矿石、焦炭等大宗货物年运量150万吨以上的物流园区、工矿企业及粮食储备库等，原则上要接入铁路专用线或管道。挖掘既有铁路专用线潜能，推动共线共用。

四是丰富多式联运服务产品。加大35吨敞顶箱使用力度，探索建立以45英尺内陆标准箱为载体的内贸多式联运体系。在符合条件的港口试点推进"船边直提"和"抵港直装"模式。大力发展铁路快运，推动冷链、危化品、国内邮件快件等专业化联运发展。鼓励重点城市群建设绿色货运配送示范区。充分挖掘城市铁路场站和线路资源，创新"外集内配"等生产生活物资公铁联运模式。支持港口城市结合城区老码头改造，发展生活物资水陆联运。

五是培育多式联运市场主体。深入开展多式联运示范工程建设，到2025年示范工程企业运营线路基本覆盖国家综合立体交通网主骨架。鼓励港口航运、铁路货运、航空寄递、货代企业及平台型企业等加快向多式联运经营人转型。

六是推进运输服务规则衔接。以铁路与海运衔接为重点，推动建立与多式联运相适应的规则协调和互认机制。研究制定不同运输方式货物品名、危险货物划分等互认目录清单，建立完善货物装载交接、安全管理、支付结算等规则体系。深入推进多式联运"一单制"，探索应用集装箱多式联运运单，推动各类单证电子化。探索推进国际铁路联运运单、多式联运单证物权化，稳步扩大在"一带一路"运输贸易中的应用范围。

从《推进多式联运发展优化调整运输结构工作方案（2021—2025年）》提出的这几项政策中可以明确发现，我国交通联运整体格局已经初步构建完成，但部分区域需要继续延伸细化。在这一过程中，我国传统村落交通连接效果、运行速度能够得到提升，不断强化的交通便捷性还将深度挖掘传统村落自身价值，让传统村落农业、旅游业及其他文化产业得到更好的发展效果。

70 2021年，交通运输部印发了《关于巩固拓展交通运输脱贫攻坚成果全面推进乡村振兴的实施意见》，其中提出了到2025年交通脱贫攻坚成果进一步巩固提升，农村基础交通运输能力及交通运输品质全面提升，再次推进"乡村振兴"战略实施速度的发展目标。该政策中也有多项建设任务与传统村落发展有密切关系，这些建设任务很大程度受智慧交通影响。任务主要包括以下内容。

一是提升农村地区外通内联水平。继续加大对革命老区、民族、边疆地区、脱贫地区、垦区林区等交通基础设施建设的支持力度，推动高速公路、铁路、机场、航道等区域性和跨区域重大项目建设，完善综合运输体系。继续开好多站点、低票价的"慢火车"，推进普通国、省道瓶颈路段贯通升级，稳步建设支线机场、通用机场和货运机场，加强便民交通码头等农村水路客运基础设施建设，持续推动重要航道碍航设施复航工作。进一步提高农村和边境地区交通通达深度，有序实施乡镇通三级公路建设、老旧公路改造和窄路基路面加宽改造，强化农村公路与干线公路、城市道路以及其他运输方式的衔接。

二是推进交通与乡村产业融合发展。加强资源路、旅游路、产业路和旅游航道建设，推动串联乡村主要旅游景区景点、主要产业和资源节点、中小城镇和特色村庄等公路、航道建设，支持有条件的地区发展农村水路旅游客运。完善重点旅游景区交通集散体系，推进通用航空与旅游融合发展。以农村公路为依托，探索支持路衍经济发展的路径。继续协同推进百色水利枢纽通航设施建设，打通堵点，改善通航条件。

三是提高农村交通安全保障能力。加强农村交通安全隐患排查，强化安全监管。开展安全"消危"行动，在基本消除乡道及以上行政等级公路安全隐患的基础上，推进完善村道安全生命防护工程。实施公路危旧桥梁改造行动，配套建设必要桥梁，加大撤渡建桥工作力度。开展船舶碰撞桥梁隐患治理和航运枢纽大坝除险加固专项行动。严格落实交通安全设施与公路建设主体工程"三同时"制度。加大抢险设备和物资投入，扩大农村公路灾害保险覆盖面，及时做好灾后重建和防治工作，提升农村交通安全应急保障和防灾减灾能力。

四是推动交通项目更多向进村入户倾斜。巩固拓展具备条件的乡镇、建制村通硬化路成果，加强管理养护，对灾毁水毁路段及时修复。因地制宜推进较大人口规模自然村（组）、抵边自然村通硬化路建设。加强通村公路与村内道路连接，统筹规划和实施农村公路的穿村路段，灵活选用技术标准，兼顾村内主干道功能，助力提升农村人居环境水平。结合乡村建设行动，补齐易地搬迁安置区对外交通出行短板。

五是加强农村路域环境整治。根据服务需求完善交通驿站、停车休息观景点、公共停车场等普通公路沿线服务设施。结合乡村人居环境整治行动，因地制宜实施农村公路路域环境洁化、绿化、美化，继续推进路宅分家、路田分家，深化"美丽农村路"建设，营造美丽宜人并具有文化氛围的农村交通出行环境，助推美丽乡村建设。

六是提高客运服务均等化水平。巩固拓展具备条件的乡镇和建制村通客车成果，改善农村客运安全通行条件，优化服务供给，推动集约化发展。引导各地有序推进城乡公交线路向城区周边重点镇村延伸和农村客运班线公交化改造，提升城乡客运均等化服务水平。因地制宜建设改造农村客运站点，拓展站点客运、货运物流、邮政快递等功能。推动落实县级人民政府主体责任，通过政府购买服务等方式，构建农村客运长效发展机制。

七是提高物流综合服务水平。统筹利用交通、邮政、快递、农业、商贸等资源，全面推动县、乡、村三级农村物流节点体系建设，支持邮政、快递企业网点下沉，加快推进"快递进村"工程，强化乡镇运输服务站、村级寄递物流综合服务站点建设。推动交邮融合、电商物流、客货同网、货运班线等多种形式农村物流发展，畅通农产品进城、农业生产资料和农民生活消费品下乡的物流服务体系。鼓励各类企业开展业务合作和共享资源，提升物流资源配置效率，降低物流成本。推广农村物流服务品牌，因地制宜推进客货邮融合发展，构建

"一点多能、一网多用"的农村运输服务发展模式。

71　2020 年 9 月，中央召开第八次财经委员会会议，会上习近平总书记明确强调，流通体系在国民经济中发挥着基础性作用，构建新发展格局，必须把建设现代流通体系作为一项重要战略任务来抓。

72　据交通运输部发布的《2021 年交通运输行业发展统计公报》数据显示，我国农村公路里程已经达到 446.6 万千米，比 2020 年增加 8.4 万千米，其中乡镇通三级及以上公路比例达 82.2%，同比增长 1.4 个百分点。我国农村快递服务营业网点数量占比提高至 30% 以上，快递服务乡镇网点覆盖率达到 98%，服务满意度进一步提高。

73　为确保我国农村公交系统建设发展质量，交通运输部会同公安部、财政部、自然资源部、农业农村部等多个部门于 2021 年 8 月，联合印发了《关于推动农村客运高质量发展的指导意见》，其中明确提出 8 项建设任务。

一是推动农村地区公路提档升级，建设完善农村运输服务站点，构建完善安全便捷的基础设施网络。

二是提升城乡客运服务均等化水平，完善农忙等重点时段农村客运服务供给，构建普惠便民的出行服务体系。

三是深入推进客货邮融合发展，扩大对乡村旅游服务的覆盖范围，打造集约共享的融合发展体系。

四是落实农村客运企业安全生产主体责任，加强农村客运事前事中事后监管，健全安全可靠的运营管理体系。

五是提升农村客运信息化服务水平，使用适合农村交通条件的节能环保车辆，推广智慧绿色的服务供给方式。

六是鼓励农村客运公司化、集约化经营，规范农村客运运营服务，加强多部门执法协作，营造公平有序的市场发展环境。

七是推动落实县级政府主体责任，建立与地方财政能力相适应的投入机制，推进农村客运发展投融资机制创新，构建农村客运长效稳定发展机制；

八是以城乡交通运输一体化示范县为载体，深化以点带面的示范创建活动。

这几项建设任务也是我国传统村落公交系统改善升级、优化服务的重要方向与目标，决定着传统村落公交系统未来一段时间内的发展状态。

74 2022 年 4 月，在国家邮政局举行的发布会上，国家邮政局普遍服务司司长马旭林提到，我国农村邮政寄递物流服务水平如今已经显著提高，对于城乡经济循环起到了更加有力的支撑作用。截至 2023 年，全国物流系统在邮政、快递紧密合作下已经将邮政快递服务普及到 23.9 万个建制村，覆盖率达到48.5%，邮政部门帮助快递企业代投快件约 4 亿件。

从国家邮政局普遍服务司司长的讲话中可以看出，我国农村邮政快递发展近年来取得良好成果，但发展空间依然巨大。虽然邮政快递服务已经普及到23.9 万个建制村，但覆盖率未能达到 50%，这代表我国邮政快递业务在农村区域还需要继续努力。

75 2020 年 9 月，陕西省镇巴县开通了首条无人机邮路，从镇巴县县城邮政配送点到草坝村的单程配送投递时间可以在 20 分钟完成，这极大提高了配送效率，节省大量人力成本。2020 年"双 11"期间，镇巴县草坝村需要配送的1365 份党报党刊、207 件信件和 17 件 EMS 邮件全部由无人机完成配送，且全部按时完成配送。

76 2021 年云南省为实现建制村百分百直接通邮的发展目标，增加云南省邮政投递人员 386 人，新配备邮政快递配送车辆 122 辆，增加投递段道 327 条，累计投入资金 7724.35 万元。

77 国家邮政局普遍服务司司长马旭林介绍，目前"邮快合作"已经在 31个省份全面推开，累计覆盖建制村 23.9 万个。这些村落邮政快递系统受高寒山地、戈壁沙漠等地理环境影响，直接通邮难度十分突出。这也是我国传统村落邮政快递发展当前需要解决的难题。

例如，目前新疆维吾尔自治区未能实现直接通邮的抵边自然村有 16 个，虽然数量不多，但这 16 个抵边自然村邮政快递系统建设完整的难度非常大，其中最远的抵边自然村距乡镇邮政营业网点距离为 173 千米，且路况及配送环境恶劣，单程配送往往需要一天的时间。

为全面解决这些实际难题，我国交通运输部门与邮政部门近年来正在不断加强农村邮政快递系统建设，也采取了诸多发展措施。比如，近年来我国邮政部门通过"多站合一"方式整合村邮站、三农服务站、村落配送网点等，在全国各个建制村共布局 35.5 万个"邮乐购"服务点，以此扩大"邮快合作"模式在农村区域的推广范围。

我国政府同时进行了各种统筹规划。例如，2022 年国家邮政局拟定了《推进"十四五"时期抵边自然村邮政普遍覆盖三年行动方案（2022—2024 年）》，这项政策正在为全国抵边自然村建设频次稳定、安全便捷的邮政快递系统，搜集适应实际情况的发展意见，破解农村物流快递系统的发展难题。

78　新疆维吾尔自治区木垒县的月亮地村是第二批入选"中国传统村落名录"的村落，这一村落被保护开发之前是典型的贫困村，最困难时仅有 20 余户村民，且大多数年轻劳动力外流。

2014 年，月亮地村被评为中国传统村落后，木垒县开始加大月亮地村的保护开发工作。2016 年，木垒县投入 3000 万元对月亮地村进行全面保护修缮，并建设交通物流系统。

随后的一段时间内，月亮地村旅游产业、电商产业开始蓬勃发展，当地特色农产品芜菁、辣椒、洋蓟、南美梨、鹰嘴豆等迅速出现在各大电商平台。部分居民更是借助自媒体网络对月亮地村进行大幅宣传。

如今的月亮地村可谓是电商产业发展良好的网红打卡圣地，村里不仅人人接触电商，甚至产生了十几位粉丝达数十万的网红。当地就业情况良好，经济发展情况已全面达到小康水平。

我国传统村落发展中，像月亮地村一样的村落还有不少。从这些传统村落发展中可以看出，电商用户、电商人才的增长，增强了传统村落发展实力，提升了传统村落发展效果。

79　陕西省榆林市佳县朱家坬镇泥河沟村是第三批入选"中国传统村落名录"的村落，这座地处黄河岸边，与山西隔河相望的小山村从宋代时期便存在，村域面积 9.81 平方千米。因村内拥有上千株千年枣树，所以泥河沟村又被称为"天下红枣第一村"。

2014 年 4 月，泥河沟村 36 亩千年古枣园被联合国粮农组织列入全球重要农业文化遗产。这独特的农业资源让泥河沟村受保护、开发程度不断提升。

对泥河沟村的开发同样从交通物流系统建设开始，但建设初期出现了明显的协作能力不足问题。

首先，泥河沟村当时由于自身人口条件、经济条件有限，年轻劳动力大量外流，村中留守的大多为老年人与儿童。虽然村落负责人积极配合交通物流系统建设，但很难收集到符合村落特色的交通物流系统建设建议，导致前期建设工作只能在摸索中进行。

其次，交通物流系统基础设施建设完成后，当地居民并不能有效配合交通物流系统运作，甚至无法意识到交通物流系统对村落经济发展的重要性。比如，当时泥河沟村主要的物流方式便是邮政，当物流企业配合建设部门入驻泥河沟村时并没能充分发挥物流系统作用。当时快递企业选择将村中唯一生活商店作为全村快递收发点，但商店经营者并不重视，导致快递到村不及时通知，快递包裹遗失等情况频繁出现，同时村中人员因文化水平有限，很少有人懂得使用物流系统，所以当地物流快递网点很长一段时间内形同虚设。

最后，传统乡村交通物流系统也与乡镇路网无法达成有效协作。由于泥河沟村在交通物流系统建设前期内部资源开发有限，前期公交系统处于亏损状态，故公交频率较低，导致泥河沟村旅游产业发展受限，交通物流系统建设作用无法凸显。

80 山西榆次的后沟古村曾是中国民间文化遗产抢救工程的重点对象，也是山西省传统村落调查保护示范基地。这一村落保护开发初期当地政府为其建设了完善的交通系统，并号召旅游企业入驻共同开发。这一策略的确有效激活了后沟古村旅游经济发展，但交通物流系统建设过度强调商业化发展目标，导致后沟古村交通系统无法与特色资源协同发展，反而成为商业发展的主要服务系统。后沟古村逐渐被现代交通、现代建筑取代原貌，村落内部设施与历史风貌极不和谐，在经历了几年蓬勃发展后，后沟古村旅游产业又走上下坡路。这便是交通物流建设方协作意识不足的发展后果。

81 浙江省丽水市拥有多个传统村落，全市传统村落保护开发过程中均建立了完善的交通物流信息系统。2019 年 2 月，为全面提升传统村落保护开发效果，丽水市利用基础信息系统盘清了全市传统村落实际发展情况以及传统村落周围环境信息，之后结合传统村落现有资源决定建设丽水市"中国传统村落"基础信息系统，对全市传统村落进行整体旅游开发。

该系统建设首先对丽水市官桥村、古堰村、杨家堂村、界首村等保护开发的传统村落试点进行数据采集与处理，之后进行传统村落三维实景模型制作，对传统村落进行全要素线上复制，最后将丽水市"中国传统村落"基础信息系统上线，进行大力度的线上宣传。

目前，在丽水市政府统筹规划下，全市各传统村落发展效果突出，通过线上宣传及全方位特色展示，丽水市各传统村落旅游吸引力急速提升，旅游产业发展势头上涨。

82 2010 年全球召开了"世界农村公路大会"，会上明确提到部分亚洲发展中国家农村经济水平落后，尤其偏远地区的农村，基本生活需求难以保障。其中，偏远地区农村日常最难以保障的基础需求是水源，部分山区村民每天需要来回奔波很远的山路才能取回一天的日常用水。

83 2020 年 10 月，交通运输部在新闻发布会中公布了近年来农村交通建设成果。交通运输部负责人表示，截至 2020 年，我国农村交通基础设施网络已经完成初步建设，具备条件的乡镇和建制村已经实现通硬化路、通客车，农民群众"出行难"问题得到解决，后续将以"四好农村路"为目标进入高质量发展阶段。

交通运输部负责人随后确定了"四好农村路"高质量发展的六个着力点，通过这六个着力点重点建设加快我国"交通强国""乡村振兴"等战略推进速度，助力农村实现共同富裕。

一是着力完善农村公路基础设施网络。推动乡镇对外公路实施三级及以上公路建设改造，推进较大人口规模自然村（组）通硬化路建设，加快建设产业路、旅游路、资源路。

二是着力提升农村公路养护质量水平。建立健全长期稳定的农村公路养护运行机制，定期开展路况评定，进一步开发"四好农村路"各类公益性岗位。

三是着力提升农村公路运输服务能力。巩固拓展具备条件的建制村通客车成果，全面完善县乡村三级物流体系，加快农村寄递物流体系建设，推动客货邮融合发展，推广"一车多运、一站多能、一网多用"。

四是着力提升农村公路安全保障能力。加强农村公路建设和质量管理，全面提升农村公路本质安全水平，提高农村道路运输安全水平，强化农村公路应急保障能力。

五是着力提升农村公路治理能力。推动《公路法》等法规制修订，启动部分规章和标准指南修订和编写工作。做好"以奖代补"政策实施，加强农村公路监督考核，提高农村公路信息化管理水平。

六是着力发挥农村公路典型示范的带动作用。加强对"四好农村路"交通强国试点工作跟踪指导，做好做亮"四好农村路""城乡交通运输一体化"示范创建，做优"美丽农村路"品牌建设。

截至2023年，我国交通运输部门已经在这六个建设方向中取得了突出成果，"四好农村路"建设水平不断提高，但部分区位偏远的农村依然存在交通物流基础设施落后等问题，这也是我国"交通强国""乡村振兴"战略需要解决的难点与重点，其中便包括大量传统村落。

84 加拿大是一个非常重视乡村公路整体建设的国家，其有丰富的传统村落交通物流系统建设经验，传统村落开发效果全球闻名。但交通物流基础设施不足同样对加拿大传统村落发展带来了诸多影响，尤其地处偏远地区的传统村落，加拿大政府出台的各种开发保护政策都无法产生预期的效果。为此加拿大政府不得不完善各种交通物流建设政策，加大这些区域的交通物流投资，以此解决各种传统村落开发保护问题。

85 2013年，贵州省开展了一项传统村落、特色田园村落、红色村落保护开发建设项目，项目投入重点便是这些村落的交通运输系统建设完善。截至2021年，贵州省这一项目带动了大量传统村落发展，但依然存在部分传统村落交通运输系统衔接不畅问题，对此贵州省结合8年建设发展经验，进行了传统村落交通运输不畅原因的总结。

8年时间内，贵州省完成了各传统村落硬化路建设，并以此进行传统村落旅游产业开发。但部分传统村落由于地理区位偏远，村落特色文化建筑现存情况不佳，导致这些村落缺乏旅游吸引力，道路与传统村落旅游资源无法深度结合，故难以规划稳定高效的交通运输系统。在8年时间内，部分传统村落公交运输、农产品运输需要政府进行大量补贴，产业发展滞后，各种开发项目难以落地，导致物流企业不愿入驻开发。

基于这一情况，政府先后多次给予资金扶持增强传统村落宣传推广，但毕竟资金有限，效果无法达到预期。所以截至2021年，贵州省依然存在部分传统村落交通运输系统无法完整搭建、传统村落自身发展缓慢的情况。

86　2021 年贵州省为提升传统村落整体保护开发效果，出台了《贵州省传统村落高质量发展五年行动计划（2021—2025 年）》，其中的"总体要求和目标"提出"到 2023 年，按照经营村庄、差异化发展思路，集中培育一批各具特色的传统农耕型、生态景观型、特色加工型、教育科普型、精品民宿型传统村落，逐步建立共谋、共建、共管、共评、共享的传统村落保护发展长效机制。到 2025 年，按照串点连线、成片发展思路，打造 10 个以上集中连片保护利用示范集聚区，充分彰显我省丰富多彩的红色文化、民族文化、阳明文化、历史文化，形成在国际国内具有较高认知度和影响力的传统村落品牌，推动贵州由传统村落大省向强省跨越"。

另外，该行动计划中的"重点任务"也提出"实施特色农业培育行动。因地制宜发展蔬菜、水果、茶叶、花卉、生态渔业、生态家禽等特色农业，实现传统村落特色农业项目全覆盖，在传统村落新增 60 个以上省级地方农产品品牌、区域公用品牌和企业知名品牌。每个传统村落引进一家县级以上龙头企业、落地一个特色农业项目，贵州省农业农村现代化发展基金优先支持特色农业项目。加快发展传统村落物流、电子商务等乡村服务业，充分利用淘宝、京东、一码贵州、贵农网、黔邮乡村等电商平台销售特色产品，电商站点覆盖率达 100%。将传统村落特色农业项目纳入'一村一企·百企帮百村'兴村行动，采取'龙头企业＋村集体＋农户'模式，发展壮大村集体经济组织，所有传统村落农民专业合作社均达到省级示范社标准，力争 100 个以上农民专业合作社达到国家级示范社标准"。

87　浙江省舟山市的金塘岛上的大鹏岛村，是舟山第一个被评为"中国传统村落"的村落。大鹏岛村传承着悠久的浙江文化与海洋文化，旅游资源十分丰富。由于大鹏岛村位于海岛之上，在金塘跨海大桥建成之前，这一村落的交通运输方式只能依靠水运，直到金塘跨海大桥建成之后，这一村落的交通运输方式才得到丰富。

88　英国是一个注重农村交通物流系统建设水平的国家，其大部分传统村落交通物流系统建设水平与城市相近。但英国传统村落区域内存在很多古老设施，比如老旧邮箱、古树木等，这些设施不仅限制了传统村落道路宽度，更造成交通视线遮挡，影响交通安全。在英国传统村落开发初期，传统村落旅游产业、特色农业开发效果还不明显，所以这些因素并没有影响当地交通物流系统。但随着传统村落发展，交通运输压力增大，类似问题便开始凸显。

89 台湾省嘉义县新港乡的板头村是一个历史悠久的传统村落，这里最初是"洪雅族"原住民的聚居地，在清朝时期还曾是盛极一时的大市镇，后因各种因素日渐衰落。

衰落后的板头村虽然经济发展水平低下，但传承了一项重要的特色工艺——制陶技艺。后当地政府发现了板头村的文化价值，开始对板头村进行开发，主要措施正是完善板头村交通运输系统，激活板头村制陶产业。最初政府对板头村进行了大量扶持，希望村内居民可以利用自身技艺优势迅速打造出特色产业，但见效甚微，主要因为板头村居民之间不懂得组织协作，单靠个体单独发展无法形成产业集群。随后政府更换了开发策略，通过三方协作方式引入社会力量对板头村制陶进行开发、建厂、开拓销售渠道，板头村居民以关键生产力身份参与，终于将制陶技艺打造成了当地一大特色产业，如今的板头村已成为知名的"交趾剪粘工艺村"，不仅制陶产业发达，旅游产业还兴旺，甚至转型成为多功能营运机制台湾特色产业，带动了区域经济发展。

90 澳大利亚是一个十分注重传统村落开发保护的国家，传统村落文化旅游是其旅游产业的一大亮点。截至 2023 年，澳大利亚传统村落旅游产业依然是该国重要的经济发展项目，且产业规模庞大、产业模式多样。不过澳大利亚传统村落旅游产业主要特色集中在文化层面上，随着旅游产业开发，澳大利亚传统村落文化开始发生变化，主要表现为文化元素商业化、文化内涵逐渐流失，即澳大利亚传统文化逐渐存于商品之上，文化对当地人的影响越来越小。这导致澳大利亚文化旅游含金量不断降低，大部分海外游客表示澳大利亚的文化旅游体验感低，文化了解不够深入。

91 云南省保山市拥有多个传统村落，在对这些村落保护开发过程中曾采取特色农业扶持方式，力求扩大传统村落保护开发效果。由于保山市的大部分传统村落气候适合种植石斛，故政府在各个村落开展各种石斛种植培训活动，并在多方面给予资金扶持。在产业发展初期，虽然多个村落进行石斛种植，但没能迅速形成产业，这是因为各石斛农户相对分散，彼此间无组织协同，石斛种植品质差异较大，政府无法统一收购销售，传统村落发展效果也未达到预期。之后保山市政府以村落为单位进行内部组织协调，并通过成绩优异的示范村进行带动，这种情况才得到好转，传统村落发展速度才得以提升。

92 黑龙江省牡丹江市绥芬河的京东快递营业部经理表示，绥芬河快递中转点设置还需要继续优化，从绥芬河中转点向部分偏远地区配送距离太长，有些村落甚至超过 100 千米路程，有时因为一两件快递就需要派一辆配送车来回奔波 200 多千米。

河北省部分快递中转点也存在设置问题。某些快递公司设置的河北省首个中转点为石家庄，所有快递需要先到石家庄再进行分流派送。很多从广东、江苏发往河北省邢台市、邯郸市的快递需要先经过邢台市与邯郸市，到达石家庄后再运回邢台市与邯郸市，这无疑增加了运输成本与时间成本。

93 目前，多个快递公司从浙江宁波发往邯郸的快递需要先到石家庄中转，快递公司通过与邯郸中转站进行合作增设中转点，以此减少快递的运作成本与配送时间，提升快递配送效率。

94 河南省平顶山市下辖的传统村落白石坡村拥有一种特色产品黑矾。黑矾是以煤中的铜核经垒燃、水激、水泡而成的化肥产品，该产品原来在白石坡村用于灭虫、肥土，后被开发成工业原料，被各大工业企业采购。白石坡村居民拥有炼制黑矾的丰富经验，黑矾产业在白石坡村历史悠久，如今已经发展成当地主体产业。

事实上，除黑矾之外白石坡村还有另外两种资源：煤矿和耐火材料。虽然这两种产业发展逊色于黑矾，但同样带动着白石坡村经济发展。在三种资源开发过程中，各产业交通运输渠道就缺乏整合效果，甚至彼此之间不产生合作，即运输黑矾的车辆不会同时运输其他两种产品，这是白石坡村交通运输资源的一种浪费。如果能组织整合各产业运输资源，可以有效降低白石坡村产业运输成本，可以增加产业利润空间。

95 2021，年交通运输部印发的《农村公路中长期发展纲要》中，"主要任务"便包含多项提高农村运输渠道整体能力的发展规范，这些建设要点主要有以下内容。

一是构建便捷高效的农村公路骨干路网。总体按照三级及以上公路标准，推进以乡镇及主要经济节点为网点，主要服务乡村地区对外沟通交流及产业经济发展的对外快速骨干公路建设，着力加强与国省干线公路、城市道路、其他运输方式衔接，提高通行能力和运行效率，促进城乡互联互通。结合乡村产业布局和特色村镇建设，推动串联乡村主要旅游景区景点、主要产业和资源节点、中小城镇和特色村庄的区域联网骨干公路建设，促进农村公路与乡村产业深度融合发展。

二是健全运转高效的农村公路治理体系。健全管理养护制度，进一步夯实县级人民政府农村公路管理养护主体责任。建立以各级公共财政投入为主、多渠道筹措为辅的农村公路养护资金保障机制，建立健全以路况、养护工程里程、养护资金、机构能力建设等为主的农村公路养护绩效考核评价体系。完善县、乡两级农村公路管理机构，大力推广"路长制"，充分调动乡、村两级作用和农民群众积极性，形成权责清晰、齐抓共管、高效运转的农村公路管理养护体制。创新农村公路管理模式，加快应用现代化信息技术，建立农村公路管养智能化、信息化管理平台。加强农村公路路政管理，强化农村公路安全保护能力建设，建立健全路产路权保护队伍，抓好抓实治超工作，规范限高限宽等物防设施设置，鼓励有条件的地区探索非现场执法工作。

三是发展便民多元的农村客运服务体系。加快建立农村客运政府购买服务制度，因地制宜推进农村客运结构调整和资源整合，采用城乡公交、定线班车、区域经营或预约响应等多种客运组织模式，加快实现有条件的地区农村客运网络全覆盖，尽可能提高农村客运公交化运行比重，推进城乡客运一体化发展。加强农村客运运营安全管理，推广应用农村客运运营与安全信息系统，全方位加强农村运输事前、事中、事后监管。有条件地区灵活采用"城乡公交＋镇村公交""城乡公交＋班线客运公交化改造"等多种模式推动全域公交发展，其他地区重点推动城乡基本公共客运服务均等化，适应城乡融合发展需要，满足基本公共客运服务供给，保障农村群众"行有所乘"。

四是发展畅通集约的农村物流服务体系。综合利用交通、邮政、快递、农业、商贸等资源，构建县、乡、村三级农村物流节点体系，补齐农村地区物流基础设施建设短板，提升农村物流网络覆盖率。推动邮政物流、农村客运小件快运、电商快递、冷链物流、货运班车等多种形式农村物流发展，畅通农产品进城、农业生产资料和农民生活消费品下乡的物流服务体系，促进城乡物流网络均衡发展。鼓励交通运输、商贸、供销、电商、邮政、快递等企业开展农村物流统仓共配，提升效率、降低成本。鼓励各地因地制宜打造农村物流服务品牌，集约化发展农村现代物流并加强与上下游产业一体化发展，有条件地区发展智慧物流。

96 2016年，国家邮政局为规范物流快递行业发展，发布了《快递安全生产操作规范》，其中明确提出，寄包裹除了必须出示本人身份证等有效证件，快递单必须实名，包裹也必须先通过快递员检查验视。

另外，该政策还明确了快递企业应完善安全生产制度，强化安全生产培训，对快递操作过程进行全程管控，对于属于禁止寄递物品的快件，快递企业应坚持"即查即停"原则，即在整个快递生产环节中一经发现问题，应立即停止对该件进行操作，并按法律法规和邮政管理部门关于禁止寄递物品的相关规定进行处置，确保寄递渠道安全。

97 2019年8月，交通运输部、国家邮政局和中国邮政集团公司联合发布了《关于深化交通运输与邮政快递融合推进农村物流高质量发展的意见》，这项政策"以深化供给侧结构性改革为主线，以交邮融合、推进农村物流高质量发展为目的，坚持市场主导、政府统筹，多方协同、资源整合，因地制宜、融合创新，通过节点网络共享、运力资源共用、标准规范统一、企业融合发展，加快构建畅通便捷、经济高效、便民利民的县、乡、村三级物流服务体系，促进农产品、农村生产生活物资、邮政快递寄递物品等高效便捷流通，为农村地区脱贫攻坚、乡村振兴提供有力支撑"。该政策通过深化交通运输与邮政快递融合方式，有效提升我国农村物流系统发展质量。

2021年6月，交通运输部发布了《关于巩固拓展交通运输脱贫攻坚成果全面推进乡村振兴的实施意见》，这项政策提出了以下几点原则。

一是先行引领、融合发展。牢牢把握交通"先行官"定位，突出交通运输在国民经济中的基础性、先导性、战略性和服务性作用，围绕"产业兴旺、生态宜居、乡风文明、治理有效、生活富裕"乡村振兴总要求，进一步提档升级、加强衔接，促进与乡村产业融合发展，为乡村全面振兴当好先行。

二是一体谋划、有效衔接。将交通运输服务乡村振兴战略作为加快建设交通强国的重点任务，进一步做好农村交通发展规划，加强过渡期内农村地区交通运输领域工作机制、发展任务、政策举措等有效衔接，既要防止区域间政策严重不平衡造成"悬崖效应"，也要统筹考虑发展实际对脱贫地区予以倾斜支持，实现政策平稳过渡。

三是因地制宜、分类指导。立足国情农情，从不同地区发展基础、经济社会发展方向、交通区位条件、资源禀赋和需求特征出发，科学制定目标任务和政策措施，分类指导、递次推进、精准施策，不搞一刀切。

四是改革创新、统筹协调。深化农村交通重点领域改革，加强政策创新、机制变革、规制完善，推动新技术应用、新业态发展，统筹推进"四好农村路"高质量发展，提升"建管养运"协调发展能力，为新时期交通运输发展提供新动能。

这些原则对我国传统村落保护、建设、开发做出了交通物流建设的明确指引，遵循这几项原则能够有效提升我国传统村落保护开发水平，增强交通物流系统建设意义。尤其"一体谋划、有效衔接"原则，是我国传统村落利用交通物流系统建设，全面激活产业资源优势的正确策略，更是传统村落打造特色产业的基础保障。

98 交通运输部发布的《关于巩固拓展交通运输脱贫攻坚成果全面推进乡村振兴的实施意见》中明确提出农村物流系统建设需要提高物流综合服务水平，统筹利用交通、邮政、快递、农业、商贸等资源，全面推动县、乡、村三级农村物流节点体系建设，支持邮政、快递企业网点下沉，加快推进"快递进村"工程，强化乡镇运输服务站、村级寄递物流综合服务站点建设；推动交邮融合、电商物流、客货同网、货运班线等多种形式农村物流发展，畅通农产品进城、农业生产资料和农民生活消费品下乡的物流服务体系；鼓励各类企业开展业务合作和共享资源，提升物流资源配置效率，降低物流成本；推广农村物流服务品牌，因地制宜推进客货邮融合发展，构建"一点多能、一网多用"的农村运输服务发展模式。

以上政策对我国部分传统村落现阶段发展情况并不适用，因为这些传统村落基础的交通、邮政、快递体系还不够成熟，基础设施相对落后，无法打造交邮融合、电商物流、客货同网、货运班线等物流运输体系，"一点多能、一网多用"的农村运输服务发展模式自然也无法形成。

99　交通运输部、国家邮政局和中国邮政集团公司联合发布的《关于深化交通运输与邮政快递融合推进农村物流高质量发展的意见》中提出了打造产运销一体化农村物流服务体系，鼓励交通运输、邮政、快递企业与农业生产企业、商超、电商、农产品经销商等跨行业联营合作或组建产业联盟，以电子商务平台及商贸流通企业为载体，以物流运输为纽带，建立"种植基地＋生产加工＋商贸流通＋物流运输＋邮政金融服务"一体化的供应链体系，积极推广"寄递＋电商＋农特产品＋金融"产业扶贫模式，实现产、运、销一体化的农村物流服务，畅通农产品产销衔接机制，支撑农村地区经济发展。

这项政策要求对大部分农村发展有积极带动作用，其中"种植基地＋生产加工＋商贸流通＋物流运输＋邮政金融服务"一体化的供应链体系能够有效增强农村经济发展成果，"寄递＋电商＋农特产品＋金融"的产业扶贫模式也能够顺利开发传统村落特有资源。但我国部分传统村落上属乡镇、县市的农业生产企业、电商企业、商超企业相对匮乏，整体发展属于落后状态，所以这一政策很难短时间内刺激传统村落经济发展，只能等县市、乡镇整体发展效果提升后，传统村落才能得到惠及。

100　2021年，贵州省政府发布了《贵州省传统村落高质量发展五年行动计划（2021—2025年）》，这一政策正是基于贵州传统村落特点，结合当代各项农村交通物流发展政策进行的细化指引，并且系统性、整体性更突出，对贵州传统村落发展有突出促进指引作用。

101　为提升农村电商及交通物流系统发展效果，我国先后出台了《中共中央国务院关于全面推进乡村振兴加快农业农村现代化的意见》《农业农村部关于加快农业全产业链培育发展的指导意见》《关于加强县域商业体系建设促进农村消费的意见》《国务院办公厅关于加快农村寄递物流体系建设的意见》《"十四五"电子商务发展规划》等政策。这些政策全部提及加强农村电商基础设施建设、改善农村交通物流环节、培养更多农村电商人才。

据商务部统计数据显示，2021年我国农村网络零售额为2.05万亿元，相比2020年增长11.3%，全国农产品网络零售额4221亿元，相比2020年增长2.8%。

102　当传统村落村民邮寄包裹遗失时，大多数快递公司会参考公司内部规定，按照邮费的3倍进行赔偿，但这比邮寄包裹本身价值低很多，按照这一标准赔偿，发货者将遭受经济损失，对物流系统产生不信任的态度。事实上，邮寄贵重物品时发货者可以购买保价服务，当物品在物流运输途中丢失、损坏时，物流运输企业需要按照约定价格进行赔偿。

103 2021年，中共中央办公厅、国务院办公厅发布《关于加快推进乡村人才振兴的意见》，其中明确提到培养农村生产经营人才、二三产业发展人才、公共服务人才，以及科技人才的各种措施。在这一政策指导下，诸多人力资源流失严重的传统村落得到缓解，传统村落开发建设基础得到丰富。

2022年，交通运输部、国家发展改革委、财政部、农业农村部等六部门联合发布了《农村公路扩投资稳就业更好服务乡村振兴实施方案》，其中提到，到2025年新改建我国农村公路3万千米，实施农村公路安全生命防护工程3万千米，改造农村公路危桥3000座。一些交通基础设施落后的偏远传统村落，无疑是这项政策的主要建设重点。

104 成都市在统筹全市城乡村组道路新（改）建项目中，按照新建20万元/千米，改建10万元/千米的标准进行补助。在充足的资金补助下，成都市于2013—2018年之间完成了8500千米城乡村组道路的新改建，全市农村水泥（沥青）路通达率达到100%，政府累计投入补助资金高达17.5亿元。

105 四川省绵竹市交通运输局在进行乡村交通建设时，利用无缝伸缩缝工艺铺筑新技术，及时解决了农村道路破损要害多等问题，提升了农村公路养护效果，消除了安全隐患。这种养护技术创新为传统村落交通物流系统畅通安全提供了强力保障，值得其他地区传统村落交通物流建设借鉴。

106 2021年3月，京东物流成立了多个京东云仓，通过自动化设备和信息化物流系统，实现京东物流在陕西农村区域物流运输精细化管理，这极大提升了当地多个传统村落的物流效率与物流水平。

相比菜鸟、京东、顺丰等物流企业的智能化发展策略，"三通一达"则选择了增加农村物流快递网点铺设的方法，力求构建更全面的物流服务网。2021年，圆通共建设乡村驿站33985家，覆盖2万多个乡镇，其中活跃网点超3万个。中通也采取相同的发展策略，截至2021年年底，中通物流实现全国区县覆盖率超99%，乡镇覆盖率超93%。

2022 年 2 月，中央一号文件《中共中央　国务院关于做好 2022 年全面推进乡村振兴重点工作的意见》发布，其中明确提出"加快农村物流快递网点布局，实施'快递进村'工程，鼓励发展'多站合一'的乡镇客货邮综合服务站、'一点多能'的村级寄递物流综合服务点，推进县乡村物流共同配送，促进农村'客货邮'融合发展，支持大型流通企业以县城和中心镇为重点下沉供应链"。这一政策载体强化了我国传统村落物流企业引进效果，传统村落交通物流系统建设更加完善。

107　云南省大理市的古生村是一个典型的白族传统村落，这一村落交通保留着传统白族民居的古朴样式，村内交通与现代交通差异较大，为充分发展村落交通物流系统，同时满足该村旅游产业需要，当地政府将自行车作为浏览该村及附近区域的景色的主要交通方式。

云南省腾冲市多个传统村落交通旅游中，都设置了骑马选择，这也是将当地原有交通方式融入现代交通物流系统的一种表现。

108　安徽省天长市通过交通物流系统建设有效激活当地农村电商产业发展。针对区域农村产业电商发展效果突出的局面，天长市在当地建设了电子商务产业园，该电子产业园全面连接该地公交、邮政、电商、快递等交通运输资源，区域农村物流网点铺设率确保 100%。同时该产业园内配备邮政物流、菜鸟物流和电商公共服务中心等全套物流运输设施，产业园体现出"一园多能、一网多用"的运行特点。

该产业园堪称当地传统村落及其他村落电商发展的高效服务中枢，产业园建成后，该区域电商产业物流运输效率全面提升，整体运输成本降低约 20%，年节约运输成本约为 3000 万元。

109　国务院发布了《国家综合立体交通网规划纲要》，这是综合立体交通网建设发展的明确指引，也是我国未来 15 年内综合立体交通的建设蓝图。在这项政策指引下，我国各地交通开始综合立体化建设，各种联运模式被创新，传统村落作为独具代表性的独特农村，在这项交通战略推进中也是重要建设对象。

《国家综合立体交通网规划纲要》中提出了"加快建设高效率国家综合立体交通网主骨架"的建设任务，其中"国家综合立体交通网主骨架"的建设重点包括以下三项。

（1）六条主轴　加强京津冀、长三角、粤港澳大湾区、成渝地区双城经济圈4极之间联系，建设综合性、多通道、立体化、大容量、快速化的交通主轴。拓展4极辐射空间和交通资源配置能力，打造我国综合立体交通协同发展和国内国际交通衔接转换的关键平台，充分发挥促进全国区域发展南北互动、东西交融的重要作用。

（2）七条走廊　强化京津冀、长三角、粤港澳大湾区、成渝地区双城经济圈4极的辐射作用，加强极与组群和组团之间联系，建设京哈、京藏、大陆桥、西部陆海、沪昆、成渝昆、广昆等多方式、多通道、便捷化的交通走廊，优化完善多中心、网络化的主骨架结构。

（3）八条通道　强化主轴与走廊之间的衔接协调，加强组群与组团之间、组团与组团之间联系，加强资源产业集聚地、重要口岸的连接覆盖，建设绥满、京延、沿边、福银、二湛、川藏、湘桂、厦蓉等交通通道，促进内外连通、通边达海，扩大中西部和东北地区交通网络覆盖。

在"六轴七廊八通道"的支撑下，我国交通网络能够完成高效、多样、多模式的联运任务。当传统村落交通路网与我国"六轴七廊八通道"主框架链接之后，传统村落便能够实现公路、铁路、水路交通网络全面连通，这也是我国农村交通运输当前的建设重点。

110 2022年3月28日，一列满载云南蔬菜、鲜花等特色农产品的冷链专列从磨憨铁路口岸出境，这列列车将以"门到门""一柜到底"的公铁联运方式将一车货物运送到老挝万象，然后转公路运输配送到越南胡志明市。这是我国近年来成功打造的农产品国际公铁冷链联运运输路线，且一周至少发出两班。如今，这列公铁联运冷链专列已经进入常态化运营，它连接的不仅是中国、老挝、越南的农产品市场，更包括我国云南的无数村落。在中老国际公铁联运冷链专列运行下，云南省的众多村落农业获得极大发展空间，各村落产业发展、经济收入显著提升，其中包括多个区位偏远的传统村落。

从中老国际公铁联运冷链专列的发展运营中可以看出，我国综合立体交通网络以及联运模式发展，能够有效带动所连接的传统村落经济进步。当传统村落公路、铁路、水路交通网络全面连通后，传统村落特色产业便能够打通优质发展的"黄金通道"，市场规模将无限扩大。

111 云南省德宏傣族景颇族自治州的"咖啡+旅游"产业，在航空系统支撑下得到迅速发展。这一产业发展不仅提质增效，更完成了向文化产业的转型升级。

112 近年来，我国大力发展"暖气进村"工程，主要为减少农村日常烧煤、烧木柴造成的生活污染，同时能够提升冬季取暖效果。但"暖气进村"工程也需要完善的交通道路设施，安装设备、日常维护人员才能够准确到位。所以，及时向传统村落居民普及交通物流系统对生活带来的改善，也能增强居民的交通物流意识。

113 2022年2月，中央发布了一号文件《关于做好2022年全面推进乡村振兴重点工作的意见》，意见中明确提出牢牢守住保障国家粮食安全和不发生规模性返贫两条底线，扎实有序做好乡村发展、乡村建设、乡村治理重点工作，推动乡村振兴取得新进展、农业农村现代化迈出新步伐。

114 2022年6月，中共中央宣传部举行"中国这十年"系列主题新闻发布会。发布会上农业农村部副部长邓小刚被记者问道："乡村产业目前发展情况如何？下一步将从哪几个方面着力，促进乡村产业发展和农民就业增收？"邓小刚对此进行了以下解答。

产业振兴是乡村振兴的重中之重。习近平总书记高度重视乡村产业发展，多次发表重要讲话，多次作出重要指示，鲜明指出了乡村产业发展的方向和重点。十年来，各级农业农村部门认真学习领会习近平总书记重要指示精神，明确主攻方向，加强指导、加大投入，全力推进乡村产业发展，夯实乡村振兴的物质基础，取得了明显成效。

第一，农产品加工流通业加快发展。实施农产品加工业提升行动，推动农产品加工重心向县城、中心镇和物流节点下沉，加快完善农产品物流骨干网络和冷链物流体系，累计建成15.6万座初加工设施、5万多个产地冷藏保鲜设施，农产品加工转化率达到了70.6%，农产品加工企业营业收入近25万亿元。农产品加工业产值与农业总产值之比达到2.5：1。

第二，乡村休闲旅游业稳步发展。实施休闲农业和乡村旅游精品工程，拓展农业多种功能，挖掘乡村多元价值，建设了一批休闲农业精品景点，推介了1000多条精品线路，全国休闲农庄、观光农园、农家乐等达到30多万家，年营业收入超过 7000 亿元。

第三，乡村新产业新业态蓬勃发展。大力发展农村电商，各类涉农电商超过 3 万家，农村网络零售额 2 万多亿元，农产品网络零售额 4200 多亿元。积极发展乡村新型服务业，让农村生产生活更加便利。依托乡村特色资源，因地制宜发展特色鲜明的乡土产业，创响了一批乡字号、土字号品牌。

第四，乡村产业融合发展渐成趋势。大力推进农村一、二、三产业融合发展，跨界配置农业和现代产业要素，累计创建 140 个优势特色产业集群、250 个国家现代农业产业园、1300 多个农业产业强镇、3600 多个"一村一品"示范村镇，打造了一批乡土特色鲜明、主导产业突出、质量效益较高的乡村产业发展高地。

第五，农村创新创业日渐活跃。完善就业创业支持政策，吸引农民工、大中专毕业生、退役军人、科技人员等到乡村创新创业，建设 2200 多个农村创新创业园区和孵化实训基地，累计有 1120 万人返乡回乡创新创业，平均每个主体带动 6~7 人稳定就业、15~20 人灵活就业。

下一步，我们将按照党中央、国务院决策部署，把带动农民就业增收作为乡村产业发展的基本导向，围绕拓展农业多种功能、挖掘乡村多元价值做文章，把就业机会和产业链增值收益更多留给农民。重点是推进以下"四业"。

一是发展富民产业，重点发展就业容量大的县域富民产业，持续推进乡村产业提档升级，不断延伸产业链、打造供应链、提升价值链。

二是推进农村创业，引导农民工返乡创业，支持大中专毕业生、退役军人、科技人员回乡创业，鼓励农村能工巧匠和乡村能人在乡创业，以创业带动就业、以就业促增收。

三是引导投资兴业，优化农村营商环境，引导工商资本下乡建立绿色优质产品基地、布局加工能力、推进产业融合发展，带动农民共同致富。

四是促进农民就业，建设一批现代农业园区等平台载体，促进产村融合，让农民在家门口就地就近就业。同时，加强农民技能培训，继续支持和引导农民外出务工就业"。

邓小刚的这段解答正是我国"乡村振兴"战略当下承前启后的关键描述。邓小刚提出的"五点成绩"是我国当前"乡村振兴"战略的实施重点，也是全国各地发布、实施、普及"乡村振兴"政策的重点。邓小刚指出的下一步重点推进的"四业",便是我国未来一段时间内"乡村振兴"政策发布、实施、普及的重点。

115 2021 年 6 月，我国开始全面实施《中华人民共和国乡村振兴促进法》，这项农村发展法规中先后三次提到农村物流体系发展，其目的是全面解决农产品上行难、农产品产业链不完善等问题，同时促进我国农村构建新型农产品供应链。

116 法国拥有十大葡萄酒产区，每个产区中都有传统村落，这些传统村落传承着特色葡萄酒酿造工艺。法国政府在建设这些传统村落物流系统时进行了针对性思考，并根据传统村落红酒特点匹配物流运输设施。比如，某些传统村落酿造的红酒对温度要求较高，当地政府便为其匹配冷链运输车辆；某些传统村落酿造的红酒必须存放在橡木桶中，当地政府便为其专门配备橡木桶运输车辆。

117 2022 年 6 月，洛阳市展开了一项农村三级物流节点体系优化行动，在政府牵头引导下，中国邮政集团有限公司洛阳市分公司与洛阳交通运输集团签署了一项《客货邮融合战略框架协议书》，双方协同合作实现洛阳地区农村物流系统运力资源深度融合，并以城乡统一配送、集中配送、共同配送等模式强化洛阳地区农村物流配送效果。

另外，双方合作还促进了交通物流系统与农村产业的融合深度，在"交邮"资源融合协作下，洛阳农村区域能够享受到网络全覆盖、资源高效调配的物流配送系统，农村产业品牌塑造效果、运输效率等显著提升。

118 最近我国物流市场出现了多种负面发展消息，其中最为突出的是物流运输企业临时加价问题。出现这一问题的原因正是市场恶性竞争，部分物流运输企业为增强竞争实力以低价吸引消费者，但在运输过程中货运司机会寻找各种理由进行临时加价。这种情况遭到物流用户大量投诉，但货运司机自己也是受害者。

某农产品长途运输司机曾对这一情况做出这样的解释：物流平台在农村市场的竞争拉低了运输价格，平台为保障运营成本便压低承运方的运输收入；司机们也要养家糊口，物流平台给出的价格根本维持不了正常运输，赔钱的买卖谁都不愿意，所以只能采取私下加价、临时加价的方法保障生活收入。

农村交通物流市场发展，本身是惠及农民、物流企业、运输司机三方的国家举措，但正是因为市场内出现恶性竞争导致三方受损的情况出现。在这类恶性竞争中，传统村落受损最为突出。传统村落普遍具有农产品运输成本高、路途远、效率低等特点，传统村落农业开发需要政府多方面投入巨大力量，但由于运输"临时加价""私自加价"等情况，导致传统村落农产品口碑、销量严重下降，甚至出现发展倒退的情况。

119 目前我国不少乡镇存在快递二次收费情况。农村网络用户利用电商平台购买商品后，乡镇网点不仅不进行"最后一公里"配送，农村网络用户到网点取件还需要交 2~3 元的配送费用。

虽然我国《快递暂行条例》的第二十五条明确指出"经营快递业务的企业应当将快件投递到约定的收件地址、收件人或者收件人指定的代收人"，同时按照《中华人民共和国消费者权益保护法》等法律法规，乡镇快递"二次收费"是违规违法行为，但这种情况依然大量存在。这就是市场恶性竞争导致的结果。

四川省剑阁县的一位韵达快递代理商曾对这一情况做出明确解释：所有乡镇快递网点负责人都清楚，快递二次收费是违规、违法行为，但不收费根本无法支撑快递网点正常运营；由于农村快递市场竞争过于激烈，各快递企业为抢夺更多客源，纷纷采取不合理降价的恶性竞争策略，这导致快递企业分给县级物流网点的派送费大幅降低，平均每件快递派送费仅为 1.1 元；而且各县级网点还需要自己到上一级分流点去拉货，仅拉货成本就在 1000 元左右，于是很多区域的乡镇快递网点不会进行"最后一公里"配送，因为配送成本根本不够，如果不进行二次收费，正常运营都无法维持。

从这位代理商的描述中可以看出，虽然物流市场的违规违法行为在物流系统终端，但根本原因在物流系统前沿的市场竞争中。解决这一问题的根本方法就是消除恶性竞争。

120 安徽省六安市金寨县下辖多个传统村落，当地特色农产品金寨猕猴桃是这些村落的核心经济产业。当地传统村落金寨猕猴桃产业发展过程中，六安市政府联合金寨县政府在金寨加大交通物流系统建设，并借助农村淘宝等社会电商力量，共同打造一条信息化、智能化的直供直销电商新链路。这条信息化突出、智能化运营的金寨猕猴桃电商渠道能够精准感知每一批货物的销售信息，并可以根据市场需求充分调动当地交通运输资源。由此金寨猕猴桃迅速发展成为全国知名的农产品品牌，如今已经顺利进入国际市场。

121 江西省南昌市的著名传统村落周坊村被誉为"毛笔文化第一村"，这里的毛笔产业已经发展成形，电商市场遍布全国各地。周坊村搭建了稳定运营的农村交通物流公共信息网络平台，在周坊村毛笔电商产业发展中，该公共信息网络平台可以实时更新各种电商运营信息。当村中电商运营者遇到网络电信诈骗时，公共信息网络平台第一时间更新相关案例与防范措施，避免了村内其他毛笔商家遭受同类损失。由此可见，稳定运营的农村交通物流公共信息网络平台能够为农村电商产业发展提供安全保障。

122 2021年，我国多地传统村落推出了自己"一码游"App，游客只需要扫码便能够清楚了解这些传统村落的重要景点，并根据自己时间安排选择最合适的交通路线与交通工具。这一软件正是各地传统村落打造的营销与质量安全平台，"一码游"既能够凸显传统村落旅游资源特色，又能够有效调动当地交通物流资源，最重要的是提升了游客旅游体验，强化了传统村落发展效果。

123 相关的农村物流产业政策包括《关于协同推进农村物流健康发展 加快服务农业现代化的若干意见》《关于深化交通运输与邮政快递融合 推进农村物流高质量发展的意见》等。

124 交通运输部发布的《关于深化交通运输与邮政快递融合 推进农村物流高质量发展的意见》中明确提到，农村物流产业发展应推进融合规范运作，建立融合发展工作对接机制，积极联合农业、商务、供销等部门建立推进农村物流体系建设工作协调机制，通过签订合作协议、联合出台政策性文件、定期召开联席会议等方式，破除市场主体在融合发展中的体制机制障碍，为农村地区各方资源的充分整合创造良好的外部环境。还应制定融合发展服务规范，按照职责指导运输、邮政、快递企业围绕节点规划布局、运载工具、收寄交付、仓储保管、中转分拨、时效要求、安全管理、信息查询、结算方式、纠纷处理及赔偿等方面按需制定交邮融合的服务规范，结合各地农村物流实际，鼓励企业在特色农产品外销、家电产品下乡、县域内邮政快递集中配送等领域推出定制化的服务产品，打造交邮融合服务品牌。

吉林省在贯彻这一政策发展时结合自身实际情况，进行了政策细化，并印发了《关于深入推进农村物流高质量发展的实施意见》。这一地方政策根据交通运输部发布的文件中"推进融合规范运作"内容的指引，确定了以下发展目标。

一是大力推动县（市、区）客运站转型升级发展。2021 年，20% 的县（市、区）客运站完成"客货邮融合"升级改造。2023 年，60% 以上的县（市、区）客运站完成"客货邮融合"升级改造。2025 年，县（市、区）客运站 100% 完成"客货邮融合"升级改造。

二是加快乡镇运输服务站建设。2021 年，30% 以上的乡镇建成乡镇运输服务站。2023 年，60% 以上的乡镇建成乡镇运输服务站。2025 年，乡镇 100% 建成乡镇运输服务站。

三是协同推动建制村农村物流服务点建设。2021 年，30% 的建制村建成农村物流服务点。2023 年，50% 的建制村建成农村物流服务点。2025 年，具备条件的建制村 100% 建成农村物流服务点。

吉林省这一政策发布后，得到了交通运输部的大力认可。交通运输部将这一政策文件转送到了其他省份，并对此肯定了吉林省"推进交通运输与农业、商务、供销、邮政快递在农村地区的融合发展，着力健全物流节点网络、创新运输服务模式、促进资源集约整合，全面提高农村物流服务能力和水平"的具体措施，鼓励其他省份借鉴学习。

125 目前，指导我国物流行业绿色发展的主要政策是国务院 2014 年印发的《物流业发展中长期规划（2014—2020 年）》。这项政策中明确指出"随着社会物流规模的快速扩大、能源消耗和环境污染形势的加重、城市交通压力的加大，传统的物流运作模式已难以为继。按照建设生态文明的要求，必须加快运用先进运营管理理念，不断提高信息化、标准化和自动化水平，促进一体化运作和网络化经营，大力发展绿色物流，推动节能减排，切实降低能耗、减少排放、缓解交通压力"。

在这一发展形势下，《物流业发展中长期规划（2014—2020 年）》提出了物流行业绿色发展的重要策略。

一是大力发展绿色物流。主要措施包括：优化运输结构，合理配置各类运输方式，提高铁路和水路运输比重，促进节能减排；大力发展甩挂运输、共同配送、统一配送等先进的物流组织模式，提高储运工具的信息化水平，减少返空、迂回运输；鼓励采用低能耗、低排放运输工具和节能型绿色仓储设施，推广集装单元化技术；借鉴国际先进经验，完善能耗和排放监测、检测认证制度，加快建立绿色物流评估标准和认证体系；加强危险品水运管理，最大限度减少环境事故；鼓励包装重复使用和回收再利用，提高托盘等标准化器具和包装物的循环利用水平，构建低环境负荷的循环物流系统；大力发展回收物流，鼓励生产者、再生资源回收利用企业联合开展废旧产品回收；推广应用铁路散堆装货物运输抑尘技术。

二是城乡物流配送工程。主要措施包括：加快完善城乡配送网络体系，统筹规划、合理布局物流园区、配送中心、末端配送网点等三级配送节点；搭建城市配送公共服务平台，积极推进县、乡、村消费品和农资配送网络体系建设；进一步发挥邮政及供销合作社的网络和服务优势，加强农村邮政网点、村邮站、"三农"服务站等邮政终端设施建设，促进农村地区商品的双向流通；推进城市绿色货运配送体系建设，完善城市配送车辆标准和通行管控措施，鼓励节能环保车辆在城市配送中的推广应用；加快现代物流示范城市的配送体系发展，建设服务连锁经营企业和网络销售企业的跨区域配送中心；发展智能物流基础设施，支持农村、社区、学校的物流快递公共取送点建设；鼓励交通、邮政、商贸、供销、出版物销售等开展联盟合作，整合利用现有物流资源，进一步完善存储、转运、停靠、卸货等基础设施，加强服务网络建设，提高共同配送能力。

截至2023年，我国物流行业已经顺利完成《物流业发展中长期规划（2014—2020年）》中提出的发展目标，但这项政策中提出的物流行业绿色发展策略依然适用。结合我国传统村落交通物流系统发展现状，可以看出这两项策略与传统村落物流系统发展匹配度较高，遵循这两项策略指引，能够有效提升我国传统村落交通物流的绿色属性。

126 2022年2月，甘肃省政府发布了《甘肃省加快农村寄递物流体系建设行动方案》，其中讲述的"快递进村"工程中就明确提到"开展创新示范行动，破解难题打通堵点，形成可复制可推广的经验。发挥邮政网络的基础性作用和邮政企业主力军作用，支持邮政企业加大农村基础设施投入，巩固和扩大邮快合作、交邮合作成果，创新与交通、供销、农业产业化联合体等多主体合作"。

从以上行动方案中可以看出,甘肃省政府正在积极倡导、鼓励交通物流行业进行各种物流创新,希望通过资源整合提高甘肃省农村交通物流发展质量。

127 河南省林州市东姚镇安家峪村在 2021 年夏天被洪水所冲,致使入村道路严重破坏,村民的日常出行都遇到极大的不便。安家峪村党支部及时将道路维修改造纳入村里的紧急工程,积极向镇、市领导反映,市、镇领导到村现场考察、指导后,由村党支部书记张德兴带领支部队伍的其他人带头参加道路维修改造工程,极大调动村民积极性,才迅速完工。

河南省汤阴县白营镇花耳庄村一直以来没有一条直通外界的路,不管外出务工、求学还是正常的交流,村民都要穿过几个村庄才能到达主路。村党支部下了"有条件上,没有条件,创造条件也要上"的决心,并在广泛征求意见的基础上,商量研究出向村民发起捐资倡议、鼓励村民建言献策的办法,最终修成了一条宽阔平整、直达县城的道路,极大方便了村民的出行与对外交流。

浙江省温州市鹿城区山福镇西坑村有一座西坑革命纪念馆,希望以此来推动红色旅游,发展经济。但因为道路过窄,大巴车进不来,成了阻碍红色旅游发展的关键因素。2015 年开始,西坑村党支部书记徐定仕带领村里的两委进行了道路的拓宽工作,上山下山的路一下宽敞了起来,徐定仕因此被称为"修路书记"。拓宽村路后长期在外经商的人们也纷纷选择返乡创业,游客数量也渐渐多起来。因为游客多了,村民还投资开起了农家乐和民宿,通过这些举措西坑村一下子富了起来。

128 目前,很多农村村民只看眼前利益,部分村落大多数青壮年常年外出务工,而很多外出务工的村民对于乡村建设的事情漠不关心。有些人一年难得回一次村里,甚至有些人多年不回家,常年漂泊在外,把田地承包给他人,自家庭院破败,于是就认为村里的建设与自己无关。

还有一些民营资本进入农村,从事相对规模化与现代化操作的农业及其相关深加工领域的运作,伴随而来的外来技术工人或者服务人员虽然成为新的村民,但是无法参与乡村交通物流发展。

此外,村两委干部没有充分听取群众的意见,没有做好充分的思想工作,而只是机械地执行相关要求。这也是影响村民发展共识凝聚的重要原因。

129 西坑村通过扩宽道路不仅方便了村民的出行，还带动了西坑革命纪念馆这一红色旅游经济的发展，与旅游经济配套的农家乐也发展起来了，这实实在在点燃了村民建设美好家园的愿望。以村民看得到、能受益的项目为突破口，极大提高了村民积极性，让村民自发自愿参加交通物流发展建设。

130 甘肃省渭源县因地处渭水源头而得名。以前，这里是名副其实的贫困县。经过多年发展，如今的渭源县在 2020 年全县 GDP 突破 40.08 亿元，创历史新高，比 2019 年增长 4.6%；第一、二、三产业分别增长 14.07 亿元、3.27 亿元、22.75 亿元，比 2019 年分别增长 5.7%、6.4%、3.6%。2020 年 2 月 28 日，经甘肃省人民政府同意，渭源县彻底摘掉了贫困县的帽子。

谈及县域经济的发展，渭源县乡村振兴局副局长浪小峰兴致勃勃地说："2021 年全县完成第一产业增加值 15.79 亿元，增长 10.4%，农村居民人均可支配收入达到 9750 元，增长 10.6%；脱贫人口人均可支配收入达到 11125 元。去年全县粮食总产量达 83.6 万吨，年产药材 9.1 万吨，全县现代畜牧业全产业链发展规模养殖场 350 个，蔬菜、食用菌、花卉种植总面积达 8.2 万亩。"

行走在渭源县的各个乡村，随处都可以看到村民养殖的家禽，各种作物布满山乡。不仅如此，以往各个乡村的烂泥路如今变成了干净整洁的混凝土硬化村道。渭源县正是以产业富民为目标，结合全县的实际，不断调整产业结构，以多产融合为抓手，全面打造种植业、养殖业、服务业的产业链，使得全县的经济实现了快速发展。

131 根据《国民经济行业分类》标准，交通运输在国民经济中属于第三产业，即服务业。

第一产业主要是指农业，主要包括种植业、林业、畜牧业、水产养殖业等；第二产业主要是指工业，主要是利用第一产业提供的基本材料进行加工处理的产业；第三产业是指第一、第二产业以外的其他行业，主要是指服务业。由此可以得出以下结论：第一产业为第二、三产业奠定基础，第一、二产业为第三产业创造条件，第三产业发展促进第一、二产业的发展。所以，产业融合是势在必行的。

132 江西省南昌市南昌县三江镇是全省闻名的蔬菜供应大镇，特别是当地的萝卜腌菜、荸荠等品种，因口感好备受市场青睐。这些农副产品运输都要通过三江大道，而之前的三江大道道路窄，路面年久失修，造成运输不畅、运力不济等情况，这些情况导致了三江镇农产品的滞销。第三巡察组组长邓江涛说："三江大道承载的是三江镇老百姓的幸福感和获得感。"面对这种情况，三江镇提出了三江大道的整改计划。

如今，三江大道改造工程完工通车后，每天进入三江镇拉萝卜腌菜的外地车辆络绎不绝，三江大道上重现热闹场景，正是这份热闹将镇里的蔬菜非常快速地运往全国各地。这就是第三产业发展带动第一产业的典型案例。

133 近年来，天津港依托于现代物流的智能化发展，不断推动港口智慧化转型，进而实现了港口的高质量发展。如"天津港无人驾驶电动集卡规模化应用服务制造业降本增效创新案例"成功入选国家发展改革委发布的《物流业制造业深度融合创新发展典型案例》公示名单，成为天津高速高质量发展的一个缩影。

中储股份天津事业部副总经理、新港分公司总经理王超对《工人日报》的记者表示，天津新港分公司发挥天津港口大宗商品集结地的区位和货源优势，不断提高天津港口"互联网＋港航＋供应链"的综合服务能力，为上下游制造业企业提供优质、创新、具有港口物流特征的供应链一体化服务，真正实现两业融合创新发展。

134 苗绣是贵州省传统艺术，国家级非物质文化遗产之一，一直以来以对比鲜明、明亮耀眼、质感强烈、工艺独特、用料特殊、寓意深刻等特点著称，具有极高的鉴赏和收藏价值。

但是，随着现代人审美观念和趣味的不断变化和交通物流发展的滞后，以苗绣为代表的民族服装的市场越来越小，成本也就越来越高，卖价也越来越高，最终导致购买的人越来越少，形成了一个恶性循环。近年来，随着国家"乡村振兴"战略的实施、"文化自信"建设的深入人心，越来越多的当地人选择返乡创业，将以苗绣为代表的优秀民族传统手工艺产品推荐给国内外消费者。

施秉县双井镇龙塘村青年龙禄颖出生在大山之中，从小村落之间交通不便，那时大多数家庭经济都非常困难，年轻人的出路只有早早结束学业外出打工。因此，龙禄颖17岁的时候就跟大多数青年一样赴广东打工。那时候，镇上的人要外出，得先步行，再坐班车到县城转火车，一趟下来要赶30多个小时的路才到广东。

2002 年，龙禄颖带着她 14 年的服饰工厂经验回到施秉县进行创业，打算发展苗绣手工业。但是，道路不畅一直制约着她的梦想，让她的许多发展思路难以实现。

自龙禄颖创业以来，她一直就想将传统苗绣文化与现代的时尚元素相结合，走出一条创新之路。但令人遗憾的是，她联系多个设计师，他们都婉拒了，最多的理由都是"来一趟施秉太麻烦了"。2015 年，贵州实现县县通高速，龙禄颖能一天之内往返于广东和贵州，与客户谈判越发有了底气。

2019 年初，天柱到黄平高速贯通，高速路口距离他们所在的园区仅仅 10 分钟车程。

"现在真的太快了，一天时间就能把绣品送到客户手中。"龙禄颖看着四通八达的交通物流网络感慨地说。让她更意想不到的是，通了路，龙禄颖心心念念的米兰设计师也来了……在传承民族文化的同时，通过交通物流的发展，推动手工业发展，最终助力群众脱贫，龙禄颖就是一个形象的例子。

135 济南市济阳区的经济发展速度曾经很缓慢。特别是与强势推进的工业经济相比，济阳三产服务业多年始终处于"弱势"地位，成为县域经济发展的"短板"。

为了解决这个问题，当地提出引进国际国内知名物流企业，做活第三产业，打造黄河北最大"旱码头"，点燃县域发展"新引擎"。在政府努力下，济阳依托原有产业基础，打造了以山东瀚迪物流园为主导的物流产业园区。作为全市物流业布局的重要承载地之一，当地依托原有产业基础，借政策东风精准发力，打造区域物流体系，目前已经形成了以山东瀚迪物流园为主导的物流产业园区。山东瀚迪物流园区占地 1500 余亩，仓储面积 30 余万平方米，资产 50 亿元，被纳入全市物流规划予以重点支持，定位为两业联动示范区、电商物流聚集区和智慧物流小镇，与格力电器、海尔、国美、海信、中远、中海等建立了亲密合作关系，开通了到全国各大中城市专线 2400 余条，日均车流量超过 1.2 万辆，货物流量超过 5 万吨。物流业极大地带动了当地经济发展。

136 习近平总书记强调，全面小康，覆盖的领域要全面、是"五位一体"全面进步，覆盖的人口要全面、是惠及全体人民的小康，覆盖的区域要全面、是城乡区域共同的小康。

在发展传统村落乡村的交通物流时也应该格外注意这一点。不应该因某一村一户或一个区域的困难或者消极而丢下他们，交通物流的发展也应该以点带面，以"星星之火"促成"燎原"之势。

137 安吉县位于浙江省西北部，地处长三角地理中心，下辖 8 镇 3 乡 4 街道，是上海黄浦江的源头，是杭州都市圈重要的西北节点。但是，虽然它占据有利的地理中心，也不乏游客，但当地的民宿发展一直缺乏活力。究其原因，就是当地乡村产业经营大多数为"单打独斗"的模式，乡村的建设开发集中在村级层面，没有形成合力，更没有品牌意识，所以发展优势逐渐弱化。据公开资料，《安吉县实施乡村振兴战略发展壮大村级集体经济的若干意见》显示，安吉县 10 年来吸纳超 200 亿元的社会资本参与美丽乡村建设，但大多集聚在 29 个精品示范村，更多的村庄忽略自身特色，以环境工业换发展，乡村发展缺乏核心竞争力。而安吉县通过创新性的"多村联创"发展模式，着眼优化产业的多样化布局，让村与村通过资源共享、优势互补抱团发展，激活了村庄发展的内生动力，为联村经济的发展提供了一条现实路径。

比如，安吉县通过土地资源，整合村庄各类闲置资源，进行闲置土地的村与村直接内部流转，将零散的资源整合了起来。安吉县还通过幼儿园、养老院、文化礼堂等公共产品进行共享，不但满足了本村的需求，而且发挥了资源集中的优势，避免了小范围内的业态重复，节省了公共资源。

安吉县还发起"强村带动弱村"项目，对各个村进行特色发掘、优势互补、优化产业布局，最终将"多村联创"落到实处。"多村联创"发展模式不仅解决了各个村单打独斗的局面，还能够使得政府、企业、村集体、村民 4 个主体合力，为新农村的建设助力，也让他们自身获利。这就是多村发展，共享建设成功的最好例证。

138 五夫镇位于福建省武夷山市东南部，距离武夷山国家旅游度假区 45 千米。2017 年，作为财政部确定的综合体建设试点，五夫镇将镇上的 11 个行政村和相邻的上梅乡茶景村聚合起来，以"文脉、水脉、九五地，古韵、田园、圣贤居"为总体设计理念，并通过"农业 +""文化 +""生态 +""旅游 +"等模式发展创意农业，成为农业综合开发田园综合体建设的标准示范点。

五夫镇正是依托武夷山世界文化与自然"双遗产地"与"朱子文化""柳永故里"等历史文化背景，充分挖掘村子所拥有的各类文化资源，才最终得以实现景村融合、村村融合。这样既丰富了景区业态，又利用景区的知名度给各个村子的村民带来了实实在在的益处。

浙江省台州市在政府支持下，针对景区、镇村，探索出一条联动发展之路。人们称之为台州"共富八景"：椒江下陈街道横河陈村为代表的政府主导古村旅游复兴模式；玉环干江上栈头村为代表的入股聚富、集体共有开发模式；三门横渡岩下潘村为代表的村集体与工商资本共同开发模式；天台街头后岸村为代表的能人引领、先富带后富模式；温岭石塘海利村为代表的工商资本主导开发模式；黄岩宁溪乌岩头为代表的政府主导与外部借脑相结合模式；仙居淡竹下叶村为代表的品牌景区带动的乡贤引领模式；临海尤溪镇为代表的政府支持的景区镇村联动发展模式。

广东省高州市作为广东省的农业大市，在实施乡村治理过程中，利用联村党建为主导，走出了一条联动治理推动乡村抱团发展的可持续化之路。

在实际工作中，高州市根据实际情况创新性推出了联村党建工作机制，各个镇党委从镇政府机关支部及核心村的党支部中挑选优秀党员，组成"区域化发展"临时党总支，整合示范片内多个村的党建资源，全面负责整个"区域化发展"的党建引领及日常工作。例如，镇江镇在遇到示范片建设中出现的村民不配合、土地流转困难等情况，通过"区域化发展"临时党总支中各个村核心党员相互沟通协作，这些问题都迎刃而解。而石鼓镇通过给丫㙮村下辖的大王岭村、东岸山村，打造"连心桥""连心路"，将这些村落通过交通物流等形式连成了区域利益共同体。如今，通过系列改革，这些村落已经实现土地流转经营面积达1600多亩。流转的地域发展旅游景区，或耕种精品农业种植区，或形成餐饮民宿区，村集体每年增收90万元。

多村联动发展模式，势必要通过交通的形式，才能最终形成区域连片发展。

上海市浦东新区航头镇就通过兴修"四好农村路"，串起村落，让点汇成片。2018年，航头镇镇政府把打造"畅、安、舒、美"的农村交通网络，即建设"四好农村路"作为标准，并以此为抓手推动美丽乡村建设，打造绿色田园，提升群众幸福感。如今航头镇农村公路里程超77千米，其中乡道35千米，通过这些主要道路，可以沿途看见盒马数字产业基地、农业产业区、服务中心以及各个村落的美景。

139 贵港市地处广西壮族自治区东南部，西江流域中游，浔郁平原中部，是大西南出海的重要门户。贵港港还是中国西部地区内河第一大港，西江黄金水道流经市境，东临梧州，南临玉林和钦州，西接南宁，北邻来宾，在整个大西南具有极其重要的交通地位。贵港市的建筑材料，包括钢铁、水泥、木材，还有农业相关的饲料、化肥等生产企业较多，因此对公路、水路、铁路的运输量有着格外的要求。但是，贵港市一直以来公路货运上规模的企业比较少，全市虽然 5 吨以上货车有近 4 万辆，从业人员也超过 10 万人，但是其中绝大部分属个体运输户。个体户众多，就出现了众多问题，比如难以形成规模化运营、管理形式非常粗放、抗风险能力弱、安全生产主体责任落实不到位、以低价抢单等方式恶性竞争、为了利益不惜违法超载等，造成道路运输安全事故频发。

当地交通运输部门为了改变这一现状，绞尽脑汁。时任贵港市交通运输局副局长骆泽昌做了多种方案的设想，最终锁定在"运输合作社"这个项目上。

最终，在贵港市交通运输部门及相关企业的引导和支持下，2021 年 5 月 28 日，广西贵港市益荷专业运输合作社成立。26 名个体运输经营者加入，120 辆货运车辆，总吨位 3600 吨，成了广西首个农民运输专业合作社。

益荷专业运输合作社成立以来，向社会吸纳了一批运输个体户，将他们的详细信息组建成了档案，从外观上进行统一车辆标识、工作服的装饰，从内在上强抓安全驾驶意识和操作规范，比如要求驾驶员每个月至少通过手机 App 学习 1 个小时安全驾驶相关知识；最后，再统一对接一批农民种养专业合作社，为其提供农业生产资料及农产品运输服务。有形象、有知识、有客户，益荷专业运输合作社的成立让之前的单打独斗模式成为过去。不仅如此，合作社还主动对接商务、交通运输、邮政等部门，结合乡村振兴需要，接入当地交通运输主管部门的智慧交通系统，研究开行一批城乡物流专线。

每谈到此，益荷专业运输合作社执行监事陆波良就说："我的 9 辆车，大部分都是自己贷款买的，还贷压力很大。自从加入合作社，保险公司说费率可以优惠，银行也说贷款更容易些，有了这些优惠政策，我对再增加车辆就更有信心了。"

下一步，合作社还将成立"益荷互助金"，为合作社的成员统一缴纳互助金，并建立健全各项管理制度，真正保障从业人员的多方利益，以不断改善物流运输行业的竞争环境，为乡村物流运输行业发展和乡村振兴贡献应有的力量。

140 《中华人民共和国农民专业合作社法》第七十条规定"农民专业合作社向登记机关提供虚假登记材料或者采取其他欺诈手段取得登记的，由登记机关责令改正，可以处五千元以下罚款；情节严重的，撤销登记或者吊销营业执照"。

当然，当对于干扰或破坏农村合作社组织的行为，也要按照有关法律进行惩处，要加强所有人的法律意识、规范运营意识、市场意识。

141 云南省昌宁县温泉镇松山村境内山高坡陡，适宜茶叶的种植。但是，从 20 世纪七八十年代开始，道路运输的问题就一直困扰着村民。当时的人们只有通过马匹，才能把村里的茶叶转运到镇上。山路崎岖、道路婉转、路面泥泞，一般人们从早上出发，到镇上供销社时已夜幕降临。

90 年代，松山村开始组织修建了砂石路。进入 21 世纪，随着国家不断加大对农村公路的建设投入力度，松山村的砂石路变成了水泥路。这个改变让村里的人告别了骡马运输的时代，拖拉机、摩托车几乎成了村里运输的标配。

为了守护好这条致富路，2013 年年底，松山村组建了公路养护专业合作社，专门负责定期清理路面、整理侧沟，保障道路整洁通畅。为了守护好道路，公路养护专业合作社利用各种渠道，最终筹资购买公路养护专用车辆及用具，安排 2 名专职护路员，专职守护维养道路。

松山村公路养护专业合作社专职护路员李雷管护的路宽约 5 米，全长约 22 千米。这路不仅是松山村的路，还连接着温泉镇松山村、联席村和新河村。有了守护者，这条路才平平安安、安安全全，村民发展产业有了干劲，日子越来越红火。李雷说，自己家里种着 40 余亩茶叶，收入很稳定。昌宁县交通运输局副局长刘晋好接受采访时说，这种新的公路养护专业合作社模式，使过去农村公路无人管护的状态变为专人管护，由零散管护变为定期管护，由简单维护变为规范管理，做到自帮自助、规范化运营，最终促进了村落经济的发展。

142 2014 年 3 月，习近平提出"四好农村路"，要求农村公路建设要因地制宜、以人为本，与优化村镇布局、农村经济发展和广大农民安全便捷出行相适应，要进一步把农村公路建好、管好、护好、运营好，逐步消除制约农村发展的交通瓶颈，为广大农民脱贫致富奔小康提供更好的保障。

2021年，交通运输部印发《推动"四好农村路"高质量发展2021年工作要点》，为加快建设交通强国，加快农业农村现代化提供坚实保障。由此，全国范围内"四好农村路"建设成为一个热点。

石家庄市井陉县于家村是中国历史文化名村，但它坐落在一个四面环山的小盆地中，地理条件相当恶劣。受制于交通，这座美丽的村落尽管有许多美丽的古建筑，文化底蕴深厚，名声在外，但由于路不好走，旅游开发一直没有大的起色。当地村民空有资源而苦于无法利用资源让自己的日子好起来。县乡村层级政府都知道这个状况，但是山区面积大、修建成本高等诸多困难一直摆在面前，让他们迟迟下不了决心。

"四好农村路"建设开展以后，井陉县在政府的统一规划下，克服巨大困难，用了22个月的时间终于在崇山峻岭间修通了井陉太行天路。

这不是一条简单的路，它不仅改善了于家村与外界的沟通，还激活了整个古村落，将井陉原本分散的于家村、大梁江村等26个古村落"串珠成链"。不仅如此，在于家村井陉太行天路后，井陉县累计投资13亿元，新建修缮农村公路747条共计1238千米，成功创建了"四好农村路"的省级示范县。

"四好农村路"的规划和建设，不仅打通了交通与物流通道，还带动特色生态农业、民宿、文化体验等多种业态全面发展，让群众靠绿水青山就致富的梦想成功实现，最终走出一条改变山里人命运的致富路和幸福路。这就是通过片区的统筹规划，把农村公路建好、管好、护好、运营好，最终助力乡村振兴跑出"加速度"的鲜活例证。

143 1982年1月1日，中共中央发出第一个关于"三农"问题的"一号文件"。此后，每年的"中央一号文件"都会聚焦农业农村领域，对农业农村的发展给予政策指导。所以，现在"中央一号文件"已成为中共中央、国务院重视农村问题的专有名词。

2021年1月，题为《中共中央 国务院关于全面推进乡村振兴加快农业农村现代化的意见》的中央一号文件正式发布。这份文件的全文共5个部分，包括：总体要求、实现巩固拓展脱贫攻坚成果同乡村振兴有效衔接、加快推进农业现代化、大力实施乡村建设行动、加强党对"三农"工作的全面领导。

其中特别指出，要改造提升农村寄递物流基础设施。"继续把公共基础设施建设的重点放在农村，着力推进往村覆盖、往户延伸。实施农村道路畅通工程。

有序实施较大人口规模自然村（组）通硬化路。加强农村资源路、产业路、旅游路和村内主干道建设。推进农村公路建设项目更多向进村入户倾斜。"

2022年2月22日，《中共中央 国务院关于做好2022年全面推进乡村振兴重点工作的意见》发布。这份中央一号文件，从应对百年变局和世纪疫情，推动经济社会平稳健康发展的高度下，提出稳住农业基本盘、做好"三农"工作，接续全面推进乡村振兴，确保农业稳产增产、农民稳步增收、农村稳定安宁的要求。其中，在"扎实稳妥推进乡村建设"方面也指出，"扎实开展重点领域农村基础设施建设。有序推进乡镇通三级及以上等级公路、较大人口规模自然村（组）通硬化路，实施农村公路安全生命防护工程和危桥改造。扎实开展农村公路管理养护体制改革试点。稳步推进农村公路路况自动化监测。"

因此，优化村落交通物流基础设施设计改造，既是发展农村交通物流事业的需求，更是党中央、国务院的要求。

2019年，安徽省交通运输厅发布了《安徽省交通运输厅关于服务和支撑乡村振兴战略实施的指导意见》，提出优化村落交通物流基础设施设计改造，推动交通运输与乡村产业融合发展，使得省内的交通、客运与物流焕然一新。

该指导意见中提出要继续加快农村交通基础设施建设，推动村民组通硬化路建设，增加农村公路总里程，到2020年全省基本实现村民组通硬化路。加快实施农村公路扩面延伸工程，确保到2020年具备条件的建制村100%通客车，保障农村群众"行有所乘"。综合统筹城市公交、农村客运发展，做到各种客运方式"无缝衔接、方便换乘"。通过县乡村三级物流网络节点建设，推进交通运输与乡村特色产业融合发展，最终形成"覆盖更广、服务更优、安全绿色、治理有效"的农村交通运输体系。

144 安徽省池州市位于我国华东地区，安徽南部，长江下游南岸，北与安庆隔江相望，南接黄山，西南与江西九江为邻，东和东北分别与芜湖、铜陵和宣城接壤，是处于长三角区域的交通有利位置。近年来，池州市利用四项措施促进了农村交通物流的显著发展，达到了共建共享基础设施的目的，能给传统村落建设带来一些启示。

第一步，池州市在全市范围内新建县级物流中心11个、乡镇综合运输服务站77个，将交通物流的基础设施进行批量式普及，然后以租赁、合作等方式，兴建村级农村快递物流服务点833个。就这样高效而又节约成本，将县级物流中心、乡镇综合运输服务站、村落交通物流服务点，这三级物流基础设施建起来。第二步，池州市以现有的65条城乡公交线网为骨架，将客运与物流快递进行了融合，将物流快递的线路与客运线路进行了有效串联，从而提高效率、节约成本，满足了物流发展的迫切需求，更重要的是实现了客、货、邮三方运力资源共享。第三步，池州市政府引导本地153家物流企业进驻物流中心，又特地增设18条"县—镇—村"城乡客货邮融合公交线路，最后再搭上科技的快车，运用以"互联网＋"为代表的新型智慧化技术，建成"智能交通"信息共享平台。第四步，在政府的引导下，池州市物流的发展与第一二产业达成了融合，探索出一套"基地＋生产加工＋商贸流通＋物流运输＋邮政金融"的新模式，推动了经济增长，2022年1月—2月，农村电商交易额达8亿元。这不得不让人感慨池州市对于交通物流基础设施设计改造的灵活和实际。

145 在2006年"两会"期间，新华网发表了题为《警惕农村刮"大拆大建"风》的评论。文中明确反对在社会主义新农村建设的号角刚刚吹响的时候，借着"新农村建设"，一边大肆拆旧建新，一边又巧立名目，建设崭新的"样板村""文明村"。虽然农村有了宽阔的道路，但这些道路是以侵占农田为代价；虽然有了连排的崭新别墅，却十分不利于农民的日常生活；虽然有了所谓的现代城市生活的硬件配置，但却没了炊烟中袅袅升起的乡情。

对此，全国人大代表李铭陶说，江浙一带曾有600多个水乡古镇，如今已所剩无几，一些地方还在大拆大建，把新农村建设看成是简单的农村城镇化。这种认识和做法，会毁掉代表一个城镇的历史街区，埋葬温润一方的乡土文化，割断延续千百年的历史文脉，到头来是千城一面、千村一貌。

146 陕西省镇坪县交通运输局为抓好既有交通物流设施的运营，将重心放在农村公路养护上，以实现"畅、安、舒、美"的农村公路养护目标，以围绕农村公路基础设施为抓手，在"建好、管好、护好、运营好"乡村公路上下重功夫，为全面提升"四好农村路"的养护水平、打通经济流通脉络、引领乡村振兴树立了一个鲜活的样板。

据了解，陕西省镇坪县现有农村公路684.737千米，其中，县道113.743千米，乡道123.83千米，村道447.164千米。镇坪县交通运输局从交通物流最根本最核心的设施公路入手，在了解县域的道路情况后，决定开展县、镇、村三级管理体系，将"养护公司＋已脱贫户"、家庭承包等多种养护形式巧妙结合，健全养护体系，创新理论模型，制定了合理的运营方案与目标，夯实了农村公路养护管理责任，带动了群众的积极性。

镇坪县交通运输局每月会对全县农村公路进行检查考核和技术指导，并对农村公路养护中心各个环节进行月度的综合评比。通过"培训＋奖惩"的机制，带动了路面技术状况指数的上升。据公开资料，2021 年度镇坪县通过这种非常灵活实际的公路养护工程，先后完善了公路工程 47 条，总长度达到 55.7 千米，农村公路安全生命防护工程 47 条，总里程达到 94.67 千米。在这种局面的带动下，该地区农村公路的损毁得到了较大提升，农村公路安全隐患得到了治理，最终极大地确保了农村公路通行安全，改善和提升了农村公路畅通能力，为县域交通物流设施的运营交上了一份满意的答卷。

147 2015 年 1 月，习近平总书记在洱海边大理市湾桥镇古生村视察时说过："留得住绿水青山，记得住乡愁。什么是乡愁？乡愁就是你离开这个地方会想念的。"

148 2021 年 8 月 20 日国务院办公厅印发了《关于加快农村寄递物流体系建设的意见》，其中就特别提到了怎么促进"快递进村"。该文件中提到，要在农村建立起完善的物流体系，依托县域邮件快件处理场地、客运站、货运站、电商仓储场地、供销合作社仓储物流设施等建设县级寄递公共配送中心，统筹用好现有的资金渠道或者专项政策，以此来支持农村寄递物流基础设施改造提升。这是优化物流体系的连通、设计的规范性指导文件，应该给予从业者参考。

149 2022 年 6 月，广西壮族自治区党委办公厅、自治区人民政府办公厅联合印发《广西统筹推进农村物流高质量发展行动方案（2022—2025 年）》。该方案在全国范围内首次明确乡镇运输服务站的建设性质与方式，指出农村物流发展要满足农产品运输、快递、物流配送等需求。同时，该方案提出了优化农村寄递交通物流体系、推进农村公路基础设施建设、建立冷链道路运输电子运单制度等方面的要求。

在物流体系的连通、设计方面，该方案指出，通过自治区交通运输厅、供销社牵头，鼓励各类市场主体参与投资建设县乡村三级农村寄递物流体系。在推进农村公路基础设施建设方面，支持现有县级公路客货运站场、乡镇运输服务站升级改造，完善货运物流服务功能，实现"客货邮同站"。在推动建立冷链道路运输电子运单制度方面，努力实现冷链运输车辆、驾驶员、货物、温度以及流向信息的动态采集，强化冷链运输过程跟踪监测。

按照该方案的规划，通过各项努力，广西全省到2025年，将全面建成布局合理、设施先进、链条完整的农村物流体系，实现快递"送上门"、冷链"通地头"、电商"全覆盖"、物流"一张网"的梦想。

河南省农村数量多、分布广，农村消费潜力大。近年来，河南通过整合现有农村物流资源，建立健全规划政策体系，以实现"快递进村"为目标，完善末端公共配送体系，强化冷链布局，建立全程冷链寄递物流体系，构建农村物流人才体系，培养物流专业技术人才，加强农产品标准化体系建设与物流电商协同发展体系，抓好农村交通运输、网络信息化基础设施建设，持续推进农村物流体系建设，取得了突出成效。

150 地处我国华北地区、北部边疆、欧亚大陆内部的内蒙古自治区首府呼和浩特，是呼包鄂城市群中心城市，随着地理位置凸显，它早已成为连接黄河经济带、亚欧大陆桥、环渤海经济区域的重要桥梁。

2022年，呼和浩特市设立了一个特别的目标，就是全年力争完成固定资产投资45亿元。这45亿元不是花在别处，正是花在交通物流的建设，主要包括：全力完成S311武川至杨树坝公路、S43呼和浩特机场高速、S29呼凉高速、G6科尔沁互通、G5901伊利健康谷互通、国道512线G59呼北高速至G209连接线工程、S27呼鄂高速、呼清高速等。在这一切背后，呼和浩特市还有一个更宏大的目标：全力打造区域性交通物流中心。

为此，呼和浩特不仅仅是增加投资、兴修公路物流设施这么简单，还将眼光放得更长远、更广阔，以构建"区域大联通、外围大辐射、市内大循环"的现代化立体交通网络。倡导绿色出行、不断优化公交线网、稳步推进智慧交通、实现巡游出租汽车和网约车同步融合发展、完善运行监测与应急指挥中心平台功能和应用场景等措施，都在呼和浩特的下一步规划中。

无独有偶，在全力打造区域性交通物流中心的道路上，不仅仅是呼和浩特在忙碌。早在2018年，湖北省荆州市就制定出台了《荆州市综合交通运输体系三年攻坚方案》。该方案指出，要依托长江黄金水道，构建通江达海的航运体系，打造现代化多式联运体系，以推动物流运输港、产业港、贸易港、服务港、功能港"五港"并建，构筑全面新型港口，最终打造区域性交通物流中心。

2021 年 11 月 8 日，湖北省荆州市又发布《荆州市建设区域性现代交通物流中心五年行动方案（2021—2025 年）》。其中非常明确地指出，要构建"核心枢纽集聚、物流主体提升、多式联运示范、专业物流赋能"局面，最终形成立足荆州、服务"宜荆荆恩"及两湖平原、辐射长江流域的物流枢纽承载城市打造目标。

2022 年 2 月 28 日，荆州市的李埠长江公铁大桥、观音寺长江大桥、武汉至松滋高速公路江陵至松滋段"两桥一路"重大交通项目集中开工；3 月 20 日，枝松高速公路开工建设；5 月 1 日，江北东高速公路建成通车。2023 年 6 月，荆州港观音寺港区江陵石化码头正式投入运营，预计可实现贸易总额 40 亿元。

对于荆州市区域性交通物流中心的打造，时任荆州市交通运输局党组书记、局长杨冰说："打造区域性交通物流中心，将充分激发荆州在区域发展中东西联动、南北协调、产业梯度转移等方面的重要经济节点作用。"他还说，市交通运输局将聚焦区域融合、城市群互通、交通枢纽互联以及跨江发展，加快完善开放通道，构建内畅外联网络，增强城市集聚辐射功能和综合竞争力。

区域性物流中心如何建？成都市口岸与物流办公室原主任陈仲维、郑州国际陆港开发建设有限公司董事长袁卫东两位业内人士的意见能够为相关人士带来一些思考。

陈仲维认为，发展枢纽经济要重点关注六大问题，即高度重视口岸功能的建设、重视内陆无水港建设、重视物流枢纽的建设、重视多式联运体系的建设、高度重视供应链平台建设、重视发展枢纽经济。这对于发展枢纽经济是非常适用的。

袁卫东则提出，打造国际内陆港要突出七大功能，分别是多式联运功能、国际保税物流功能、口岸功能、城市配送功能、物流增值功能、城际物流功能、商务服务功能。

结合两位业内人士的高见，还有呼和浩特及荆州为代表的城市实践，可以总结出乡村村落为代表的区域性交通物流中心建设的要义。

151 2020 年 3 月，广东省湛江市在农村交通基础设施不断完善、农村电商发展势头良好、物流配送网络建设步伐明显加快的背景下，出台了《湛江市农村物流建设发展规划（2019—2022）》，以达到进一步打通农产品进城、消费品下乡通道，助推乡村经济发展，提升乡村居民生活水平，促进城乡协调发展，推动乡村全面振兴的目的。

该规划从完善农村物流基础设施、构建农村物流网络体系、创新农村物流发展模式、推进农村物流与电商联动发展、推动农村冷链物流发展、推动农村物流标准化建设、培育湛江特色农产品品牌，以及推进一、二、三产业融合发展等八个方面入手，推进重点物流园区建设工程（湛江现代化农海产品物流中心、海田物流产业园、霞山宝满农海产品交易中心及江南果蔬批发市场等）、物流龙头企业培育工程、电商骨干企业培育工程、农产品冷链物流建设工程、农村物流标准化工程的施行，从而全面打造区域性交通物流中心。

152 生产性服务业的概念，被认为首先是美国经济学家格林福尔德（-H. Greenfield）于1966年在研究服务业及其分类时提出来的。九年后，布朗宁（Browning）和辛格曼（Singelman），对生产性服务业的概念进行了细化和丰富，他们认为生产性服务业包括金融、保险、法律工商服务、经纪等具有知识密集性和为客户提供专门性服务的行业。后来，陆陆续续有一些学者和机构从服务功能的角度对生产性服务业进行了定义。

153 2006年3月14日，第十届全国人民代表大会第四次会议批准的《中华人民共和国国民经济和社会发展第十一个五年规划纲要》中提出"大力发展主要面向生产者的服务业，细化深化专业化分工，降低社会交易成本，提高资源配置效率"。并将生产性服务业分为交通运输业、现代物流业、金融服务业、信息服务业和商务服务业。

《中华人民共和国国民经济和社会发展第十一个五年规划纲要》中的第十六章"拓展生产性服务业"中特别指出，要优先发展交通运输业，统筹规划、合理布局交通基础设施，做好各种运输方式的组合效率和整体优势，建设便捷、通畅、高效、安全的综合运输体系。此外还要大力发展现代物流业，推广现代物流管理技术，培育专业化物流企业，建立物流标准化体系，加强物流基础设施整合，建设大型物流枢纽，发展区域性物流中心等。

到现在看来，这份规划仍然是划时代的，对推动区域物流融合发展有提纲挈领的作用。

2014年5月14日，国务院总理李克强主持召开国务院常务会议，部署加快生产性服务业重点和薄弱环节发展促进产业结构调整升级。这次会议提出要加快发展生产性服务业，是向结构调整要动力、促进经济稳定增长的重大措施，既可以有效激发内需潜力、带动扩大社会就业、持续改善人民生活，又有利于引领产业向价值链高端提升，实现服务业与农业、工业等在更高水平上有机融合，推动经济提质增效升级。

这足以体现生产性服务业对国民经济发展的重要性。

154　近年来，山西省相继出台了《山西省促进服务业领域困难行业恢复发展的若干措施》《山西省推进服务业提质增效 2022 年行动计划》等文件。这些文件都指出，山西省将大力发展生产性服务业，以此加快构建优质高效、链条完整、结构合理、竞争力强的现代服务业体系。

数据显示，2022 年 4 月，受疫情影响，山西省部分地区虽然出现公路拥堵、车辆滞留、物流不畅等问题，但物流业景气指数为 45.9%，较全国物流业景气指数（43.8%）高 2.1 个百分点。山西省委、省政府始终把保通保畅放在全局工作的重要位置，对统筹疫情防控和物流保通保畅工作进行安排部署，于 2022 年 4 月 22 日出台了《关于切实做好货运物流保通保畅工作的意见》，提出十项保通保畅的具体措施，为交通运输服务业排忧解难，确保交通运输及时回暖。

为了给交通物流业为代表的生产性服务业提供更多便利，山西省出台了很多具体措施，施行了很多有力办法。例如，协调中国铁路太原局集团公司与华远陆港国际物流公司展开合作，以宝山钢铁焦炭直供业务为切入点，在运输方式上进行了深入研究，在散改集以及运贸一体化上下功夫，不但完成了"货源组织、质量把控、装车调度"的任务，而且使得华远陆港国际物流公司有序复工复产，和生产性企业宝山钢铁互促发展。

华远陆港国际物流公司还整合资源，发挥"陆港运"多式联运的整合优势，开辟了黑龙江海伦市大豆农产品至广东生产厂家、山西忻州市矿泉水至广东深圳市厂家的全新公铁海"门到门"多式联运服务，既个性化整合了交通物流资源，又保障了生产性企业和消费者之间的链接。

不仅如此，山西省还鼓励生产性服务企业以物联网、大数据、云计算与移动通信等新一代的信息技术作为支撑，进行创新性服务。比如有企业自主研发的智慧文龙云平台，就利用智慧技术实现了互联网远程事故诊断和无人值守，实时帮助客户远程监控并解决问题，促进了服务企业的有序安全发展。

不仅仅是山西一省的例子，可喜的是，近年来无论是"中国最佳创新公司50"榜单还是"中国独角兽榜单 TOP100"或者富豪榜上排名前列的企业家，大多属于生产性服务行业。足见加快发展生产性服务业，有利于加快推动工业转型升级，促进"中国制造"迈向"中国创造"，对打造"中国经济升级版"至关重要。

155 2021 年 8 月 20 日，国务院发布《国务院办公厅关于加快农村寄递物流体系建设的意见（国办发〔2021〕29 号）》文件。在这份文件里指出，农村寄递物流是农产品出村进城、消费品下乡进村的重要渠道之一，对满足农村群众生产生活需要、释放农村消费潜力、促进乡村振兴具有重要意义。

156 在国务院办公厅的文件中特别提到，由国家邮政局牵头，国家发展改革委、财政部、人力资源和社会保障部、交通运输部、商务部、供销合作总社、中国邮政集团有限公司等相关单位及各地区按职责分工负责，分类推进"快递进村"工程。特别是在广袤的西部农村地区，需要格外发挥政府的主导作用，引导、鼓励快递企业利用基础物流交通设施网络优势，重点开展邮政、交通、供销等多方合作，扩大"快递进村"覆盖范围。

为妥善解决物流体系建设的重难点问题，打通农产品进城"最初一公里"和消费品下乡"最后一公里"，辽宁省于 2022 年 6 月出台了《辽宁省加快推进农村寄递物流体系建设实施方案》，其中提出，到 2025 年年底，辽宁省将实现"乡乡建站村村设点，建成与农村群众美好生活相匹配，衔接城乡、普惠便民、运转高效、系统完善、双向畅通的农村寄递物流服务体系"。

"快递进村"也被写入 2022 年河南省委一号文件。河南省于 2022 年 1 月发布的《2022 年全省邮政管理工作报告》中明确指出，全省邮政工作的重点之一是将"快递下乡"逐步转为"快递进村"。

157 2021 年 7 月，国家邮政局副局长陈凯接受媒体采访时表示，目前主要快递已基本覆盖乡镇，覆盖率达 98%。可以说"快递镇镇通"已基本实现，但"快递进村"依然是大难题。

158 汶川县位于四川盆地西北部，曾因"512"地震而被国人熟知。尽管汶川灾后的重建非常顺利，也拥有非常好的自然环境，但是碍于交通条件的制约，本地产出的色泽光亮、圆润饱满、核小肉厚、鲜脆多汁的樱桃一直走不出这片土地，只能在当地进行小范围的售卖。2022 年 4 月 9 日，京东物流西南分公司与汶川县政府正式签署了樱桃产业合作的战略协议。通过这次签约，京东电商与汶川县多家以樱桃种植为主的农业企业代表确立战略合作意向。

一方面，京东将利用自身在电商领域的丰富的成功经验，对汶川的农业企业开展电商运营、社群电商培训等系列培训；另一方面，京东物流还为汶川当地农业企业包括农户提供了专业的营销方案，发挥京东的资源整合优势，将汶川本地的农产品在多平台同步销售，还有专属流量支持。此外，京东物流利用自身冷链运输优势，直接让物流进驻田间地头，迅速将汶川本地的樱桃源源不断地通过电商，便捷地送达消费者的餐桌，促进了农产品增产增收，拓宽了乡村快递发展的新模式。

159 山西省长治市沁源县沁河镇是沁源县政府所在地。近年来，随着县域经济的持续快速发展，沁源县中心城区的规模和辐射范围在一步步地扩大，但是单一的公交线路极大地限制了城乡交流，制约着经济的持续性发展。特别是很多群众反映，遇到极端天气、偏远路段的时候，如何出行成了一个非常现实的问题。

在沁源县委、县政府的关心下，县域公交改革工作于 2021 年 3 月正式启动，县政府随后出台了《关于全面推进城市公共交通运营改革实施方案》。2021 年 11 月 15 日，沁源县全县人民期待已久的新能源城市公交正式开通运营。

据悉，在未来的一段时间内，沁源县还将加快推进县域公路特别是高速公路的建设，结束县内无高速的历史。同时，还要完善县域农村路网结构，推进公路建设提档升级。

沁源县的发展不是个例。在党的领导下，经过全社会、全体人民的努力，我国已经消灭了绝对贫困，实现了全面小康。但由于幅员辽阔，地域之间差异大，国内的发展并不均衡。在一线城市已经出现无人驾驶车辆试验运行的情况下，还有众多县级、乡村级的道路没有建成。所以，这是下一阶段的工作重点。未来众多像沁源县这样的山区县都将有高速公路，城际公交发达，乡村公路非常完善，公路的档次和科学化管理水平将极大提升，交通网络更畅达，管理更加科学。

160　大别山革命老区地处鄂、豫、皖三省交界处，涉及安徽、河南、湖北三省 12 个地市、62 个县（市、区）。过去，大别山革命老区受到山高沟深、交通不便等因素制约，经济发展长期落后。近年来，这个地区充分发挥大别山生态资源和毗邻长三角城市交通优势，调动经济发展水平已明显改善。特别是"十三五"以来，大别山革命老区综合交通网络发展迅速，其布局日趋完善，老百姓的出行变得更为方便。其中在铁路方面，"十三五"以来，大别山革命老区营运里程为 3145 千米，其中高铁 1003 千米，铁路网络基本覆盖了大部分县城；公路方面，总里程达到 18.3 万千米，高速公路里程 4031 千米，覆盖所有县城，其中普通国省干线中二级及以上公路占比达 71%；大别山革命老区的水运、民航也持续发展。交通的发展带动了当地特色农业与旅游业的发展，为革命老区的发展不断输送动力。

2022 年，交通运输部和国家铁路局、中国民用航空局、国家邮政局发布了《大别山革命老区综合交通运输"十四五"发展规划》。其中明确指出，到 2025 年大别山革命老区的交通运输将持续深入发展，实现快速畅达周边省市。具体的方案中主要包括以下内容。

首先要求以孝感、黄冈、阜阳、安庆、六安、信阳、驻马店等地为节点，加强打造地区内和城际铁路网规划建设，实现辐射周边、内部通达的快速铁路网。

其次，大力推进省际对接的高速公路建设，特别是涉及乡村旅游路、产业路、资源路等能改善农村经济的公路要大力支持，以促进农村公路与乡村产业深度融合发展。

再次，大别山革命老区要形成畅通高效的内河水运网络，支持有条件的地区推进渡运与城乡公交实现有效衔接。此外，推进建设麻城、罗山等机场，完善通用航空飞行服务站为代表的空运支持。

最后，在交通设施方面，还要打造集约高效港口枢纽为代表的交通枢纽建设，如建设一体衔接的综合客运枢纽等。到 2025 年，大别山革命老区要实现对外快速通达，对内便捷通畅，广泛覆盖县乡农村，建制村快递服务通达率超 90% 的局面。

如果再过十五年，大别山整个地区包括铁路、公路、水运和航空的发展会更让人感叹。到时，大别山的交通网络更畅达，地区之间的客运和货运都会及时送达，人们可以选择便捷的出行方式，沟通和贸易往来及时，大别山更多的农产生鲜以原生态的样子出现在消费者的餐桌，世界各地的游人能通过多种出行方式非常便利地游览革命老区的旖旎景色。

161 2021 年 10 月 14 日，习近平主席以视频方式出席第二届联合国全球可持续交通大会开幕式并发表《与世界相交 与时代相通 在可持续发展道路上阔步前行》主旨讲话。习近平主席在讲话中指出，"我们要顺应世界发展大势，推进全球交通合作，书写基础设施联通、贸易投资畅通、文明交融沟通的新篇章。"习近平主席还特别强调，当前要"坚持开放联动，推进互联互通""坚持共同发展，促进公平普惠""坚持创新驱动，增强发展动能""坚持生态优先，实现绿色低碳"以及"坚持多边主义，完善全球治理"。

该主旨讲话充分展现了我国发展智慧交通和绿色交通的坚强决心。

据交通运输部《2021 年交通运输行业发展统计公报》中的数据，截至 2021 年末，全国城市公共汽电车中，拥有纯电动车 42.0 万辆，增加 4.1 万辆、增长 10.8%，拥有天然气车 11.2 万辆、混合动力车 8.6 万辆，三者合计占公共汽电车比重达 87.0%，较去年提高 2.7 个百分点。绿色交通的发展已经成为一个不可逆转的趋势。

交通运输部于 2021 年 10 月 29 日印发的文件《绿色交通"十四五"发展规划》。其中提出，"十三五"以来，通过加快推进以新能源和清洁能源应用为代表的节能降碳工作，优化调整以深入推进大宗货物及中长距离货物运输"公转铁""公转水"为代表的运输结构，深入推进以扩大船舶排放控制区范围并加严排放控制为代表的污染防治，加强以绿色公路主题性试点工程和绿色公路典型示范工程为代表的生态保护修复，出台多项法规完善支撑保障能力，交通运输行业绿色发展已取得积极成效。

到 2025 年，交通运输领域绿色低碳生产方式初步形成，新能源和清洁能源应用比例显著提升，交通基础设施与生态环境更加协调发展，相关运输物流车辆工具的碳排放强度进一步下降，客货运输结构更趋合理，运输组织效率进一步提升，生态保护取得显著成效，绿色出行体系初步形成，绿色发展水平总体适应交通强国建设阶段性要求。

162 2022 年 6 月，百度地图发布《2022 年第 1 季度中国城市交通报告》。

这份报告中有一组数据让所有人感到意外：重庆通勤高峰拥堵指数环比下降7.12%！2021年通勤高峰拥堵指数下降11.25%！这些交通状况优化的背后，是重庆强化综合交通治理，抢抓智能交通机遇，推动交通发展由单点信息化向场景智能化、全面智慧化转变的努力。

在重庆干了28年交警的老张正在悄悄地感受这种变化，以前交通拥堵，只能靠交警不停地人工疏导，但是现在，不仅智能信号灯林立，还全部借助AI技术进行调控。据悉，重庆永川智能交通系统覆盖范围内，AI每3分钟自动进行一次配时优化释放交通压力。这样，交警们身上的负担不仅减轻了，还能学习与AI协调的智能交通。由此可见，AI协调的智能交通已经在自主地发挥它在城乡交通中的作用。

不仅如此，重庆市政府还先后印发了《支持交通强市建设若干政策措施》《智能网联汽车政策先行区（永川区）自动驾驶车辆无人化测试通知书》，从政策层面支持智慧交通技术创新，探索无人驾驶。重庆市作为智能网联汽车政策先行区，现在已经拥有测试车辆27台，智能网联汽车的测试里程也已经超过100万千米。在未来，随着无人驾驶技术的成熟及广泛应用，重庆的智慧交通将引领全国。

163 2021年10月28日，Facebook首席执行官马克·扎克伯格在Facebook Connect大会上宣布，Facebook将更名为"Meta"。据悉，"Meta"这个词来源于"Metaverse"，也就是元宇宙。2022年6月24日，Meta宣布，Facebook Pay将改名为Meta Pay，以使公司的支付服务更接近公司的品牌重塑。Facebook的创始人扎克伯格甚至表示："随着时间的推移，我希望我们被视为一家元宇宙公司，我希望将我们的工作和身份定位于我们正在构建的目标。"

2022年5月24日，在微软Build 2022开发者大会上，微软CEO萨提亚提出：在聊天软件Teams、B端会议等领域将开展Mesh的应用。

Facebook这样一家国际巨头不惜决定更名，也要和元宇宙产生联系，微软也对它趋之若鹜，国内的腾讯科技、阿里巴巴、字节跳动纷纷入局。这从侧面说明了元宇宙已真真切切地临近，那么它究竟是何方神圣？

据中文互联网流传的考证，"Metaverse（元宇宙）"这个概念来自1992年国外科幻作品《雪崩》里的一个虚拟的世界。在这个世界，人们可以拥有自己的虚拟替身，即"Avatar（化身）"。实际上，"Metaverse（元宇宙）"并不是一个像电子游戏那样完全虚拟的世界。它是利用各种 5G、6G、区块链、人工智能、大数据、数字孪生技术等新兴技术，将虚拟与现实结合起来的一种创造性游玩、开放式探索、沉浸式体验。

元宇宙主要有三个核心技术。第一就是扩展现实技术，其中典型的代表就是 VR 和 AR。VR 和 AR 等技术虽然已经发展多年，但其应用的范围依然有限。因为 VR 和 AR 等扩展现实技术不但对硬件的要求很高，而且要用到涉及 AI、5G、云计算、数字镜像等技术所应用到的硬件计算平台、系统、软件、应用。第二是数字孪生，能够利用各种数字镜像为代表的技术把现实世界镜像到虚拟世界里面去。第三则是用区块链来搭建经济体系，产生效益。

举个例子，两个身处不同地方的人只能通过文字、语音、视频等形式交流沟通，但在元宇宙的环境里，他们可以像线下一样进行物理性的互动，比如肢体接触、情感触碰等。

正因为元宇宙是一项远比现在的互联网复杂得多的庞大系统工程，所以业内人士认为，元宇宙系统场景初步建成至少需要 10 年，成熟则需要 20~30 年，其比较成熟地应用到农业领域，那么则差不多需要半个世纪，也就是 50 年。不过，可喜的是，"元宇宙"与农业结合已经出现一些苗头。

由新华网、上海文化产权交易所、国家级数字文创规范治理生态矩阵、中国网络空间安全协会及众多从事元宇宙研究应用企业共同发起的"新华云街——溯源中国元宇宙品牌街"活动在 2022 年 6 月举行。此次活动主要是将未来城市街区以地面、空中、云端多种方式展示给用户，用户可以在"新华云街"用区别于以往线上的形式，近距离进行选购商品、旅游观光、交谈互动。在这个"新华云街"里有立体场馆数字导购员甚至用户数字徽章体系等多种功能，通过乡村振兴品牌和精品农业品牌的入驻，可以实现农业元宇宙的定制化探索。

164 大热的电视剧《山海情》让全国的观众记住了地处贺兰山东麓洪积平原与黄河冲积平原过渡地带的宁夏回族自治区银川市永宁县闽宁镇。闽宁镇的脱贫以双孢菇种植基地为代表，走出了一条特色化之路。这也离不开交通物流的发展。

如今的闽宁镇境内已形成由公路、铁路为主要运输方式的交通物流网络。包兰铁路、G1816 乌玛高速公路穿镇而过，闽甘公路贯穿南北，永黄路、叶玉路连接东西，闽宁镇人民政府驻地距银川机场 51 千米。正是在这些便利的交通运输条件的支持下，一座座现代化双孢菇种植生产基地拔地而起。如今的闽宁镇双孢菇平均日产量达到惊人的 3.2 吨，通过便利的交通运输条件，可以及时地销往全国各地。有想法的村民还开通了电商店铺，村里物流越来越方便，快递物流从以前的只辐射县城到现在的进入各个村庄，畅通了农村物流"最后一公里"，极大地便利了农业经营。电商网络得益于不断织密的农村物流网也快速发展起来，农民的增收渠道也丰富了起来。

165 2022 年 2 月，安徽省发布《安徽省"十四五"农业农村现代化规划》。其中提出，要从农产品生产、科技武装农机械、产业体系现代化、经营体系现代化、美丽乡村绿色化、深化改革持续化等方面优化农业生产结构，打造皖北循环农业产业带、皖中都市农业产业带、皖西南特色农业产业带，加快构建以农户家庭经营为基础、以合作与联合为纽带、以社会化服务为支撑的立体式复合型现代农业经营体系。

其中也特别提到，建立复合型现代农业经营体系，要打造立体化农村交通网络。比如有序实施县乡公路升级改造，要加强农村资源路、产业路、旅游路和联网路建设，推进"四好农村路"示范创建；要通过开展城乡交通运输一体化示范创建，提升整个安徽省的城乡交通运输一体化发展水平；要有序推进城乡公交线的结合，鼓励毗邻县间农村客运班线实施公交化改造等。

2021 年 08 月 20 日，交通运输部、农业农村部联合发布《交通运输部 农业农村部关于全力做好农业生产物资运输服务保障工作的通知（交运明电〔2021〕209 号）》文件，以指导农业生产物资运输服务保障工作。

在这份文件中，交通运输部和农业农村部特别指出，首先要充分了解当前农业生产物资的运输需求，然后全力做好农业生产物资的运输供需对接；要充分发挥联防联控机制交通管控与运输保障专班作用，强化农业生产物资运输车辆通行保障，严格落实对于鲜活农产品运输的"绿色通道"政策和整车合法装载运输鲜活农产品车辆免费通行工作；各地交通运输主管部门要依托交通专班，及时协调解决农业生产物资运输保障事项；农产品的交通运输也要落实道路货运领域疫情防控措施等。足见交通物流的发展与农业经营体系是相辅相成的关系。

2022 年 4 月，交通运输部按照《国务院办公厅关于不误农时进一步抓好春季农业生产的通知》要求再次印发《交通运输部关于切实做好春季农业生产服务保障工作的通知》。在该文件中，交通运输部严肃强调，各级部门要充分认识到交通运输服务保障春季农业生产工作的重要意义；全力以赴加强运行监测，确保路网畅通；及时了解农机、农资和农产品运输需求，对于涉及的化肥、农药、种子、农机及零配件等农业生产关键物资，进行优先承运、优先装卸、优先查验、优先放行等，做好农资和农产品运输服务保障；对因保通保畅工作不力而影响春季农业正常生产的，要严肃追究责任，从而为春季农业生产工作提供坚强支撑。

166 2019 年《自然资源部办公厅关于加强村庄规划促进乡村振兴的通知》提出，各级政府要"开门编规划"。具体来说，各级政府应该综合应用相关单位、行业的资源，如鼓励引导大专院校的规划设计院系以及相关的企业下乡蹲点；还要激励引导熟悉当地情况的能人参与村庄规划编制。以全方位参与、全面参与的形式形成制度，用制度来探索规划、建设、运营一体化。

167 2022 年 6 月，福建省泉州市出台了《泉州市"十四五"城乡基础设施建设与管理专项规划》。文件中指出，要在全方位推进加量增质发展超越、推进乡村振兴与城乡均衡融合、更加绿色低碳、更加有力支撑经济转型、更加多元开放包容等机遇和挑战下，推进城乡统筹，突出绿色低碳，坚持智慧创新，倡导共享共建，来做大做强中心城区、做实做优次中心组团、做精做美小城镇和新农村，加快城乡融合发展。目标是到 2025 年，要初步建成"系统完备、高效实用、智能绿色、安全可靠"的现代化城乡基础设施体系。

在交通建设方面，泉州市在该文件的指导下，要通过推进城乡交通网络建设，强化市域快轨支撑城乡一体化交通体系；构建大中运量公交为主导、多级公交网络合一、换乘便捷高效的公交体系，来提升城乡公共客运服务等措施，构建城乡交通的一体化发展，最终实现农村的振兴。这背后既有对传统村落规划与基础设施建设的规划，又要求着力推进农村公路广覆盖惠及城乡。

比如，加强农村公路与国省道路的衔接，农村路网提档升级，改造县道三级路况，增加通达双车道，实施农村公路生命防护工程等的努力。从泉州市对该文件的贯彻和实施可以看出，传统村落规划与基础设施建设做到全面精细并不是一个简单的事情，需要一个从上到下、从整体到局部、从粗放到精细、从固定到灵活的过程。

168 2022 年 5 月 23 日，中共中央办公厅、国务院办公厅联合印发《乡村建设行动实施方案》，提出了乡村建设的 12 项重点任务。中央农办负责人在接受媒体采访时将这 12 项任务概括为"183 行动"。"1"就是制定一个规划，确保一张蓝图绘到底；"8"是指实施八大工程，加强农村重点领域基础设施建设，涉及道路、供水、能源、物流、信息化、综合服务、农房和农村人居环境等；"3"即健全三个体系，改善农村公共服务和乡村治理。

169 2022 年年初，河南省南阳市商务局等 16 部门联合印发《关于加强县域商业体系建设促进农村消费的实施意见》，正式提出要改造提升一批综合商贸服务中心和物流配送中心，建设改造一批乡镇商贸中心，推动购物、娱乐、休闲等业态融合，向周边农村拓展服务；力求到 2025 年实现县县有连锁商超和物流配送中心，乡镇有商贸中心，村村通快递。

陕西省宝鸡市政府也提出，"十四五"期间全市将新增 8000 家农村网点，到 2025 年实现"县县有连锁商超和物流配送中心、镇镇有商贸中心、村村通快递"的目标。这都是相关"硬设施"会充分到位的政策指引。

170 2022 年 1 月 5 日，商务部等 12 部门印发《关于提振大宗消费重点消费促进释放农村消费潜力若干措施的通知》。

2022 年 2 月，国务院正式发布《"十四五"推进农业农村现代化规划》，在部署全面推进乡村振兴战略的同时，提出了扩大农村消费的具体举措。在这份文件中指出，实施农村消费促进行动，要鼓励有条件的地区开展农村家电更新行动、实施家具家装下乡补贴和新一轮汽车下乡，促进农村居民耐用消费品更新换代。

湖北省第十二次党代会报告提到，今后五年，积极扩大有效需求，鼓励汽车等大宗消费，推进消费市场下沉，释放农村消费潜力，统筹推进全省多层级消费中心梯次发展。

171 按照党的十九大提出的决胜全面建成小康社会、分两个阶段实现第二个百年奋斗目标的战略安排，中央农村工作会议明确了实施乡村振兴战略的目标任务：到 2020 年，乡村振兴取得重要进展，制度框架和政策体系基本形成；到 2035 年，乡村振兴取得决定性进展，农业农村现代化基本实现；到 2050 年，乡村全面振兴，农业强、农村美、农民富全面实现。

2022 年 5 月，中共中央办公厅、国务院办公厅印发了《乡村建设行动实施方案》。该文件中明确指出，要深入推进农村精神文明建设，在深入开展习近平新时代中国特色社会主义思想学习教育，广泛开展中国特色社会主义和中国梦宣传教育的思想政治引领下，让社会主义核心价值观融入农村发展和农民生活。具体要求包括：推进乡村文化设施建设，建设文化礼堂、文化广场、乡村戏台、非遗传习场所等公共文化设施；持续推进农村移风易俗，健全道德评议会、红白理事会、村规民约等机制。

172 江苏省常熟市琴川街道新库村在充分利用其自然资源条件，深挖优秀传统文化资源，将传统民俗文化与现代文明结合的基础上，于新库瞿家桥六组腾出的现有建设用地上，通过自筹资金 1000 余万元建造了面积达 4000 平方米的文化礼堂。其中包括新时代文明实践站、多功能大厅、老年活动中心、图书阅览室、村情展览室、体育健身室等设施，使得文化礼堂成为村民"实现精神富有、打造精神家园"的重要载体。

"上有天堂，下有苏杭"是南宋诗人范成大在《吴郡志》中的一句话。这句话成了世人皆知的名言，也为苏州、杭州这江南之地的江南文化的形成与固化发挥了重要作用。《四库全书总目提要》称《吴郡志》"征引浩博，而叙述简核，为地志之善本"。范成大之后，江南的地方有识之士先后加入修志行列。千年后的今天，人们正是利用这些江南的方志，来挖掘江南文化资源。例如，2021 年苏州将国家方志馆江南分馆建设写入党代会报告，列入《"江南文化"品牌塑造三年行动计划》。

不仅仅是苏州，上海、浙江、湖北等地方的农村也在积极开展地方志修撰工作。例如，上海市闵行区地方志办公室以"松江府卷""松江县卷"为主要对象来研究上海府县旧志丛书，这不仅为研究上海方言的源头提供了依据，还有助于正确训释疑难词汇，为词典词条设置提供依据，有助于上海方言的保护和传承。地方志不仅包括乡志、镇志，还包括村志、社区志，以县志为代表的文书编纂，有利于留住那些几近消失于城镇化进程中的乡村珍贵记忆，也是传统村落文化传承与发扬的重要举措。

173 2014 年，住房城乡建设部、文化部、国家文物局、财政部联合发布的《关于切实加强中国传统村落保护的指导意见》提出，要通过发展传统特色产业和旅游，挖掘村落的经济价值和历史科学艺术价值。

2017 年，中共中央办公厅和国务院办公厅联合发布了《关于实施中华优秀传统文化传承发展工程的意见》，提出大力发展文化旅游，可以充分利用历史文化资源优势，引导游客在旅游中感知中华文化。